THINK TANK
REPORT

上海城市管理综合执法
改革决策咨询报告

Decision-making Consultation Report on
Comprehensive Law Enforcement Reform of
Urban Management in Shanghai

杨亚琴 徐存福 等／编著

上海社会科学院出版社
SHANGHAI ACADEMY OF SOCIAL SCIENCES PRESS

课 题 组 成 员

杨亚琴　徐存福　杜文俊　谢华育　李群峰

邓智团　汤蕴懿　陶希东　宗传宏　杨传开

周亚男　张来春　臧得顺　盛开艳　孙小雁

施蕾生　郭玉林　张安然　金梦婕

本书汇集了课题组 2014—2019 年对"上海城市管理综合执法体制机制改革"持续开展跟踪研究的 6 份决策咨询报告,由上海市住房和城乡建设管理委员会、上海市城市管理行政执法局等单位委托。

2014 年研究完成的《改革和完善上海城管综合执法体制机制研究》提出"城管综合执法机构单设、执法责权下沉"等政策建议被吸纳进 2015 年 1 月市政府发布的《关于进一步完善本市区县城市管理综合执法体制机制的实施意见》中,该报告获得第九届上海市决策咨询二等奖。2015 年研究完成《上海城市管理综合执法体制改革跟踪调研》,2016 年研究完成《利用社会治理创新手段加强城市综合管理研究》和 2017 年研究完成《深化城市管理与执法衔接机制研究》,分别获得上海市住建委系统决策咨询二等奖。2018 年研究完成的《城管执法领域社会治理机制研究》、2019 年研究完成的《城市管理力量下沉改革后评估研究》,均获得评审专家高度好评,在此基础上形成的多份专报均获得多位市委市政府领导的肯定性批示和相关部门的重视。以上 6 份报告分别构成本书的六章内容。

这 6 份决策咨询报告主要具有如下三个明显特点:

一是注重实际调研走访,收集第一手材料。课题组与政府决策机构、基层实践部门保持畅通的沟通交流机制,深入了解上海城管综合执法历史沿革,法律法规、体制机制发展的情况,积极听取政府管理部门、基层社区、社会组织等各方意见,了解改革进程中遇到的各种困难瓶颈,充分体现实证研究导向。

二是发挥跨领域研究优势,充分体现集体智慧。课题组研究团队组成中有经济学、法学、社会学、城市学、公共政策研究等不同学科背景,是上海社科院跨所跨学科合作研究成果的体现。在课题调研前后大家充分展开研讨、发表意见,形成共识,相关观点和建议具有扎实的学理性基础。

三是贴近决策需求,保持研究的客观性和独立性。课题研究内容直接来自决策部门的现实需求,来自实践发展的内在需求。课题组牢牢把握习近平总书记对上海探索特大城市社会治理发展道路、城市精细化管理等的精神要求,以及中央和上海市委市政府面对新形势改革发展任务的要求,着眼于国际大都市发展规律,以智库研究者的视角分析问题、提出对策建议。

本书汇编出版旨在回顾总结近6年来上海城市管理综合执法体制机制改革的探索历程,客观展示决策咨询研究者是如何观察和实证分析改革政策推进实施的成效及存在问题,如何为改革实践者提供深化改革、破解问题的目标思路和应对举措。其中有政策出台前的谋划,有政策实施中的解惑,有政策实施后的评估,充分体现智库如何深度介入公共政策过程,以及把对政策的分析、观点和主张直接传递给政策制定者,充分发挥智库服务党委政府的功能作用。本报告是集体智慧的结晶,不仅是上海社科院课题组各位同仁的共同努力,也体现了上海市住建委、市城管执法局等改革实践先行者的宝贵经验。

限于作者研究水平和课题组调研活动等方面的不足,本汇编报告中一定存在不少疏漏和谬误,有些判断、建议受制于当时的认识局限和形势变化,可能不一定正确,欢迎热忱的读者、专家学者,以及所有对城市管理综合执法感兴趣的朋友提出宝贵意见。

编　者

2020 年 3 月 28 日

第一章　关于改革和完善上海城市管理综合执法体制机制的研究[①]

中共十八届三中全会把"推进国家治理体系和治理能力现代化"提高到全面深化改革总目标的高度来认识,并明确提出"坚持法治国家、法治政府、法治社会一体建设,推进法治中国建设"是一项重要改革任务,而深化行政执法体制改革则是法治政府建设的核心内容。"整合执法主体,相对集中执法权,推进综合执法,着力解决权责交叉、多头执法问题,建立权责统一、权威高效的行政执法体制",这为上海城市管理综合执法体制机制改革指明了目标方向。

当前上海城市发展已进入一个新阶段,"四个中心"和国际化大都市建设深入推进,经济结构调整和转型升级步伐加快,城市化快

---

① 2014 年报告。

速发展和流动人口高度集聚,各种社会利益矛盾也在增加,上海城市管理的范围、幅度和难度日益增大,城管综合执法面临的问题越来越错综复杂,政府在城市管理和社会治理模式上的困境日益凸显。为此,加快改革和理顺上海城市管理综合执法体制机制、着力提高城市管理执法水平和管理效率,实践意义重大、任务迫在眉睫。

本课题研究旨在全面分析和梳理改革开放以来上海城市管理综合执法体制机制的演变历程、现状特征与面临的瓶颈问题,结合贯彻十八届三中全会精神,准确认识和把握上海城市管理综合执法面临的新形势新任务,学习借鉴国内外城市治理和行政执法方面的经验做法和有益探索,通过实地调研、理论解析、专家咨询、案例解读等多元方法,研究提出一套遵循国际大都市治理基本规律、符合我国法治中国建设基本要求,与上海城市发展阶段相适应的城管综合执法的新体制、新机制、新策略,推动上海法治化建设迈上新水平。

一、上海城管综合执法体制改革面临的新形势新任务

从国内外城市发展的趋势特点与我国治理体系和治理能力现代化的要求来看,当前上海城市管理综合执法体制改革势在必行,其重要性和紧迫性不言而喻。

（一）世界城市治理模式呈现民主化、法治化、市场化趋势，为上海市推进国际大都市城市管理综合执法体制改革提供了重要参照

综观西方发达国家的治理实践，追求分权制衡与公众参与的民主化、依法处置与公平执法的法治化、公私合作与效率导向的市场化、跨部门协作的整体性，即"三化一性"成为世界城市治理的基本趋势和规律。作为现代化国际大都市，城市管理综合执法体制机制的改革创新必须具有全球化视野，符合国际城市治理的基本趋势和要求，既要体现进一步加强城管综合执法的强度、真正构筑法治化城市，又要着眼于市民需要、环境改善、城市品质提升等城市治理的策略方法。具体来说：①加快完善城市管理综合执法的立法工作，增强执法的权威性，提高城市治理法治化建设水平；②吸纳社会资源、市场资源等进入城管综合执法进程中，最大程度地让社会民众参与城市治理，提高城管综合执法的效率和公共服务水平，降低执法成本；③优化城市管理执法体系内部的工作流程，处理好综合执法与专业执法的关系、部门与部门之间的关系，打造相互衔接、无缝隙的综合执法联动机制。

（二）中国进入全面深化改革开放的发展新阶段，要求城管综合执法体制机制创新能真正体现城市政府行政管理水平

十八届三中全会关于"推进国家治理体系和治理能力现代化"的提出标志着中国开始进入新一轮深化改革与创新发展的新阶段，

意味着政府职能转变和行政管理体制发生根本变革，这必将推动中国特色社会主义制度走向成熟化、稳定化、体系化。我国现有城市化发展水平已超过50％，从农村型社会转变成以城市为主的新型城市化社会，城市治理日渐成为政府公共治理的核心，因而城管综合执法体制机制是国家治理体系和治理能力现代化的重要组成部分。但目前我国城市管理综合执法体制是一种在快速城市化过程中逐步确立起来的过渡性体制安排，执法范围、执法机制、执法手段等并不成熟，无法从根本上有效处置城市发展中出现的诸多新情况、新问题。因此，立足国家治理体系建设和治理能力现代化的高度，要对城市管理综合执法体制进行系统、全面、科学的制度框架设计和战略部署，为法治社会、法治政府建设提供更加稳定、成熟的制度支撑。从根本上来说，加快城管综合执法体制机制改革是推动城市政府职能转变、重塑政府形象、再造行政流程、改进公共服务方式、重构政府市场社会关系，创新城市治理方式，提高城市管理水平的一项综合系统工程。

（三）作为改革开放的排头兵和先行者，上海必须率先探索具有中国特色、大都市特点，可复制、可借鉴的城管综合执法新体制新机制

上海一直是我国改革开放发展的领头羊，中央的多项改革举措都放在上海先行先试。中国（上海）自由贸易试验区的设立，是党中央在新形势下推进改革开放的重大决策，也标志着上海再次站在了推动国家新一轮转型发展和深度全球化的时代前沿，需要继续发挥好改革开放排头兵和创新发展先行者的战略角色,在制度创新上作出新贡献。因此,上海要从国家新一轮改革以及排头兵和先行者的战略高度与地位出发,按照引领性、示范性、辐射性的要求,在城管综合执法立法、执法职责权限范围、执法资源科学配置、综合执法目标考核、综合执法公共财政体制、执法人员评价机制等方面,率先探索一套既符合国情,又体现国际大都市特色,可复制、可借鉴的城市管理综合执法新体制、新机制和新方法,努力创造更加国际化、市场化、法治化的公平、统一、高效的城市环境,为全国其他特大城市综合执法体制改革提供经验和方法。

(四) 新一轮城市发展的方向定位和目标任务,对上海城管综合执法体制机制提出诸多新的更高要求

随着经济社会的快速发展和城市化进程的深入推进,尤其在全球新一轮城市发展中,上海在中国和世界城市体系发展中的地位和作用也越来越重要,面临的压力和挑战也会越来越严峻。首先,"全球城市"成为上海新一轮城市发展的战略定位,而构筑与"四个中心"、科技创新中心、宜居城市、人文城市等要求相适应的现代城市管理综合执法体系,以规范社会秩序、提高服务效率、促进城市文明,自然成为全球城市建设的重要内容和基本要求。其次,随着创新驱动发展、经济转型升级,利益主体多元化、利益诉求多样化、社会心态复杂化的现象日益凸显,给城市正常运行和社会管理带来了前所未有的严峻挑战,如何按照分类指导的原则,采取不同策略进行有效管理,是当前城市管理综合执法面临的一大难题和挑战。再

次,城管综合执法体制创新既是创新基层社会治理、破解城乡一体化发展的核心内容,更要从自身独特的优势出发,积极参与城乡一体化发展、创新基层社会治理,努力构筑城乡一体、上下联动、基层主导的现代特大城市综合执法新机制,这尚需要在实践探索中形成目标导向。

(五)上海城市发展面临的人口、环境和防恐等压力日益增大,需要创新城管执法的思路理念、方法手段和体制机制

近年来,随着上海经济社会的快速发展和城市化进程的深入推进,利益主体多元化、利益诉求多样化、社会心态复杂化的现象日益凸显,给城市正常运行和社会管理带来了前所未有的严峻挑战。比如,上海现有常住人口已近 2 400 万大关,人口密度为每平方公里 3 631 人,外来常住人口占 40%多,大量外来人员通过占道设摊、兜售小商品、运营黑车等谋生,给城市环境面貌和管理秩序带来严重负面影响。比如,城市管理重心正从 600 多平方千米的中心城区向 6 340 平方千米的全市域拓展,郊区新城"硬件"建设快速发展,但城郊结合部、"城中村"市容环境脏乱,违法搭建泛滥,流动人口管理薄弱,社会治安问题突出。还比如,作为国际化大都市,上海举办承办的重要会议、重大活动、重大赛事密集、影响大,对城市环境保障的标准特别高、要求特别严,给城管执法部门的执法效能和社会管理水平提出了严峻的考验,特别是在恐怖主义、邪教组织等不断从内陆区域向沿海大城市转移的趋势下,如何进一步强化综合执法工作,确保城市长治久安,是城市管理面临的一个巨大挑战。

二、上海城管综合执法体制的改革发展及面临的问题

城管综合执法是实现城市管理法制化、高效化、长期化的新型行政执法模式,也是改革开放以来上海行政体制改革实践的有益探索。随着我国社会经济的快速发展和整个体制改革步伐的加快,当前上海城管综合执法体制也面临着一些新情况新问题。

(一) 发展历程

纵观 30 多年的发展历程,上海城市综合执法体制改革发展的探索可分为如下三个阶段(具体见表1)。

1. 1978—1996 年:城管行政执法体制摸索阶段

上海对城市行政综合执法的探索始于 20 世纪 70 年代末。1978 年,上海市委市政府成立"上海市整顿交通、市容、卫生领导小组",展开了"三整顿"行动。在体制上,除了市级层面设立"三整顿"领导小组办公室,各区、县、街道、镇也设立了相应机构,各级公安、城建、卫生主管部门派员合署办公。1979 年,为了加强执法力度,市公安局又设立了"卫生警察",招录人员派驻街道。在执法范围上,"三整顿"涉及市容环卫、市政、园林、房管、公安交通、爱国卫生、工商管理等领域,具有综合执法的特点。但由于"三整顿"行动具有某种运动式特征,并非城市管理长效化的手段。"三整顿"办公室执法人员都由其他管理部门派驻,人、财、物等关系都隶属于原单位。

"三整顿"办公室也并非行政机关,而是管理松散的联合体。"三整顿"时期的行政执法虽然具有综合执法的特点,但由于其体制机制的临时性,执法依据薄弱,难以确立一套长期高效的执法体制。

20世纪80年代,上海行政执法由综合重新走向分散。行政管理机构上升到10个以上。虽然行政执法立法取得长足进展,但是几乎每立一个法就要成立一支执法队伍。出现了行政执法权过于分散、部门之间职权重叠等问题,影响了执法效率。20世纪90年代初,静安区曾进行城市综合执法试点,取得了不错的效果,1993年,在全市层面的城市管理中引入香港地区和一些发达国家"一警多能"的经验,根据《上海市人民警察巡察条例》授权,组建巡察警察总队,实行巡警综合执法,这是加强城市管理的有益尝试,但是由于执法要求高、巡警管理难度大、以处罚替代管理问题严重等,巡警综合执法并未达到预期目的。

2. 1997—2005年:城管综合执法体制初创阶段

1996年,上海市确立了城市管理综合执法分街道、区县、市"三步走"的工作方针,即首先在街道组建城管执法队伍,随后归并区一级市容环卫、路政、绿化等专业城建执法队伍,最后结合市政府机构改革,形成本市城市管理行政执法新体制。根据这一构想,市人大常委会修订了《上海市街道办事处条例》,在全市100个街道设立街道监察队,实施简易程序的综合执法。街道监察队综合执法范围包括市容、环卫、环保、市政设施、绿化管理,同时对违法建筑、设摊、堆物、占路进行处罚。

2000年7月,上海市第十一届人大常委会第二十次会议通过

《关于同意在本市进行城市管理综合执法试点工作的决定》。同年9月,市政府第88号令发布《上海市城市管理综合执法暂行规定》,区级层面的城市管理综合执法就此展开,到2002年1月,城市综合执法已遍及中心城区各区。2004年1月,上海市根据国务院《关于进一步推进相对集中行政处罚权工作的决定》等,发布了《上海市城市管理领域相对集中行政处罚权暂行办法》,规定从2月1日开始,城市管理综合执法工作由中心城区向全市范围全面推行。各区县陆续组建城市管理监察大队。城管综合执法范围以市容市貌管理为主,并涉及市容、绿化、市政、环保、水务、公安交通、工商、房地、规划、建设管理等10个行政机关八大方面的全部或部分行政处罚权。

2005年6月,上海市政府颁发了《上海市人民政府关于本市开展市级层面城市管理领域相对集中行政处罚权工作的决定》,成立上海市城市管理行政执法局,开展市级层面城市管理相对集中行政处罚权工作,与上海市市容环境卫生管理局实行"两块牌子,一套班子"。市城管执法局下设上海市城市管理执法总队(以下简称市城管执法总队),受市城管执法局委托,承担相对集中行政处罚权工作的具体事务。各区(县)相应成立自己的执法局和执法队伍。

3. 2006—2012年:城管综合执法体制改革深化阶段

2008年上海市政府进行大部制改革以后,上海市绿化市容局增挂市城管执法局牌子,各区县也相应在绿化市容局(浦东新区为环保市容局,黄浦区为市政管理委员会)增挂城管执法局牌子。2011年《行政强制法》颁布以后,为严格规范城管执法主体,明确市城管执法局作为市级城管执法实施主体,"上海市城市管理行政执法总队"更名为"上海市城市管理行政执法局执法总队";明确区县城管执法局作为区县城管执法实施主体,"区县城市管理监察大队"更名为"区县城市管理行政执法局执法大队"。至此,上海城市管理行政综合执法体系基本确立。

2012年,《上海市城市管理行政执法条例》颁布施行,该条例明确了上海城管行政执法体制,确立了城管执法权限的范围,规范了城管执法部门和执法人员的执法行为。上海城市管理行政执法步入规范执法时代。但与此同时,随着我国城市化的快速发展,城市管理出现了许多新情况新问题,上海城市管理行政执法面临的挑战越来越严峻。针对上海特大城市特点,上海市委提出城市管理中要"坚持政社互动、重心下沉、注重治本,着力夯实基层基础,切实加强人口服务管理和城市安全管理,构建城市管理和社会治理新模式"的要求。由此,新一轮城市管理综合行政执法体制改革箭在弦上,浦东新区等区县已先行进行了扩大城市管理领域相对集中行政处罚权范围的试点工作。

总结30多年来上海城管执法体制演变历程,有三方面经验:一是坚持以社会发展需求为导向推进改革。上海城管综合执法始终坚持以人为本、执法为民,以社会发展需要为导向,在满足人民群众对城市整洁美观、生活和谐安定、生态绿色健康要求下推进综合行政执法,使改革成为高效执法的保障,而检验执法效率的标准则是人民群众的需求。二是坚持体制突破与方式创新相结合。上海城管综合执法改革坚持探索市场化社会化的管理方式,在打破各政府部门界限推动行政综合执法的同时,引入国际先进管理理念,根据上海国际大都市具体情况,创新执法形式,勇于探索,大胆尝试,采用巡警执法、街道监察队执法等方式,为体制突破、改革深化积累了宝贵的经验。三是坚持以规范执法、高效执法为导向。上海城管综合执法改革始终沿着科学执法、规范执法、依法执法的方向推进,在社会上取得较好影响,保持了社会稳定。由于执法具有规范性,基本没有因为执法不当而导致群体事件发生,保证了上海国际现代化大都市的城市形象,为上海经济社会高速发展作出了积极贡献。

表 1　改革开放以来上海城管综合执法发展情况

阶段	时间	执法主体	综合执法范围	评价
一、摸索阶段(1978—1996 年)	1978 年	市、区"三整顿"办公室	市容环卫、市政、园林、房管、公安交通、爱国卫生、工商管理	初步具有综合执法特点,但并非一套长效机制
	20 世纪80 年代	各专业行政管理机构		各专业执法之间边界不清,效率较低
	1990年初	公安巡警	交通、治安、消防、市容、环卫、市政、环保、园林以及工商经济管理	执法要求高、巡警管理难度大、以处罚替代管理问题严重
二、初步确立阶段(1997—2005 年)	1990年末	街道监察队	市容、环卫、环保、市政设施、绿化管理,同时对违法建筑、设摊、堆物、占路进行处罚	在街道层面确立了综合执法体制,但是区域协同性欠缺

阶段	时间	执法主体	综合执法范围	评价
	2002 年	各区城市管理监察大队	市容、绿化、市政、环保、水务、公安交通、工商、房地、规划、建设管理	条条之间和条块之间的矛盾得以缓解
三、深化改革阶段（2006—2012 年）	2008 年	市、区城管执法局	绿化、环卫、市政、环保、水务、工商、建设、房屋、规划等	上海城管综合执法体制市—区县—街镇的纵向格局确立
	2011 年	上海城市管理行政执法总队、区县城市管理行政执法局执法大队	绿化、环卫、市政、环保、水务、工商、建设、房屋、规划等	依据《行政处罚法》《行政强制法》，综合执法体制更趋规范

（二）现状与面临的问题

目前，上海城管综合执法体制分市、区县、街镇三个层级（见图 1）。

市级层面：市城管执法局，在市绿化市容局增挂牌子，下辖市局执法总队。市绿化市容局下的执法协调处、执法监督处、市容管理处、环卫管理处负责城市管理相对集中行政处罚权工作。区县层面：17 个区县城管执法局（其中，浦东新区在区环保市容局增挂执法局牌子，黄浦区在区市政委增挂牌子，其他各区在区县绿化市容局增挂牌子），下辖各区县执法大队（浦东新区城管执法局下辖区局

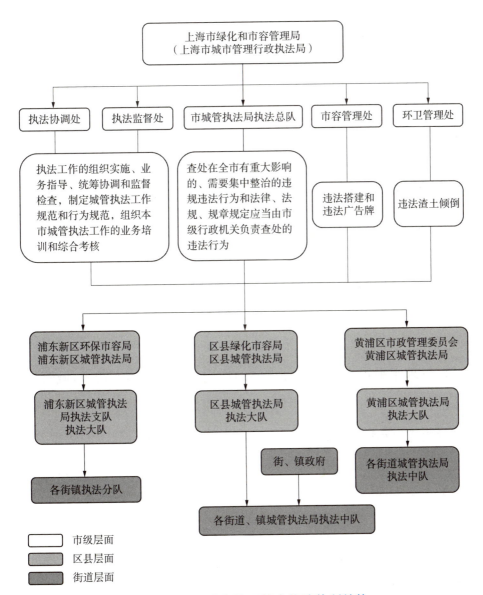

图 1　上海市城市管理综合执法体制结构

执法支队),接受市城管执法部门的业务指导和监督。街镇层面:设立城管执法中队,为区县城管执法局执法大队派出机构,以区县城管执法局名义,具体负责所在街镇内的城市管理行政执法工作。

全市城管执法系统现有执法人员事业编制 8 178 个,实有人员 6 861 个,2007—2011 年,市城管执法局执法总队和各区县执法大队陆续实现"参公"管理。城管综合执法的范围包括市容环卫、绿化、市政工程、水务、环保、工商、建设、规划房地产和其他,共"8＋X"大项,396 小项的执法权限。另外,浦东新区相对集中的行政处罚权范围更广,涉及市容环卫、绿化、市政、水务、环保、城市规划、城市交通,工商、建设、房地产、林业、食药监、文化市场等部分,共 16 个方面,1 200 余项。

总体上看,历经多次调整和改革,上海城管综合执法在法制建设、依法行政能力、公正规范执法等方面都取得了明显成效,对上海城市管理水平提高起了十分重要的作用。但在具体实践中,城管执法部门仍面临"执法体制不顺、执法职责不清、执法规范不明、执法监督不力"等矛盾问题,这不仅严重影响了城管综合执法的效率,也无法体现执法的权威性。上海城管执法需破解的难题突出表现在以下三个方面。

1. 城管综合执法的法律法规尚不健全

目前,社会各界对城管综合执法的重要性认识不清、意见导向不一致,没有统一的认同感。如城管综合执法者认为"市场繁荣加剧了执法难度",专业管理机构和基层政府则认为"综合执法影响了经济发展",普通群众也没有理解综合执法是对自身权益的保障。

这主要源于城管综合执法缺乏法律法规作为基础和保障,特别是缺乏专门的城管执法立法,城管执法部门在行使相对集中行政处罚权时仍存在诸多障碍:①城管综合执法相关法律问题未加细化明确。目前上海城管综合行政执法的依据是2012年上海市人大常委会通过的《上海市城市管理行政执法条例》,条例以地方性行政法规的形式确立了城管行政执法的规范,但是"条例"对行政综合执法的目的、适用范围、行政处罚权主体、执法流程等一系列问题并未加以细化明确。由于法规没有细化,使得城管综合执法规范性、权威性依据存在不足,在实际操作过程中遇到许多问题。②相对集中行使处罚权的立法仍较薄弱。全国层面缺乏统一的有关相对集中行政处罚权的法律规定,上海也没有系统的地方立法。除了《上海市城市管理行政执法条例》,综合执法所涉及的市容环境卫生、市政工程、绿化、水务、环境保护、工商、建设、城乡规划和物业管理等方面都必须参照其他相关法律法规,综合执法法律依据过于分散。部分规章按照原专业行政执法体制设立,在职能履行过程中,一旦有关法规、规章发生变动,综合执法也会随之变动,执法体系无法明确,影响综合执法效能。

2. 城管综合执法体制建设尚存缺陷

城管执法体制问题的核心是行政执法体系没有理顺,存在职权交叉、多头执法、执法资源分散、执法成本高而质量差等现象。

(1) 城管执法局功能虚化不利于综合执法作用的发挥。设立城管执法局,目的是整合执法资源、建立专门的城管综合执法机构,对原有体制进行颠覆性改革。但目前,上海城管执法局和绿化市容局合署办公,下辖执法总队、大队、中队的体制,容易导致其内设机构虚化、职能空转,难以集中精力主动有效地应对城管执法中的诸多难题,不利于城管综合执法作用的发挥。由于城管综合执法总队、大队、中队分别隶属于市或区县绿化市容局,较多关注与绿化市容局有关的城管问题,而对于城管其他问题,诸如违章搭建等涉及较少,2013 年,上海城管综合执法处理违法案件 13.49 万起,与市容绿化有关的案件就达到 69.7%(见表 2)。

表 2　2013 年上海城管综合执法数量和领域分布

执法事项	执法案件数量(万件)	占比(%)
市容管理	8	59.3%
绿化管理	1.4	10.4%
市政管理	2.5	18.6%
水务管理、环境保护管理、工商管理、城乡规划、物业管理、建设管理	1.59	11.7%

(2) 执法部门职责界面不清容易导致城市管理"真空地带"。当前城管的诸多难题常常涉及多家执法部门,如渣土管理,渣土源头申报登记和指定堆场由专业管理部门负责,对违反管理的处罚也由专业管理部门负责,但是清运过程中的禁止乱倒、无证偷运等问题的处罚则由综合执法部门负责。执法领域存在职责交叉现象,容易出现部门相互推诿、"多个和尚没水喝"的情况,影响执法效率。而前段管理和末端执法的"管罚合一"状况没有改变,行政审批与执

法职能分离的界面没有划分清晰,造成管理和执法之间出现"真空地带"。

（3）现有城管执法体制不适应基层一线执法特点。城管综合执法主要针对街面违法问题,基层执法特点较强,区县、街镇属地化解决问题责任大。但在现有城管执法体制下,区县、街镇缺乏执法资源的统筹使用,尤其是街镇缺乏相应的对其辖区内各执法队伍的领导指挥和监督协调等权限,城管执法中队往往被动接受街镇等基层城市管理者提出的执法要求,影响了城管综合执法效力。

（4）城管综合执法队伍配备难以应对高效的执法需求。城管执法作为末端一线执法,面对的不是出于谋生需要的违法困难弱势群体,就是受巨大利益驱动违法的强权群体,矛盾集聚、对抗性强,现有城管执法队伍力量配备显然薄弱,难以适应特大型城市管理的需要。目前,城管执法人员编制主要根据本市户籍人口数量按比例设置,地区配比上偏向于中心城区,随城市化快速推进,特别是以新城、中心镇、新市镇为代表的城镇化区域崛起,原中心城区的城管综合执法体制显然不能套用到人口密度低、执法地域范围大的区域,以浦东新区洋泾街道为例,面积与静安区相当,但配备城管执法人员 30 余人,而静安区有 200 多人。因此,一些新城市化地区出现违法案件发生数量与执法力量倒挂现象。

3. 城管综合执法机制建设尚不完备

城管综合执法是一个系统工程,为保障城管执法活动的顺利进行,需要政府相关职能部门协同衔接,社会组织、个人的配合支持,形成各部门、各环节的联动、联勤、联合等相应机制的保障。但目前客观上看,机制建设仍存在较多的缺陷。

（1）城管违法发现机制与城管执法对接不够。目前,城管综合执法违法案件发现主要依靠城管执法队伍,但确保在第一时间发现各类违法"源头"的发现机制和监管网络仍不足。由于城市管理违法举报平台设置较多,除了"12345"举报热线,还有"12319"热线以及市容绿化局设立的监督热线等,问题发现平台分散导致举报人不知向谁举办,影响了主动报案的积极性。

（2）城管综合执法与行政管理部门互动机制缺失。管理部门的"前端服务管理""事中事后的监督管理"要与综合执法部门的"末端执法"形成互动的工作对接机制,实现城市管理的长效机制。但在目前实践过程中,一方面,综合执法部门与管理部门的职能没有适度分开明晰,因而无法确立起相互监督、相互沟通、完善管理的机制;另一方面,执法部门与管理部门的工作界面和工作流程还处于摸索改革过程中,没有形成有效的常态化工作对接机制。

（3）城管综合执法与司法行政机关衔接不够。城管综合执法除了面对一般的违法行为,还需面对涉及犯罪的严重违法行为,而一旦涉及犯罪行为,应由公安司法等行政机关处理。但目前城管综合执法与公安机关缺乏联动衔接机制,公安机关如何介入,介入的范围、方式、力度等尚不够明确,公安机关在处理有关城管的违法案件时,通常把行政执法部门与行政相对人作为两个民事主体同等对待,没有给予城管综合执法机构必要的支持。

三、国内外城市管理行政综合执法的经验做法与启示

在城市管理行政执法过程中,如何有效地解决诸如污染、违章建筑、小贩四窜等事关市容环境问题,一些国内外城市都有着丰富的经验和成功做法,可供上海在推进城市管理综合执法工作时借鉴参考。

(一) 香港、新加坡等城市管理的经验

城市管理及执法问题是世界现代化进程中一个带有普遍性的现象,即使当前世界上城市管理居一流的新加坡及香港地区在30多年前均同样碰到诸如污染、违章建筑、小贩四窜等城市管理问题,但他们通过法律、行政、经济、宣传等各种手段,成功治理了一系列随城市发展而衍生的问题,很值得学习借鉴。我们与他们在政治制度、体制设立的社会环境、地理条件以及人文精神、社会习俗等方面均存在差别,因此在具体的问题上不能随意照搬,重要的是要学习他们管理的理念,体会城市管理的规律。

1. 拥有完善的城市管理法律法规体系

台北、香港和新加坡等城市的城市管理有一个显著的共同特征,就是拥有完善的城市管理法律法规体系。以香港为例,其城市管理有严格的行政立法程序、健全的执法体系。通过行政立法,使政府各部门依法行政,照章办事,责权分明,很早以前就颁发了《公共照明条例》《土地排水条例》《污水处理服务条例》《道路交通条例》

《废物处置条例》《噪音管制条例》《空气污染管制条例》等。新加坡现行的法律、法规多达 400 多种,基本上覆盖了社会生活的各个领域。对违法行为的处罚都有明确的规定。

2. 先进的城市管理理念

先进的城市管理理念主要体现在三个层面:①坚持以人为本。新加坡在城市管理方面坚持以人为本的理念将有利于提高群众生活水平、生活质量的城市规划、建设和管理作为重要目标。②强调服务优先。新加坡在城市管理方面强调政府服务优先的原则,改变传统的命令型政府为服务型政府,形成了城市管理就是服务于市民、城市管理执法就是为市民服务的先进管理理念。③市民广泛参与。在香港城市管理中,政府非常注重广大市民的参与,听取市民的意见,完善有关政策法规。广大市民对政府城市管理事务有充分的发言、监督权,从而也进一步保证了机关公务人员更加公正、严格地行使权力。

3. 城市管理部门职责明确并紧密协作

新加坡涉及城市管理的部门很多,主要部门有 15 个,法定专业委员会有 32 个,这些部门与委员会都是依据有关法律由议会授权设立,其管理职责以法律形式固定下来,有着明确职责,不会出现职责交叉、多头管理的问题。把每一个部门在管理上应承担的责任和达到标准、考核的依据,以及每个项目的管理内容、管理要求、管理标准、处罚依据等都固定下来,形成了责任明确、奖罚分明、高效敏捷、高度权威的管理责任体系。新加坡专门设立了"花园城市行动委员会"来强化各管理部门之间衔接、配合,避免了因各部门之间协调不力而导致的管理出现真空的问题。

香港城市管理行政执法由食环署与警署、法院形成了有机且效率极高的行政执法体系。如食环署一旦发现相关违法行为，立即向违例人士发出传票，由法院审理和做出裁决，若违例当事人出现争执或异议，警察接到通知后 15 分钟内就要到达，对违例人员进行拘捕。

4. 强力有效的执法监督机制

以新加坡为例，其城市管理有完善的执法监督机制。首先，执法监督方式多样。城市管理法律针对不同对象设计了不同的处罚方式，或处以罚款，或按劳改法令坐牢。对于日常监督，针对不同问题都有专门人员全天进行监视。其次，违法处罚力度大。新加坡对于违反城市管理法规的行为处罚以严厉著称，使用这种严厉的处罚强制性逼迫市民自觉遵守城市管理法规，并逐步形成一种习惯和氛围。再次，建立了严格的考评监督机制。新加坡建立了一套完整的、操作性强、严格公正的考评体系，该体系的每项指标都有具体的评分标准，减少了考评中人为的主观评判程度，提升了考评的客观性、操作性和公平性。

5. 专司其职的宣传部门

香港高度重视城市市容管理的宣传工作。市政总署行政科下专设一个新闻组，负责执行宣传临时市政局的一系列政策法规和各阶段的主要任务。利用多种形式，包括新闻稿件、记者招待会、简报会、电台、电视节目、国际万维网络、访问、体育运动会、展览会、刊物及参观等，宣传临时市政局及市政总署的工作及活动，确保市民了解其职责范围,充分认识其工作成效。新闻组每年印制大量的免费刊物和资料,收到了良好的社会效果。新加坡政府也相当重视爱护环境的教育宣传,报纸、电视都会经常组织专题的环境教育活动。

(二) 国内城市管理综合执法案例分析

1. 南京城市综合执法案例分析

经过 2010 年的大部制改革后,南京市城市管理实行了"大城管"模式。2012 年 11 月 29 日,江苏省人民政府批准,2013 年 3 月 1 日开始实施新的《南京市城市治理条例》。总体而言,南京的城市管理有以下显著特征:

(1) 顶层设计变化,从城市管理上升到城市治理。城市治理,是指为了促进城市和谐和可持续发展,依法对城市规划建设、市政设施、市容环卫、道路交通、生态环境、物业管理、应急处置等公共事务和秩序进行综合服务和管理的活动。而城市管理,则是指政府及其有关部门依法行使行政权力,是城市治理的基础性内容。

(2) 城市治理体制的变革。城市治理地域范围确定为城市化管理的区域。市人民政府设立城市治理委员会,由市人民政府及其城市管理相关部门负责人、专家、市民代表、社会组织等公众委员共同组成,其中公众委员的比例不低于 50%。城市治理委员会主任由市长担任。

(3) 做实执法机构,设立南京市城市管理局,挂南京市城市管理行政执法局牌子,为市政府工作部门。2010 年 4 月 1 日设立南京市城市管理局,挂南京市城市管理行政执法局牌子,为市政府工作部门,承担城市综合管理的责任。将原南京市市容管理局环卫基础设施建设以外的职责,原南京市市政公用局市政设施管理维护和城区防汛职责,原南京市园林局城市绿化管理职责,原南京市建设委员会指导、监督和综合协调全市市政设施、市容环卫、城市绿化等方面的管理职责整合划入南京市城市管理局。

（4）强化执法部门和管理部门的协同。建立健全信息共享机制,如针对建(构)筑物管理成立违法建设查处信息平台,利用和整合城市网格化管理信息系统、卫星遥感监测、电子政务网络、城市基础地理信息系统等技术手段和信息资源,实现信息互通和数据共享。设立首查责任机制,首先发现违法建设或者接到举报的城市管理行政执法部门、规划行政主管部门、街道办事处、镇人民政府为首查责任机关。明确部门协作的工作时间。部门协作案件移交的时间期限为 1 个工作日,并确定专业职能部门技术支持的时间为 5 个工作日。

（5）强调公众参与治理。公众可以通过专家咨询、座谈会、论证会、听证会、网络征询、问卷调查等多种方式参与城市治理活动。政府及其城市管理相关部门可以通过购买服务等方式,将社区服务、市政养护、环卫作业等转移给企业、事业单位、社会组织,推进政府公共服务社会化和市场化,并对各自可能参与的范围进行界定。

2. 长沙城市综合执法案例分析

《长沙市城市管理条例》自 2011 年 6 月施行,是我国第一部地方性城市管理法规,并于 2012 年 5 月再次修改完善,形成了具有地方特色的执法模式；2014 年 4 月 1 日，长沙市实施城市管理体制的重大改革，成立长沙市城市管理委员会，由市委书记任顾问，市长任主任，19 个部门为成员单位；实行责权利重心下移，由各区政府（含高新区）全面负责组织实施辖区内城市管理维护和综合行政执法工作。

（1）做实执法机构，推动城市管理综合行政执法机关相对集中。新成立城市管理委员会，负责全市城市管理的宏观决策、统筹规划、组织协调；研究决定城市管理中的重大事项；审议城市管理工作年度计划；定期听取市城管执法局工作汇报，并进行工作指导；负责统一指挥、调配城市管理资源，协调跨部门、跨区域的城市管理事项。设立长沙市城市管理局（现已更名为长沙市城市管理和行政执法局），行使市容环境卫生管理、城市规划管理、市政管理、园林绿化管理、环境保护管理、工商行政管理、公安交通管理等七个方面的全部或部分行政处罚权。

（2）以"重心下移、属地管理，监管分离、权责对等、理顺职能、整体联动，公众参与、共同治理"为基本原则，以落实管理责任为重点，以强化考评措施为杠杆，以加大经费投入为保障，着力构建"市委、市政府统一领导，部门联动，市、区分级负责，以区为主，街道和社区为基础"的大城市管理体制。"统一领导"就是由市人民政府制定城市管理工作目标，对全市城市管理工作进行监督管理。"分级负责"就是在市人民政府领导下，由区人民政府负责组织实施辖区内的城市管理工作；由街道办事处、乡镇人民政府负责组织落实辖区内城市管理的具体工作；由居（村）民委员会动员辖区单位和居

(村)民参与相关城市管理活动,协助做好城市管理工作。"部门联动"就是由规划、住建、国土、环保、公安、交通、林业、卫生、教育、文化广播电视新闻出版、工商行政、水务、园林等管理部门按照各自职责,共同做好城市管理工作。"综合管理"就是由市城市管理和行政执法局依照市人民政府规定的职责做好相关的事务性工作,集中行使国家和省批准的城乡规划管理等十个方面的相关行政处罚职权。

(3) 明确综合执法职责范围。在《长沙市城市管理条例》中对城管综合行政执法的职责范围、执法体制、执法规范、执法协作和执法监督方面的内容进行了明确,着重解决了城管综合行政执法强制措施乏力、强制手段缺乏、着装无法定依据等问题,使条例具有很强的针对性和可操作性。

(4) 设立公安局城管分局,专职负责配合和保障城管综合执法工作。长沙市公安局城市管理分局成立于 2000 年 6 月(起初为长沙市公安局城市管理支队),加挂长沙市公安局公共交通分局的牌子,作为长沙市公安局负责全市城市管理和公共交通管理治安工作的职能机构。城管支队成立之初编制为 100 名城管民警,长沙市政府赋予该支队的主要职责是:协同长沙市城管综合执法支队做好城管综合执法工作,侦查和调处市区城管综合执法中发生的刑事案件、治安案件和治安纠纷。目前长沙市公安局城市管理分局共有民警 280 人,其中在六个主城区均设立大队,每队配备 15～23 名民警,合计 115 人,专职负责配合和保障城管综合执法工作。目前国内已有 40 多个城市建立不同形式的公安配合协助城管执法工作机制,如南京市公安局城市管理警察支队,专职负责配合和保障城管综合执法工作。目前配有民警 390 名,下设 8 个大队(派出所),每个大队安排一个中队与所在区城管综合执法大队合署办公。

3. 深圳城市综合执法案例分析

经国务院批准,深圳市在 2001 年开始便已在全市范围内开展相对集中行政处罚权的试点工作,具有一定的创新性。当前深圳的综合执法管理创新主要值得借鉴的经验做法可以概括为以下五个方面:

(1)优化管理体制,全面实现管理重心下移。在管理体制上由条条为主转变为以块块管理为主。明确了市、区、街执法职责和权限,实现了执法重心下移,落实了辖区管理责任制,强化了街道执法队对辖区市容环境负总责的责任意识;在市、区两级管理职能由执法与监督并举转变为以监督为主。建立完善了执法监督管理约束机制,强化了市、区城管部门的监督责任,形成了监督和执行两个轮子一起转,互相协调,互为促进的新机制。同时,把执法力量充实到了第一线,充分发挥了在城市管理和社会管理中的作用,实现了街道责权统一,增加了街道在管理方面的手段和办法,提高了基层的执行力。

(2)调整管理范围,形成综合执法大格局。综合执法范围确定为属于易于判断、不需要专业设备和技术检测手段即可定性的事项。在执法任务上由 9 个方面执法转变为 21 个方面,整合了 17 个职能部门的部分执法权。《深圳经济特区城市管理综合执法条例》旨在规范城市管理综合执法行为的法规明确规定,首次以立法形式明确城市管理综合执法范围,包括:城市管理方面的执法事项,道路、环境保护、食品安全、禽畜屠宰、燃气、文化市场、安全生产、户外广告、教育、校外午托机构管理等方面的部分执法事项。

（3）建立综合执法联动和协调机制，增强了综合执法合力。2006年，深圳市成立了一支由市公安局、市城管局、市民政局共同组建的公安城管民政联合执法大队，并被证明公安参与城管执法称为深圳破解城管执法难的根本措施。于是在2009年就提出了将公安城管联合执法常态化，定编定岗定职责，目前正全面推进中。

同时建立了市综合执法工作联席会议制度，由市政府分管领导（市委常委、副市长）任组长，市城管执法局、法制办领导任副组长，各相关职能局分管局领导为成员，各职能局派一名联络员。联席会议原则上每季度召开一次会议，研究解决综合执法过程中遇到的重大问题，协调综合执法中的矛盾和争议，加强各相关行政机关的配合，增强综合执法合力。

（4）完善综合执法监督机制，强化执法队伍管理。一是组建执法监督机构。市城管行政执法局组建市城管行政执法监察支队，各区城管行政执法局组建了区城管行政执法监察大队，形成两级督察网络，加强对街道综合队伍中各种不依法行政、不文明执法行为的监督，进一步规范街道执法行为，提高执法效率。二是完善督察手段。通过实施黄红牌警示、执法队伍升级达标等方式，促进文明执法和提高执法效率。三是建立社会监督机制。聘请了人大代表、政协代表、市民代表作为执法监督员，参与重大综合执法行动，对执法行为予以监督，增加行政执法的透明度，促进执法工作的公开、公平、公正。

（5）建立健全规章制度，管理工作逐步规范。一是制定了《深圳市街道综合执法量化指标体系》。确定了科学合理的执法业务量化指标。二是制定了《深圳市街道综合执法过程管理规范》。参照ISO管理模式管理队伍，从目标设定—标准建立—付诸实施—监督监控—评价处置等环节，形成了一个完整的规范体系。三是建立覆盖三级行政执法数字化综合执法平台。实现"数字城管"在执行环节的数字化，实现案件管理和执法督察数字化，提高执法工作透明度和执法处理率。四是制定了《深圳市街道综合执法责任制考核办法》。对全市街道执法队伍从组织管理、队伍建设、队容风纪、文明执法、办案质量、执法成效、社会监督等方面制定明确标准，进行全面和综合性的考核评价，促进依法行政水平不断提高。

（三）国内外城市管理综合执法对上海的借鉴

1. 对上海城市综合执法体制的借鉴

（1）完善城市管理相关法律法规体系，提升执法强度。完善的法律法规体系是香港提升城市管理行政执法水平的根本保障，没有完善的法律法规体系，执法部门有法可依则成为一句空谈。纵观新加坡和香港城市管理，建立了完善的城市管理行政执法的法律法规体系，为城市管理制定了非常具体的标准以及执法管理程序，从而使得各执法机构有法可依。同时，在执法过程中实行严格执法，对城市管理的违法者处罚力度很大。

（2）科学界定城市管理综合执法范围。在确定执法范围时，应当遵循以下四个原则：一是纳入综合执法的违法行为主要发生在室外而不是在固定的经营场所内;二是纳入综合执法范围的事项相互之间具有紧密的关联性,避免横向执法跨度过大;三是相关的职能部门无执法力量、无执法队伍;四是通过立法方式保持综合执法范围的确定性与稳定性,对综合执法范围的确定与调整程序作出明确的规定,非经充分调研讨论和法定程序不得对执法范围进行调整。

(3) 明确各管理机构职责。城市管理行政执法是一项巨大的系统工程,涉及政府的各个部门,需要各相关部门及机构协调和发展配套的行政执法体制,实现从决策到执行管理的全过程。从国内外城市管理行政执法管理机构,各执法机构的职能都是非常清晰明确的,其职能涉及城市管理的各个领域,各机构之间分工明确。城市管理行政执法需要各部门各司其职,以保障各部门正常运行,各部门的职责应尽可能地规定详细,从而可以避免发生相互推诿现象,而香港城市管理执法各部门尽职尽责、分工细致、管理高效的运转机制是内地需加以学习、效仿的典型案例。

(4) 健全综合执法权力的指导与监督。仅有协调没有监督是难以保证力度的,监督与考评有关城市管理工作,有利于有关方面严格依法办事,实现城市管理目标的实现。使得城市管理成本大大降低,社会效应良好。

2. 对上海城市综合执法机制的借鉴

(1) 建立数字化综合执法信息平台。推进与相关部门(工商、国土、文化、规划与房产、卫生、环卫等职能部门已发的证照、证件及其相关资料)信息资源共享,以方便街道执法队调查取证,降低执法成本,提高执法效能。

(2)明确界定并强化相关职能部门的前端管理责任。解决重罚轻管、以罚代管问题,做到以规范管理和引导疏导为主,执法为辅。

(3)建立健全综合执法协助与案件移送制度。建立相关执法资源共享系统,强化职能部门的管理与监督、检查职能,建立健全管理与执法信息共享制度,对职能部门协助、配合综合执法的情况加强监管等,切实有效推进街道综合执法。

(4)建立公安城管执法协同机制。建立公安城管执法协同机制,一方面可以有效预防和及时制止暴力抗法事件,保障了城市管理综合执法的顺利进行;另一方面,公安部门可以依据治安处罚法、刑法的相关规定,予以更加严厉的处罚。

四、改革创新上海城管综合执法体制机制的思路与方案

城管综合执法体制改革是我国行政执法体制改革的一个重头戏,是推动法治政府建设、提高社会治理能力的关键。当前,上海必须加强总体设计、先行推进改革,为我国法治化建设探索新路子。

(一)指导思想和基本原则

1. 指导思想

紧紧围绕十八届三中全会关于深化改革的总目标,按照市委市

政府有关加强行政执法体制改革的部署要求,充分把握当前上海特大型城市发展中面临的新形势新任务,直面上海城管综合执法体制机制面临的现状与突出问题,以"人本城管、法制城管、服务城管、效率城管"为导向,进一步整合执法资源、明确执法主体和内容,逐步理顺执法职责界面、加强执法队伍建设,改革创新城管执法体制机制,增强城管执法的权威性和综合效率,全面提升本市城市管理水平,为上海"四个中心"和国际大都市建设提供保障。

2. 基本原则

(1)坚持"以人为本"理念,注重协同治理。惠民生才能顺民心,顺民心才能聚民力,城管执法工作与人民群众生活息息相关,必须时时处处做到以服务民生为目的。同时,城管执法必须充分发挥市场和社会的作用,建立政府负责、社会协同、公众参与、法治保障的协同治理模式,以进一步保证执法人员更加公正、严格的行使权力。

(2)坚持问题导向,聚焦重点突破。针对当前社会各界反响强烈、矛盾突出、综合性强的城市管理难题顽症,聚焦问题突出的领域和部门,进一步集中执法资源和力量,加大改革力度。比如拆违是个突出问题,责任落在区县、街镇,而城管、规划、房管都有相关的执法权,应通过改革将执法权交予区县集中行使,做到责权利的统一。

(3)坚持统筹协调,做实执法机构。城管综合执法是为城市发展保驾护航的,改革必须注意统筹协调,要将做实城管综合执法机构与发挥大部制作用、加强前端管理与后端执法的衔接结合起来统筹考虑,进一步理顺管理主体与执法主体的职责关系,强调"管理"

前行,"执法"后移,行政执法坚守"底线"原则。要进一步明晰综合执法与专业执法的界面,建立常态化的工作对接机制,实现城市管理领域全过程、全行业的无缝衔接。

(4)坚持分类指导,分步实施改革试点。支持鼓励区县因地制宜地推行城管执法改革,加强城管综合执法改革的分类指导。郊区和中心城区综合执法的环境、基础和重点不同,体制改革模式不要一刀切,浦东、中心城区、郊区可以自主选择改革模式、进程。坚持分步推进,条件成熟的可以先行先试,以点带面,逐步推开,如综合执法和专业执法的事项范围,意见基本一致的先行划转,意见不一致但矛盾突出、需要重点突破的事项,先纳入试点。

(5)坚持自下而上,强化基层执法力量。要自下而上地理顺城管执法体制,先从街镇着手理顺体制,再理顺区县的体制,最后再定位好市级体制,强化执法资源向基层配置。对于一些人口大镇甚至是所有镇,应给予区一级的执法管理权,对一些名为街道实际上相当于镇的街道,也要充分授权。相关专业部门也要按照这个思路理顺基层执法体制,基层做实后,市里执法管理力量要同步下沉。

(6)坚持法治思维,提高执法效力。城市管理综合执法主要是依据城市行政执法的有关法规实施,并由相关专业法规执法作为基础。因此,强化法治思维,就是要严格依法执法、规范执法,规范城管执法工作流程,完善城管行政执法与刑事司法的衔接机制,确保城管领域行政综合执法工作的严肃性、权威性和实效性。

（二）目标和思路

1. 改革目标

按照"整合执法主体，相对集中执法权，推进综合执法，着力解决权责交叉、多头执法问题，建立权责统一、权威高效的行政执法体制"的总体方向，有针对性地逐步调整和理顺上海城管执法内容和权限，强化执法综合性，强化基层资源配置，从体制上形成一种行政处罚权相对集中、执法机构相对独立、权力主体相互制约的格局，真正提高城市管理水平。具体来说：一是进一步将行政执法权限归并于统一机构。将行政管理领域中多个具有相关行政处罚权归并由一个综合执法机构管辖，除专业技术性强的执法事项不适合划转外，其他城市管理职责应在市区层面上统一划转给综合执法机构。二是进一步划清城管综合执法的职责界面。明确"管理服务""行政执法"和"刑事司法"三个不同环节的职责以及内在关系，特别要细化"管理"与"执法"的职责界限。三是进一步提高城管综合执法工作效能。形成前段管理与末端执法、专业执法与综合执法的信息化平台和协同工作机制，实现信息共享、案件移送、联合执法的常态化运作。

2. 基本思路

总体上来说，就是要围绕加快政府职能转变、深化行政体制改革，着力解决当前上海城管综合执法中职责分割不清和管理碎片化的现象，真正建立完善适应特大型城市发展特点的城管综合执法体系。

（1）健全立法体系。目前，我国城市管理法律法规是由政府各部门制定的法律法规集合而成，缺乏针对城市管理的专门性的法律体系,各种法规之间存在冲突。上海要加强地方立法,建立起城管综合执法的法律法规体系,增强城管执法的严肃性和权威性。通过专门的城管立法及细则规定,把城管执法机构的性质、职能,城管执法的手段、标准、机制与城管执法队伍编制等内容,给予具体明确的规定。

(2)优化机构设置。按照"执法主体唯一、行政处罚权相对集中、管理与执法分离"原则整合城管综合执法职能,横向上梳理清政府职能管理部门、综合执法部门、司法部门的职责边界,纵向上逐步理顺市、区、街镇三级城管综合执法体制,核心是做实区县城管综合执法局,将行政处罚权(包括行政执法检查权、行政强制措施权)集中到区县,城管执法队伍管理权下沉至街镇,提高城管执法的效力。

(3)创新执法机制。通过信息化手段、制度化设计和常态化运作,按照"协同、联动、联勤"等方式积极探索上海城管综合执法机制,强化城管综合执法机构与政府职能机构、公安部门的协同联动,建立管理与执法的案件移送机制、街镇联勤联动执法的工作机制,特别要发挥城管网络化平台作用,强化源头发现机制、工作对接机制。

(三)体制创新方案

城市管理综合执法是一个复杂的系统工程,既涉及与政府各职能管理部门、公安司法部门等横向的职责权限,又面临市、区、街镇社区之间纵向的权责利关系。为此,理顺城管综合执法体制,必须明确各部门职责范围、工作目标及任务,组织协调好各自的分工合作。

1. 整合城管综合执法的职能

城市管理综合执法是指在城市管理领域行使相对集中的行政

处罚权，凡是涉及城市管理领域或与城市管理领域密切关联的执法职能都应纳入其中。目前来看，环卫、绿化、林业、市政、环保、水务、房屋管理等城市管理领域中属于非专业识别的行政执法职能，原则上都可以划归到综合执法范畴中。

第一，进一步梳理归并城市管理领域执法事项。从综合管理和执法的角度出发，对同类事项进行归并（由于部门立法，很多本质同一的事项在不同的法规里有不同的表述，这需要甄别），如将环境保护等属于综合执法的事项集中交给城管执法机构统一实施查处，避免执法部门的职责交叉。要重新梳理城市管理领域综合执法事项，建立城市管理综合执法清单目录，对实施综合执法的事项、内容、范围、标准、依据等予以明确，并向社会进行公开。

第二，划定综合执法与专业执法的界限。综合执法应当主要针对以下几类执法事项：首先是街面上的、常见的、不用专业设备即可直接认定的简单执法事项（如无序设摊、跨门营业等），其次是群众诉求迫切、需要即时快速查处的执法事项（如查处违法建设行为等），再就是矛盾突出、可能涉及多家执法主体（如违法建筑、群租、黑车等）综合性的，需要集中执法力量实施查处的执法事项。相应地，专业执法主要针对非街面上常见的、专业性强、需要专业仪器设备负责认定的、同时对查处执法时效性要求相对较低、矛盾突出程度相对一般、不涉及多家执法主体的单一执法事项。

第三，理清前端管理与末端执法的界限。综合执法仍应以行政处罚权相对集中（以及相应的行政强制权和行政检查权）为主要形式，因为行政许可等执法权与前端管理密不可分，难以剥离。要围绕违法事实的检查与认定,明确管理与执法的职责划分,列出纳入综合执法事项的清单,建立管理部门与城管执法部门的委托关系,同时建立前端管理与末端执法共享的信息化平台。

第四,拓展综合执法地域范围。城市化进程的加速和城乡一体化的发展,对城乡结合部、城郊、乡村的管理提出了更高的要求。上海城市管理不能只局限于城区范围,而应该包括广大的农村地区,只有将城市管理工作从街道延伸到社区,从城市延伸到农村,通过推进"城管进社区、进农村",加大城市综合管理力度,实现"全覆盖"城管执法,才能真正满足上海特大型城市发展的要求,适应现代城市管理的发展趋势。而且城管综合执法也不能局限于街面,而应拓展到包括小区在内的更大范围内的城乡公共空间。

2. 优化机构设置

在市、区县、街镇三个层面形成职能分工明确、资源配备到位的机构组织形式,具体见图 2。

(1)市级层面:加强顶层设计,重在制定完善法律法规、建立健全体制机制。建议设立城管综合执法的最高协调机构——上海城市综合管理推进领导小组,组长由分管城市建设管理的副市长担任,副组长由若干位相关的市政府副秘书长担任,以城市管理综合执法管理机构为核心,相关专业执法部门和管理部门共同参加,公安政法等部门协同的城市综合执法处置的机构,下设领导小组办公室,担负着全市城市管理工作的综合统筹和协调管理。参照香港特区政府城市管理体制模式,可考虑增设上海城市管理咨询委员会,目的在于提高城市管理公共参与的力度,对于政府每项重大决策,要经过广泛的咨询和充分讨论,保证政府在城市管理方面出台的政策措施有更为广泛的社会基础,充分体现决策的科学性、民主性。新成立的上海城市建设和管理委员会,作为行业业务主管部门,主要职能是加强与城市管理行政执法相关的城市管理内容进行业务指导和协调服务。市城市管理行政执法局,要从市绿化市容局中分列出来单独设置,局下设若干个职能处室(如协调处、监督处和综合规划处等),做实其功能,包括对全市城管执法工作的发展规划目标、组织与指挥、控制与协调、统计与监督等四大功能。市城市行政执法局下设执法总队,主要负责有关市级层面相关的行政处罚权执行。

(2)区级层面:做实机构与功能,重在加强对本区域城市管理综合执法的执行力度。建议设立区县城市综合管理领导小组,由区县分管领导任组长,以区县城市管理综合执法管理机构为核心,相关专业执法部门和管理部门共同参加,公安政法等部门协同的城市综合执法处置的机构,领导小组下设办公室,作为区县城管行政执法局的内设机构。单列区县城管综合行政执法局,做实区县城管执法局,将之从其他部门中独立出来,使之成为直属区县政府的一个行政管理部门、履行城市管理综合执法职能的行政主体,负责本区域城市管理综合执法的监督指导、重大执法活动协调等工作,具有承接本区域城市综合管理事件类问题的执法处置职责,履行12345热线转发和网络化管理的发现派单和指挥督促的职责。区县城管综合行政执法局下属的城管执法大队,具体负责区域内城市管理综合行政执法事宜。区县城管行政执法部门应赋予对专业执法部门的统筹协调和对前段管理部门的评估报告职责,针对突出矛盾和问题,建立问题倒逼和压力前移机制,促进前段管理部门更好地履职。

(3)街镇层面:强化基层一线执法力量配置,赋予街镇对基层一线执法队伍更大的考核调配权,把城管综合执法的优势在基层一下放到最大。对于城管行政执法中队,大部分中心城区街道城管执法中队继续作为区城管执法局执法大队的派出队伍,实施条线和属地双重管理,其中人员编制、人事任免主要由区负责,日常管理和指挥由街道负责,同时赋予街道考核权和人事任免的推荐权、否定权。鼓励条块交叉任职,城管执法中队的书记(教导员)可由街道提名街道所管干部报区局后派驻。对于郊区和中心城区辖区面积较大、常住人口较多、城市化特征与镇相似的部分街道(如浦东新区花木街道,闵行区江川路街道,青浦区香花桥、夏阳、盈浦街道等),可由其所在的区委、区政府决定,参照乡镇的"属地管理"模式实行"条属块管",街道城市管理综合执法中队以区城管执法局派出机构的名义执法,城管执法中队负责人由街道商请区县城管执法局同意后共同任命,城管执法中队的人、财、物实际交由街道管理。中心城区部分辖区面积较小的街道(如静安区所辖街道),可以维持既有管理模式,即由区城管执法局执法大队直接负责各街道的城市管理综合执法,街道不参与相关工作。街镇要负责城市管理网格化综合管理平台建设,通过市场化社会化形式购买服务,建立协管员队伍,协助城管行政执法中队做好工作。针对郊区乡镇和人口区域规模较大街镇,建议考虑城管执法人员编制尽可能按照实有人口进行配置,特别是要提升大居的执法标准要求。

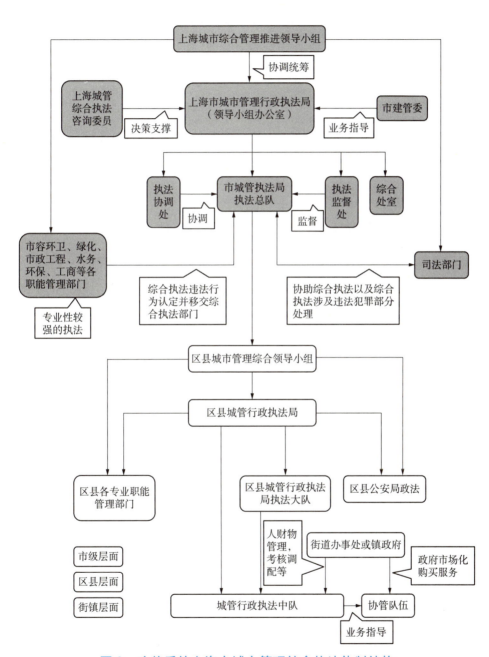

图 2　改革后的上海市城市管理综合执法体制结构

总体来说,创新城管执法体制关键要理顺"条—线—面"三者关系,按照"条块结合,以块为主,综合治理"和"谁的辖区谁负责,谁开发谁治理"的原则,明确责任,互相配合,各负其责,加强区县城管执法与街道分队的管理。以块为主,健全落实辖区"块块管理"责任制,要按照属地管理的原则,实行行政首长负责制,明确目标管理责任制,市—区—街(镇)三级层层签订达标责任书,年终实行奖惩分明的验收评比,其结果作为区域领导政绩的主要依据。按行业全面落实"条条管理"责任制。市城管委和市各职能部门要加强对区城管部门和各对口单位的行业指导、明责放权,充分发挥街(镇)、居委会等基层单位管理城市的主导作用。同时,市各主管部门要及时查处纠正违法违规和越权行政的行为,并依法追究当事人和部门领导的责任。

3. 提升城管行政执法队伍的实力水平

(1)增强城管执法队伍的素质。提高城管队伍的准入标准,按照录用国家公务员的标准,面向社会公开考试选拔录用执法人员,通过建立公开、公平、竞争机制和优胜劣汰机制,有利于加强队员管理。要根据岗位的要求,制订科学规范的岗位工作职责和任职资格标准,从源头上严格控管队员的进入标准。同时要优化城管队伍人员的年龄结构,将年龄、体力等因素与岗位要求相联系,合理安排队员岗位,并制订提前退休政策,让部分老队员在享受优良待遇的同时提前退休。

(2)建立执法队伍的培训开发体系。以开发城管实务操作为主线,设计培训课程、管理培训过程、评估培训成果,形成一系列的培训内容,真正起到培训的实质要求,达到城市管理综合能力的提高。参照公务员的培训管理方式,定期进行英语、计算机、体能等相关能力的培训,全方位提高队员的整体素质,应对世博后期城市管理的新需要。

(3) 拓展执法队伍职业发展途径。一是建立晋升通道。目前城管工作不同于其他职业,没有相关职能资格等级制度,只是参照公务员、事业单位的管理形式,分有各种职务、职级层级。建议建立职能资格等级,开发新的晋升途径,有助于稳定队员情绪,有助于队员自我提升。二是建立区内交流途径。根据目前的城管体制形式,街镇(开发区)分队都是进行属地化管理模式,长期固定同一个地区工作容易滋生腐败现象。因此建议建立横向交流工作,不同区域的队员定期不定期地进行工作交流,既有利于更好地促进队员之间经验的交流,有助于协调能力的提高,又有利于防止腐败现象的产生。

(四) 机制创新方案

创新城管综合执法机制目的,就是要通过建立完善城管执法部门与政府职能管理部门、与公安司法部门的协同联动,实现城市管理领域重大问题中行政执法与前端管理、与后端刑事司法在机制上的无缝对接,加大工作推进力度,以进一步提升城市管理综合执法的效力。具体来说,机制创新重在以下五个方面:

1. 信息整合机制

(1) 政府内部信息整合。通过管理创新、身份认证、目录交换等技术平台建设,确立信息系统之间的层次性,促进分布在不同管理部门间海量数据的流转、交换、共享、比对,打通城市管理各职能部门的"信息孤岛",推动城市综合治理和运营的良性循环。

(2)服务管理信息整合。倡导"智慧城管"理念,开创各类在线服务,打造全方位的服务交互平台,在城市网格管理、公共服务、静态交通管理、城市环境治理等领域进行积极拓展,将涉及城市管理相关的各类民生信息全部引入服务交互平台,为广大群众提供一个随时、随地、随身的信息化沟通渠道,进一步拓展服务渠道,丰富服务内容,加强服务互动,全面提升广大市民的生活幸福感。

(3)政府社会信息整合。与目前上海公共联合征信服务系统建设结合,搭建政府信用信息交换和共享平台,建立个人、事业单位和社会组织信用信息的公共数据库,对违反城市管理相关条例的企业或个人建立"黑名单"制度,加大执法相对人的违法成本。

2. 问题发现机制

(1)用好"12345"热线的接报平台。12345市民服务热线(包括12319城建服务热线),接受市民群众关于城市管理领域的各项主动诉求和建议。应把目前"12345"搭建起一个协商共建平台,让市民群众、社会组织等都作为城市管理的参与者,在公开透明的环境下,共同关注、参与城市管理,从而促进市民群众的自我管理,听取对于政策制度的意见建议,及时反馈市民群众反应的问题。同时,这一平台还可以拓展为城管大数据检测平台,利用好平台上的大数据,对城管执法中阶段、集中和难点问题进行综合分析,为政府决策提供依据。

（2）强化网格化管理的发现机制。网格化管理为精细描述管理对象、精确采集管理服务信息、精准处理管理问题提供了技术支撑，可以保证管理服务活动快速灵敏反应。城市管理领域网格化监督指挥体系平台，就是通过网格员巡察主动发现城市管理领域的各类问题，派给专业部门进行处置并监督处置情况。为此，应进一步明确网格化管理的内容、保障、配置和职责，强化网格化发现机制，特别要加大将智慧城市理念运用于城市管理，通过信息资源的整合与运用，建立网格化、数字化、智能化和属地化的管理服务模式，可以和社区监控联网，把社区内的公共区域也纳入发现机制中。

3. 部门联动机制

（1）规划联动。规划部门在城区进行建设管理规划时，必须建立相关利益人的参与讨论机制，如新建小区必须划定若干农贸市场，预留好位置，解决好市民需求问题。区政府、街道办事处以及工商部门等应兴办若干市场，并尽量减少费用，适当降低门槛，引导流动摊贩进场，并加以规范管理。

（2）审批联动。采用相互延伸的管理手段。针对目前综合执法部门缺乏强有力的行政执法能力的问题，可采取联通审批与执法两个环节的方式，将综合执法管理向源头与末端延伸。并加大各职能部门的职能整合力度，例如可将工商部门的执照年审和环保部门的排污许可证的审批结合起来，进一步加大综合执法强制力度，提高社会企事业单位的执法效能。

（3）管理联动。将城市管理职责"下移"到属地街道，切实解决城市管理中"看得见的管不着，管得着的看不见"的突出问题。并整合城管、公安、交警、工商、卫生、食药等六大执法资源，成立街道综合执法队伍，通过构建基层行政执法条块联动协作的平台来实现综合执法职能的属地化管理。街镇要依托街镇网格化综合管理平台和指挥中心，强化城管综合执法与公安的联动执法，整合区域内条线派驻单位和街镇自有力量实施联勤管理，落实属地化的网格化城市综合管理执法体系。

（4）执法联动。区分单部门执法、联动执法与项目式执法，对涉及范围较大、违章违规问题比较突出，无法在规定时间内处理完毕或暂时无法处理的问题，可逐级向相关上级部门递交书面申请，提出缓办、延期或转办的工作建议，同时启动项目式执法，可由市执法局统一委托指定公安局进行执法联动。在执法联动中，强调并突出公安与城管的联动执法。区县公安分局分管治安的副局长兼任区县城管执法局副局长，街镇派出所派驻公安干警协助城市管理综合执法工作，加强对城市管理综合执法面对暴力抗法时的保障。加快研究在区县公安分局组建城管分队的方案，组织专门力量配合城市管理综合执法队伍开展工作。

4. 考核评估机制

（1）制定考核指标。建议由市建管委牵头，联合相关政府职能部门，制定《上海市城市管理综合执法人员考核管理办法》，设立标准化的考核指标体系，对城市管理机构的内部职位先开展工作分析，分解责任目标，明确每个职位的具体职责；同时，充分考虑城市管理机关内部政务类与事务类城市管理人员之间的本质差异和管理需求差异,划分政务类和事务类考核标准。政务类的绩效主题以负责、公正、最大限度满足民众的利益要求为核心;事务类则侧重工作效率、政策执行力、工作态度等方面的考察。

(2)明确考核要求。要选择科学的绩效评估方法,坚持上级考核与群众考核相结合;坚持平时考核和年度考核相结合。各区可根据实际情况,按照不同类别、不同层次城市管理职位的要求,广泛征求意见,并经过科学的论证,来最终确定各个等次的标准。认真做好考核工作的宣传工作,使广大城市管理人员明确绩效考核的标准。

(3)强化奖惩机制。为更好发挥城市管理各职能主体的作用,建立借鉴杭州等地的做法,在城市管理目标考核管理中实施"以奖代补"的激励机制,在市、区两级财政中均设立了城管长效管理"以奖代补"的专项经费,调动区、街镇规范城市管理的积极性。

同时,对于城管人员的考核结果要真正成为城市管理人员升降、奖惩等方面的重要依据。建立过错追究制度,对在考核过程中违纪失职者要坚决追究责任,处以罚款、降职、降级等处分,严重者还应该追究其法律责任。细化考核等次分级,在目前考核优秀、称职、基本称职、不称职四个等次基础上,建议可分为五个等次:优秀、良好、称职、基本称职和不称职五个等次。

5. 社会参与机制

(1)参与标准制定。城市管理部门制定相关标准时,注重听取相关部门和社会公众意见建议,标准出台后,向社会公示,接受群众监督。

（2）参与协商管理。尝试引入体现相对人与执法主体双方合意的执法前端介入环节，尽可能通过社会参与和多元协商，以指导、引导、协商、教育等方式化解城市管理中遇到的问题，从源头上更有效地预防和减少违法行为的发生，同时也保证了执法效率。

（3）参与宣传维护。城市管理部门建立与公众共管、联管、协管的互动机制，组织群众志愿者担任信息员、劝导员、监督员、参谋员、宣传员，参与公共设施和环境卫生等日常维护活动。

（4）参与监督评议。充分发挥"行风监督员"、"绩效评价员"、专家以及热心市民的监督作用。城管执法部门组织公众志愿者、公众监督员，参与各项检查活动，并把公众组织的检查意见，作为城管执法评比考核的重要参考依据。

以上五个方面的机制创新可用图 3 表示。通过机制创新，既保证了整个行政执法体制改革的有序推进，实现上海城管综合行政执法在条块结合、部门机构衔接、政府与个人、社会的协调等方面统筹，又充分激发了基层社会的积极性和创造性。

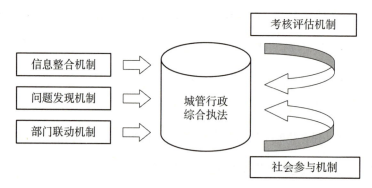

图 3　上海城市管理综合执法机制创新结构

五、上海城管综合执法体制机制创新的保障措施

为了健全完善上海城市管理综合执法体系,进一步深化我国行政体制改革创新,全面提高上海城市综合管理的能力与水平,当前必须采取相应的保障措施。

(一) 尽快健全相关法规,提升执法权威

2012 年 4 月 19 日,上海市在全国较早公布《上海市城市管理行政执法条例》,并予同年 7 月 15 日施行。根据本市城市管理和社区建设管理的新发展要求,建议先行对该条例的实施,组织开展社会第三方的客观评估。在此基础上,修订和健全《上海市城市管理行政执法条例》中有关综合执法条款,对全市城市管理综合执法进行明确规范。或参照南京等城市经验,专门制订一部城市管理综合法规,把城市管理中的综合执法管理和专业执法管理等,都统一纳入法规。

《上海市城市管理行政执法条例》已明确规定"公安机关与城管执法部门应当建立协调配合机制"。近两年的综合执法实践,建立城市管理综合执法与公安、司法部门的协同联动,非常行之有效,建议要研究制定有针对性的法规细则,以进一步提升城市管理综合执法权威,包括继续加强和健全公安部门对城管综合执法的保障机制,实施区对街道的城管综合执法的双重领导系统管理机制,司法部门对于城市管理中的重大案件或暴力抗法等,进行提早介入预防和及时审判等。

同时，建议由市法制办牵头，尽快以法律形式明确城管综合执法职能的整合，包括对规土局、建管委、农委、绿化局、环保局等部门涉及的执法职能、执法事项、执法依据、执法程序等进行梳理评估，剥离出相关的管理职能，并将有关整合进入城管综合执法范畴的职能予以明确，保证其法律地位。

（二）调整预算投入，加强绩效评估

"行政执法条例"也已明确规定"将城市管理行政执法工作所需经费纳入同级财政预算"。为了使城管经费使用更具有效性，建议在市和区级财政预算中，城市管理经费将随城市人口和城市经济实力的增长，以及城市管理绩效评估的实际，每年给予相应的调整确认。并在城市管理经费中单独增设"城市管理综合执法"科目。区和街镇财政预算中都要相应进行规范和调整。建立以年度实际工作状况和绩效为预算和评估结合的城市管理综合执法的财政核算制度。根据上年的核算情况，调整新年度的财政预算。注重城市管理综合执法财力投入的"经济与效能"相结合的原则。

为保障财政城管综合执法的经费投入，可考虑：一是财政单独列支。在安排城管人员经费和执法车辆使用费的同时，增列执法作业费。二是加大业务经费投入。借鉴其他城市的先进经验，市政府每年要按照一定比例配套用于管理的经费并逐年增加，同时应把城市维护费用于城市管理装备和活动经费，及时采用最新的网络技术、高科技技术等，提高城市工作的科技含量和技术含量，提高工作质量和效率。或者在相关行政管理部门列支。即在执法过程中发生的作业费由相关行政管理部门提供相应的经费。

(三) 优化规划制定,确保科学管理

根据上海新一轮城市总体规划修编,及上海市作为特大型城市人口的发展趋势,以"全球城市"的新定位,建议在评估"十二五"城市管理规划的基础上,依靠和发动专业机构与社会力量参与,科学制订《上海市城市管理"十三五"发展规划》。"十三五"发展规划拟包括:新的管理思路,新的管理原则,新的管理任务,新的管理目标,新的管理特点,新的管理途径,新的管理资源整合,新的管理创新,新的管理保障等。

为加强综合执法的科学管理,随着新的上海市城市管理综合执法管理体系形成,以及新的综合执法管理任务和目标的确定,在"十三五"发展规划中,也要相应提出,必须及时调整和提高新的综合执法管理标准规范,以利综合执法全过程的公开、公正和有效。建立符合特大型城市特点和发展阶段的全新的管理标准规范,主要包括城市管理综合执法的范围扩延,综合执法、专业执法的总的标准规范和不同标准规范,城市化地区和农村化地区的不同标准规范。也包括综合执法在发现、处置、监管、评估等不同阶段中的执行规范。新的标准规范,将便利执法者的公正执行,也便利守法者的公开配合,以及第三方的评估和社会监督。

(四) 强化教育培训,提升执法质量

上海市各级城市管理综合执法人员现有编制 8 000 个,不包括

各类兼职协管员。随着城市规模的扩大,城市管理综合执法人员将形成万人队伍。这支万人队伍的执法素质,将决定城市管理综合执法少则近300项、多则1 200多项的执法权限的效能高低。为此,在制定整个"十三五"城市管理发展规划中,也将包括综合执法管理人力资源培训的计划。其中,包括综合执法人员的上岗资质及任职常规培训、中上层管理人员的领导力培训等。建立对执法队伍的工作能绩与法规常识知晓等综合考核制度,从而提高城市管理综合执法的公信力。

(五) 确立公众参与,营造和谐氛围

作为科学的治理体系,从管理向治理的转化,就改变了原先的管理主体主要是政府的传统做法,而是政府、社会、市民共同参与治理的模式。确定专门部门专门负责全市城市管理中的公众参与制度实施、引导和动员工作,包括加强与社会媒体的宣传舆论工作等。充分发挥人大代表、政协委员、民主党派和共产党员在城市治理中,尤其是在参与社区治理,如业委会、居委会等的重要核心作用。确立城市治理的多元主体能得到真正形成。健全本市的城市管理综合执法中的公众参与,还有利需求导向及时反馈,根本确立"为人民管城市"而不是"为城市管人民"的新理念。在确立公众参与、营造和谐氛围中,倡导公民社会理念,确立公众参与共识;制订发展实施规划,构筑公众参与体系;建立长效治理机制,实现公众参与目标。

第二章 上海城市管理综合执法 体制机制改革跟踪研究①

深入推进城市管理综合执法体制改革,改进上海特大型城市管理工作,是落实中央"四个全面"战略布局的内在要求,是提高政府治理能力的重要举措,也是增进社会民生福祉的现实需要,是促进城市发展转型的必然选择。为此,跟踪研究2015年上海城市管理综合执法体制机制改革,目的是要准确认清新常态下上海城市管理面临的新机遇新挑战,客观认识当前城管综合执法改革推进过程中存在的突出矛盾和短板问题,对改革进展、相关做法和总体动向作分析评估,明确下一步推进和深化本市城管执法改革的方向路径,研究提出具有针对性、指导性的对策举措,以供决策部门参考。

2015年初,上海市委、市政府下发《关于进一步完善本市区县

---

① 2015年报告。

城市管理综合执法体制机制的实施意见》(以下简称《实施意见》)。之后上海市紧锣密鼓地全面推开各项改革举措,特别是在区县层面城管综合执法管理体制机制方面进行了重大调整,这些改革举措旨在从根本上提升本市城管综合执法的效率和能级。但由于上海各区县城市化发展水平、城市管理能力、区域发展特点各不相同,各区县城管综合执法体制机制改革推进的情况也不尽相同。课题组采取重点样本调研方法,在全市推进城管体制机制改革的区县中,集中选取了5个区县10个街镇进行重点调研,这些区县分属于上海中心城区、快速城市化地区、远郊地区,代表了上海不同区域发展的主要特点。课题组主要依据《实施意见》中涉及的七大类、45项改革,以及颁发的《上海市城市管理行政执法条例实施办法》(沪府令37号)中的相关规定,对调研区县改革的具体情况进行了跟踪调研。

一、新常态下的上海城市综合管理

伴随着我国经济社会发展进入新常态,上海城市综合管理也进入了一个全新的发展阶段,面临许多新的机遇和挑战。2015年底,中央城市工作会议召开,并出台《深入推进城市执法体制改革　改进城市管理工作的指导意见》,对我国城市建设管理工作做了总体部署和顶层设计,尤其明确提出了"坚持以人为本、科学发展、改革创新、依法治市,转变城市发展方式,完善城市治理体系,提高城市治理能力,着力解决城市病等突出问题"指导思想,这意味着上海城市管理工作将进入新常态，在深化改革中全面提高城市管理水平和能力。

（一）我国发展新常态的趋势性特征

目前，我经济社会发展进入新常态，其主要内涵及所呈现出来的趋势性特征包括：经济新常态是指经济结构的全方位优化升级，即经济增长由超高速向中高速转换，发展方式从规模速度型粗放增长向质量效率型集约增长转换，增长动力由要素、投资驱动向创新驱动转换，经济福祉由非均衡型向包容共享型转换。政治新常态是指国家治理体系和治理能力现代化的推进，即公共权力运行的制度化和规范化，制度安排的民主化，治理行为的法治化，政府履职的高效化，政府权力运用越来越受到约束。社会新常态是指"社会管理方式转变和社会治理机制创新"，即社会治理主体从单一主体向政府、社会组织和公众等多元主体协同治理转换，社会治理手段从刚性的自上而下式向柔性的网络化治理转换，社会理念上从权力至上的官本位向服务至上的民本位转换。

城市是我国经济、政治、文化、社会等方面活动的中心，是我国各类要素资源和经济社会活动最集中的地方，城市建设是现代化建设的重要引擎，城市发展带动了整个经济社会发展。而城市管理就是要保证城市按照现代化总体战略目标，在时间和空间上有计划地协调与健康发展，为城市发展提供生产力最集中、基础设施现代化的有力载体，实现城市人口、经济、社会、资源、环境的可持续发展。因此，我国经济社会发展新常态，必然全面地影响到城市建设管理。

（二）城市管理新常态的趋势性特征

新常态下城市管理面临着许多新情况新问题新挑战，特别是与新型城镇化的快速发展，人民群众生产生活需求的不断提高以及行政执法要求日益完善的现实相比，我们现有的城市管理能力和水平仍有较大差距，城市管理矛盾问题增多，压力阻力增大。表现为以下五个方面：

一是城市管理更多面向广大社会市民日益提高的现实需求。经济新常态下，随着经济社会发展方式的不断转型，市民群众的思想观念持续变化，对民生问题的关注力度不断加大，这对城市环境整洁、安全有序运行的要求将进一步提高。

二是城市管理违法行为滋生的空间进一步扩大。随着经济结构全方位优化升级，社会利益格局深刻调整，涌入特大型城市的外来人口还将持续增加，部分外来人员主要以占道设摊、散发广告等违章行为为谋生手段，以违法建筑为主要居住场所，城市管理违法行为将会有更大的生长空间。而且社会公众法治意识相对缺失，现场执法时极易遭遇阻挠甚至暴力抗法，城市管理的难度和压力在增大。

三是传统管理模式亟待向现代管理模式转型。重视规划，把城市管理的内容纳入国民经济和社会发展的总体规划，做到城市管理从源头上抓起；注重体制机制改革，实现管理重心下移，建立"政企分开，管养分离"的城市管理机制；强调多方参与，通过法律法规建设并加大宣传力度，促进形成全社会共同参与城市管理的良好氛围。

四是城市管理更加注重综合性、常态化、长效化。长期来城市管理体制多处于"各自为政""自成一体"的状态,众多处于同一平面的部门往往缺乏宏观上的有机协调和综合统一,而且传统城市治理以政府集权统管为特征,重视突击整治、短期见效,忽视源头管理、长效管理,新常态城市管理具有综合、协调、长效、创新等特点,强调形成上下衔接、左右联系的城市管理网络。

五是城市管理依法行政要求更加严格。执法程序更加规范,要求推进权限、程序、责任法定化,对执法程序提出了更加严格的要求;执法事项不断增加,城管执法又增加了不少规土、房管、环保等方面的执法权限,执法领域也进一步向住宅小区、公园等区域拓展,全面履职难度不断加大;执法监督更加严格。制定和公布权力清单、责任清单后,全社会对执法部门的监督将更加全面和严格。

(三) 适应新常态的城管管理体制调整

20 世纪 90 年代以来,上海城市建设管理经历了从"三年大变样"到"建管并举,重在管理"指导方针的调整,"十二五"时期,市委、市政府提出"以人为本、安全为先、管理为重"的战略方针,这次上海"十三五"规划《建议》明确提出"坚持以人为本、管建并举、管理为重、安全为先,更加注重功能建设,加强科学化、精细化、智能化管理,努力形成科学高效、安全有序的城市综合管理机制"。

习近平总书记在参加十二届全国人大二次会议上海代表团审议时指出,上海要加强城市常态化管理,聚焦群众反映强烈的突出问题,狠抓城市管理顽症治理,努力走出一条符合特大城市特点和规律的社会治理新路子。市委市政府也一直要求上海城市管理保持世博标准,比肩世界一流城市水平,体现国际化程度和文明程度,在实践中不断创新,实现更安全、便捷、环保、人性化的目标。

根据新常态发展下城市管理面临的新形势新挑战,中央对城市建设管理的新要求新任务,以及上海城市管理发展的实际经验,近两年来,市委市政府从上海发展全局的战略高度,对城市管理体制改革做出重大决策,进一步框定了城市管理部门的管理职责,并作出相应体制调整,2014 年将建设与交通的职责界定清晰,分列成两个职能部门;2015 年对城管综合执法的体制进行重大调整,单列市城管综合执法局,并在市、区县及街镇层面理清权责利,之后,又对住房保障局和城乡建设委员会进行了职能整合,设立"住房与城乡建设委员会"这样一个城市管理的综合型职能部门,这为全面加强上海城市综合管理提供了前所未有的历史机遇,也对承担城市综合管理的职能部门提出了新的更高要求。

综上所述,当前城管综合执法体制机制改革是在我国城镇化快速发展,经济社会发展进入新常态的大背景下进行的,是我国深化改革、推进国家治理体系和治理能力现代化的一个重要举措和工作抓手。2015 年初以来,上海区县城管综合执法体制机制改革是在新形势下进行的一个先行探索。跟踪研究这一改革进展,关键是要认清新形势新挑战,客观判断改革推进中的瓶颈障碍和难点问题,更好地把握改革的发展方向与路径选择,努力探索出符合特大城市特点和规律的城市治理新路子。

二、区县城管综合执法改革推进的总体情况

2015 年初,根据市委市政府印发的《实施意见》以及市委主要领导的指示精神,由市建设交通党委、市城乡建设管理委员会(现已调整为住房与城乡建设管理委员会)牵头,会同相关政府部门,全面推进城管综合执法体制机制改革,重点聚焦机构单设、人员招录以及在新体制下开展执法实践试点等工作。为了深入了解改革推进中的具体情况,课题组首先将 45 项改革区分为三类:已落实的改革事项、正在落实的改革事项、未落实的改革事项。在已落实的改革事项中,除了改革进展较为顺利的改革事项,特别关注两种情况:一是虽然改革已经落实,但是改革引起了一些新问题,需要通过进一步深化改革加以解决的改革事项;二是改革虽然落实,但是实践效果与改革预期有差距。还对正在落实和未落实的改革事项进行了分析,区分三种改革事项:有待其他改革完成方能推进的、可以推进但尚未及时推进的、改革设计存在漏洞或缺陷的、需要其他领域的改革同时推进的。

从整体看,在我们调研的 5 个区县(涉及 4 个街道、6 个乡镇)中,《实施意见》提出的七大类、45 项改革事项,已落实的改革事项共 18 项,正在推进的改革事项共 3 项,未落实的改革事项 24 项(具体见附件一)。

表1　调研中5个区县改革总体推进情况

已落实的改革事项(19)			正在落实的改革事项(2)	未落实改革事项(24)			总数
进展较为顺利的改革事项	虽已落实但效果不理想的改革事项	改革推进导致新问题的改革事项	推进但未完成的改革事项	有待本次改革中其他改革完成方可推进的改革事项	改革推进必须其他领域改革同步推进的改革事项	改革设计存在漏洞或不完善的改革事项	
16	2	1	2	2	15	7	45

（一）已推进的改革事项

课题组发现,在《意见》涉及的45项改革事项中,部分已经得到落实。但是在落实的改革事项中,有些落实情况较为顺利,有些虽然已经落实,但是效果并未达到改革预期,有些落实之后,在实践中又产生了一些新问题,有待进一步深化改革加以解决。

1. 进展较为顺利的改革事项

在调研过程中,街镇层面的城管综合执法体制改革进展得较为顺利,各街镇都积极落实了基层城管综合执法体制,街道实行"区属街管街用"模式,乡镇使用"镇属镇管镇用"模式。区县层面的城管综合执法体制改革也较为顺利,单独设立区县城管执法局,执法局与执法大队实现了一体化运作。基层城管执法的范围和内容都得到拓展。基层城管综合执法以网格化平台为核心的"1＋1＋1＋X"体系已经确立。调研中走访的各区县在完善城管综合执法队伍的招录上做得都较好,对协管人员的管理也较为理想。城管综合执法改革所涉及的法律、法规、规章修订工作也在进行中。

2. 虽已落实但效果不理想的改革事项

尽管《上海市城市管理行政执法条例实施办法》对城管综合执法部门与专业行政管理部门之间的执法协作机制已经做出相应规定,城管综合执法部门与各专业行政管理部门之间的案件移送等机制已经形成,但是在具体工作中,信息共享、违法认定、案件移送等工作的执行效果并不理想。对基层城管综合执法人员的监督、考核机制已经确立,但是考核标准还需要进一步完善。

3. 改革推进导致新问题的改革事项

乡镇城管综合执法进行属地化管理以后,乡镇之间的执法联动存在一定问题,特别是跨区执法的执法权在执法过程中受到违法当事人的质疑,影响执法有效进行。

(二) 正在推进的改革事项

一些改革事项已经开始推进,这些改革事项在推进过程中遇到的阻力并不大,但是改革并未及时完成。这些改革包括:部分区县在街道城管执法体制改革后,城管执法中队的财、物并未交由街道管理,致使出现城管执法人员工资发不出的情况。城管综合执法的经费问题尚未列入财政预算。

（三）未推进的改革事项

在未推进的改革事项中有几类：一是改革设计存在漏洞和缺陷；二是改革推进必须其他领域改革同步推进的；三是有待本次改革中其他改革完成方可推进的。

1. 改革设计存在漏洞或不完善的改革事项

街道办事处负责城管综合执法相关行政复议和诉讼，由于街道既非行政主体，也非法律主体，因此较难担负这一责任。部分特殊岗位的城管综合执法人员招录的学历要求参照公安一线执勤人员，《意见》并没有明确何种岗位为特殊岗位。严控机关科室人员比例，也没有明确可行的办法，部分街镇由于执法难度较高，需要更多科室人员负责后勤、联络，而有些街镇执法难度较低，科室人员配比应较小。在街镇确立法律顾问制度缺乏可行方案。城管综合执法人员激励机制建设也没有具体可行办法。此外，在加强舆论宣传引导上，也没有具体的措施。

2. 改革推进必须其他领域改革同步推进的改革事项

在未落实的改革事项中，大多数是由于其他领域或单位的配套改革没有同步推出，因此无法落实。如区县层面机动执法队伍，部分区县由于基层执法力量薄弱而没有配备，这与城管执法队伍编制少，人员少有关，需要在编制上予以更多政策倾斜和扶持。加强公安机关与城管执法部门联勤联动，需要公安机关配合改革。建立城管综合执法清单，需要对大量法律、法规、规章进行梳理，对于其中冲突的部分，还需要通过修改、废止等方式进行法律调整。综合执法部门执法信息反馈和追踪考核,需要区县层面确立汇报机制。综合执法部门与专业管理部门之间的信息共享、协同联动、无缝衔接,需要在执法部门与专业管理部门之间建立更为紧密的联系机制,特别是专业管理部门必须建立与城管综合执法部门的对接机制。城管综合执法部门人员编制上的调整、优化,必须在行政人员编制和管理改革上有所突破。城管人员因为权责调整而带来的编制转移,相关城市管理专业部门应该积极与城管综合执法部门对接。

3. 有待本次改革中其他改革完成方可推进的改革事项

基层城管综合执法队伍负责人和队员的轮岗和任职回避制度,必须有待街镇城管执法体制的操作运行相对完备以后方能推进。优化城管综合执法队伍性别比例,其条件是城管人员招录情况较为理想,而这又取决于城管人员待遇的提高,以及其他激励机制的完善。

(四) 总体评价

通过对《意见》涉及各项改革内容落实情况进行调研了解,区县城管综合执法体制机制改革成效比较明显。其执行情况大致有如下特点:

1. 涉及体制改革的内容落实情况较为理想

本次城市管理综合执法体制机制改革的目的在于围绕相对集中行政执法确立公平、有效的执法体制,其核心是城管执法局的单独设立,以及基层执法体制的确立,这两点在改革推进过程中已经基本完成。全市 17 个区县城管执法局的党政领导班子、内设科室及机关编制数已明确,区县公安分局分管治安的副局长兼任了执法局副局长。执法力量下沉工作基本完成。执法力量下沉是本次改革的重要举措,各区县推进力度较大,均已完成了街镇城管执法力量下沉工作。各区县城管执法局的"小三定"工作基本完成。

2. 改革创新性地涉及与其他专业行政管理部门关系的问题

城市管理综合执法的难题是如何同其他专业行政管理部门建立联动机制,整合城管综合执法资源,提高城管综合执法效率。本次改革涉及城管综合执法部门同其他行政管理部门联动机制的建设,特别是创新性地提出了通过加强与公安部门的联动推进改革的举措,这是改革进入攻坚期的体现,也是改革向纵深推进的标志。当然,从另一方面看,改革推进过程中也会遇到一定挑战。一方面是联动机制虽然已经实施,但是在具体操作中仍然不理想。另一方面是城管综合执法以外的单位,对改革的支持力度不够,导致一些改革无法顺利推进。

3. 改革触及我国法制建设、行政管理体制建设的根本难题

当改革进入攻坚期、深水区,改革必然会触及一些深层次的问题。具体而言,这些问题主要体现在城管综合执法体制机制改革同法制建设和行政管理体系建设的关系。改革能否顺利推进,并取得实效,取决于法制建设能否同步跟上,行政管理体制能否与改革相适应。因此,从表面看改革涉及的是城管综合执法这一实际而具体的课题,而从深层次看,改革势必对法制建设和行政管理体制改革提出要求。

总结城管综合执法体制机制改革中的这些特点，有助于我们深入认识这一改革。推进城管综合执法体制机制改革既要考虑到改革的历史条件，又要考虑到行政管理体制内部城管综合执法部门与其他专业管理部门的关系。此外，还要认识到我国特大城市发展和转型的特殊性，城市化和城市功能转型为城市管理综合执法提出了巨大挑战。只有深刻理解城管综合执法体制机制改革中的难点问题，通过深入分析问题的原因，才能找到解决问题的对策。

三、改革推进中面临的问题和原因分析

本次区县城管综合执法体制机制改革在纵横两个方向上确立了适应于当前城市管理需要的城管执法体制机制构架。从横向看，基层城管执法根据自身具体实际情况确立了以"镇属镇管镇用"为模式的乡镇城管综合执法体制，以及以"区属街管街用"为模式的街道城管综合执法体制。从纵向看，区县城管综合执法体制构建了"1＋1＋1＋X"城管综合执法体系。即"一条热线、一个平台、一支队伍、X个行政管理部门"的"1＋1＋1＋X"区县城市综合管理工作体系。"一条热线"对应城管违法违规行为的被动发现环节（市民投诉），"一个平台"对应城管违法违规行为的主动发现环节，"一支队伍"对应城市管理执法环节，X个行政管理部门的职能主要是对符合综合执法内容的违法违规事件进行认定，以及进行事前、事后的行业管理。改革推进中遇到的问题也体现在这纵横两方面。

（一）改革中推进中的问题

1. 街镇层面尚未适应对城管综合执法的领导和管理

本次改革的着力点之一是城管综合执法重心下沉，这体现在街镇在城管综合执法中的领导权、指挥权、管理权的加重，同时街镇相应的责任也更重。然而基层执法相关单位对改革尚未完全适应。总体看主要存在以下几方面问题。

首先，基层执法队伍对执法事项掌握程度不够。在"镇属镇管镇用"模式中，乡镇政府对城市管理综合执法的事项并不完全认识清楚，对城管执法流程尚不完全清楚，与区专业管理部门的沟通存在一定的障碍。由于法律顾问制度尚未落实，乡镇政府在执法工作中缺乏法律支撑。此外，在《上海市城市管理行政执法条例实施办法》颁布之前，上海城管执法事项已经达到 396 项，在《上海市城市管理行政执法条例实施办法》颁布之后，由于加入出租车、停车等领域的相关执法事项，执法内容多达 430 余项，执法人员对执法权限和执法事项并不十分清楚，存在越权执法和行政不作为的现象。

其次，乡镇跨区域执法有一定障碍。在乡镇执法中，由于执法人员为"镇属镇用"，当进行跨镇域的执法活动，特别是由区城管执法局指挥的大型执法行动时，有些违法当事人以非本地执法人员不具备违法发生区域执法权为由，不配合非本地执法人员执法工作，给执法工作带来难度。

再次，街道在执法工作中具有行政和法律上的限制。街道属于区县政府派出机构,在涉及行政和法律问题时,其缺乏行政地位和法律地位的问题就显现出来。根据改革要求,城管综合执法出现行政复议和诉讼由街道负责,然而街道不能作为行政主体或法律主体承担这一职能。在涉及会产生后续法律影响的案件时,街道也不宜作为行政主体进行处罚,处罚职能必须由区县执法局履行,而这在工作机制中如何同街道办事处衔接,成为问题。

另外,在"区属、街管、街用"上,各区县的认识和做法并不一致。如有的区强调"区属"多,有的区强调"街用"多,"街管"的程度和范围参差不齐。个别区正在试行"街属、街管、街用"。

2. 对网格化平台定位和作用存在认识偏差

各区县均不同程度地存在以外部监督发现替代履职监管、以执法替代管理的现象。如何处理好发现、处置、监督,管理、执法、服务之间的关系,也就是"网格发现、日常管理、执法监管"三方面关系处理上,尚存在问题。

一方面是综合执法主动发现环节过于依赖网格化中心。在城市综合管理中,其他专业管理部门和执法部门对违法、违规现象的主动发现意识有所减弱。另一方面是执法工作机械地、片面地按照网格化平台的要求开展,执法人员在执法工作中不能通过其他柔性管理方式处理问题,使执法效果受到影响。此外,对网格化平台在城市综合管理中的职能认识也存在偏差,网格化平台只具备城市综合管理执法的前端发现功能,但一些机构认为网格化平台具备所有行政管理领域的管理职能,有些地方甚至把劳动监察也视作网格化平台管理内容。

3. 专业管理和综合执法之间的关系尚未完成厘清

一方面是专业管理职能有继续弱化的趋势没有改变。随着绿化、环卫、市政、环保、水务、工商、建设、规划房管等部门的全部或部分执法权限划归城管综合执法,在实际操作中,这些部门对这些行政管理领域的管理职能也在弱化。此外,"以执法代管理""执法即管理"的错误理念也直接导致城市综合行政管理过程中,预前管理的意识减弱、其他行政管理缺位、管理手段单一的问题。

另一方面是专业管理与综合执法衔接力度依然不够。一是工作流程没有形成制度化。综合执法部门在违法、违规行为认定上必须通过案件移送方式由专业管理部门处理,但是案件移送并未形成具体明细的制度化操作方式,容易存在工作疏失,并影响工作效率。二是违法行为认定环节易出现执法权限认定不清。特别是涉及违章建设的问题,房管、规划、建设部门在违规违法事件中难以划清边界,甚至各部门扯皮现象。三是公安对综合执法的支撑尚未制度化、明确化。根据改革要求,派出所应派驻干警支持城管综合执法行动,但是在实际操作中,这一项改革措施落实情况较差,许多暴力抗法事件正是由于公安干警缺席而无法加以及时制止。

4. 执法人才队伍建设不能适应改革的要求

首先是街道人财物配备没有落实。在"区属街管街用"体制下,城管执法中队虽然隶属于城管执法大队领导,但是其工资奖金等由街道办事处代为管理。部分区县存在执法人员工资尚未划转到街道,影响工资发放的问题。

其次是人员编制扩充依然不能满足执法实践的要求。目前的城管综合执法,在执法事项上,必须对430多项违法、违规行为进行执法,在执法空间上,必须对街面及其之外的小区、农村地区等区域进行执法,在执法时间上,城管执法几乎是全天候执法。执法工作量较大,而人员配备依然较少,执法人员超负荷工作现象较为普遍。执法人员加班经费无法落实。本次改革对执法人员加班津贴进行了规定,但这一改革措施的落实情况较差,大多数执法人员没有加班费。

再次是执法人员年龄结构不合理。一线执法人员年龄较大,城管执法工作对年轻人吸引力不够,特别是对高素质、高学历的年轻人缺乏吸引力。青年执法人员流动性较强。

最后是对执法人员发展缺乏激励机制。本次改革提出建立对城管综合执法人员的相应激励机制,然而这一改革措施落实情况较差,特别是在执法人员职位晋升和业务职级提升问题上,没有建立相应制度,对执法人员工作积极性影响较大。

5. 城管综合执法考核监督机制尚不完善

一方面,执法和考核标准设定存在片面性。有些区县在考核执法人员时,较多参考执法数量和处置数量,然而城管综合执法的质量无法通过处置案件多少加以体现。此外,在街面管理中,部分违法违规行为的认定标准制定得过于机械,没有考虑到城市管理应该体现一定包容性。另一方面,城管综合执法内容未纳入相关专业管理部门考核体系中。目前在"1+1+1+X"城市综合管理体系内,对城管执法部门和执法人员的考核较为明确,但是忽视了对与城管综合执法相关的专业管理部门的考核,这导致专业管理部门在处理城管综合执法相关业务时较为消极。

（二）影响改革推进的深层原因分析

本次城管综合执法改革的主要目标是"理顺城管执法体制、提高执法和服务水平"，改革的主要举措主要针对城管综合执法体制机制中存在的问题。在对基层城管执法的调研走访过程中，课题组发现目前城管综合执法改革中存在的问题有如下几类。

首先是由于改革处于起步阶段，改革涉及的相关单位对改革的内容还不熟悉，改革以后的城管综合执法体制机制在操作上还处于磨合期，因此出现了一些改革事项尚未落实，城管综合执法相关单位对业务尚未熟悉等问题。其次是改革推进必然引起相关领域产生新问题，必须通过进一步深化改革，解决这些问题。比如城管执法力量属地化管理以后，在跨区域执法过程中遇到的协同问题；又比如在人、财、物配套保障下沉到基层管理单位，执法人员的职务晋升和职级提升就更显迫切，如何建立有效的激励机制成为亟待解决的问题。

对于本次改革触及的城管综合执法中的一些难点，必须从行政管理、法制建设、我国经济社会发展的角度加以理解，才能正确认识问题的成因。

1. 从观念认识上看，改革涉及的各行政管理单位对改革的认识各不相同

本次区县城管综合执法体制机制改革涉及的行政管理单位众多，除了基层管理单位以外，还包括区县层面的专业行政管理部门。各个单位都从自身的角度出发理解改革，参与改革的部门没有摆脱各自的局限性，从更高、更整体、更全面的视角审视改革的积极意

义,以及自身在改革中所处的位置和作用,甚至一些单位和个人只顾及自身的利益。此外,改革参与者自身的素质也制约了改革的顺利推进。要正确认识改革的积极意义和作用,必须对我国法制建设和行政管理体制改革具备深刻认识,对改革中存在的困难有着深入理解。

由于改革涉及的单位和个人存在认识视角和自身素养上的局限性,对改革无法形成统一的认识,这在某种程度上影响了对改革内容的贯彻和落实,使得改革的推进遇到阻力。

2. 从行政管理的角度看,城市管理中各行政权限的分割影响改革的顺利推进

城管综合执法是城市管理的重要组成部分。随着城市的发展,社会分工日趋细化,城市管理的专业化程度也逐渐提高,城市管理也必然呈现由专业管理部门对细分领域进行精细化管理的局面,但是对于各领域违法、违规行为单独组织专业执法力量进行执法却存在一定问题。具体的案件可能违反了多项法律、法规、规章,在专业管理部门各自行使执法权限的情况下,这些法律、法规、规章的执法权可能由不同专业机构进行执法,对案件的裁量可能各不相同,甚至相互抵触。这是行政综合执法产生的主要原因。但是这也会造成综合执法与专业化分类管理的矛盾。这种矛盾的实质是城市管理中各行政权限的分割。城市管理的职权包括：行政许可权、行政收费权、行政监督权、行政处罚权、行政强制权等。相对集中执法将原属各专业管理部门行使的全部或部分行政处罚权和行政强制权分离出来,交由独立的执法部门管理。由此带来的问题主要体现在

城市综合管理体系内部，以及城市综合管理体系与专业管理部门之间相互衔接上。

目前在上海城市综合管理中确立起来的"1＋1＋1＋X"体系也出现了这样的难点。"1＋1＋1＋X"管理体系设立的实际目的是执法，这一管理体系主要承担的管理权限是行政处罚权和行政强制权，因此这一体系在管理手段上必然以处罚和强制为主，其他管理手段为辅，也就是会出现"重执法，轻管理"的问题。更为重要的是，对于行政管理而言，无论从"1＋1＋1＋X"体系内部看还是外部看，管理环节上的相互衔接都存在问题。

从内部看，"1＋1＋1＋X"各部门执法合作的行政效率并不理想。在操作过程中，"1＋1＋1＋X"体系最重要的部门是网格化平台，即区县的网格化综合管理中心。就职能而言，网格化平台的作用在于管理职能中的执法发现。即主动发现违法违规行为，通过"派单"的形式对行政管理部门提出要求，对部分较难判断的违法行为进行认定，并对执法单位提出执法要求。网格化平台是执法活动的发起者，在整个城市综合管理体系中发挥的作用最为关键。然而，网格化平台在行政管理体系中的"身份"与其在执法活动中发挥的作用却并不匹配。在"1＋1＋1＋X"体系内，各相关单位的行政级别是一样的，对于区县而言，网格化综合管理中心、城管执法大队、各相关专业管理部门的行政级别都是处级单位。行政单位的特点是积极接受具有隶属关系的上级部门发出的指令，而在没有明显考核要求的情况下，对于同级别行政单位的"派单"要求则会较为消极。更何况，网格化综合管理中心一般为区政府直属的全额拨款事业单位,在我国行政管理体制序列内的地位低于区直属行政机关。因此在实际工作中,会出现其他专业管理部门不能积极配合网格化综合管理中心工作的情况。执法的主动发现功能过于依赖网格化平台,对网格化平台管理范围认识模糊,从根本上说都源于网格化平台行政地位与发挥作用的不匹配。

从外部看,"1＋1＋1＋X"与其他专业管理部门的衔接也具有一定难度。一方面是其他专业管理部门在管理过程中出现的问题,会直接增加综合行政执法部门的执法难度。另一方面,"1＋1＋1＋X"体系与专业管理部门在案件移送问题上也会出现职责界限不清的问题。特别是城管综合执法部门仅拥有部分处罚权的领域,即《上海市城市管理行政执法条例》中规定的九大领域中除市容环境卫生以外的各领域,城管综合执法部门都仅拥有部分执法权,对于这些执法权限以外的案件必须移送专业管理部门。但是,在这一环节很容易出现专业管理部门和城管综合执法部门在职责界限认定上产生分歧,造成相互推诿。

此外,由于构建了"1＋1＋1＋X"体系,特别是将这一体系认定为城市综合管理的基本构建,而没有明确其主要作用在于执法管理。其他专业管理机构的非执法类管理职责往往被忽视,比如行政监管、行政许可、行政收费,等等。

3. 从法制建设角度看,法律法规体系建设滞后于综合执法实践

城市管理综合执法水平的提高有赖于法制建设的完善。然而上海城管综合执法改革的法制基础却相对薄弱。在本次城管综合执法改革中,由于法律法规体系建设的薄弱导致了城管综合执法的

法制保障不充分,现行行政管理体制在依法行政上有体制障碍等问题。

目前上海市城管综合执法的法律依据主要是《上海市城市管理行政执法条例》(以下简称《条例》),《条例》规定城管综合执法的内容涉及九大领域,但具体执法事项的执法依据必须参照这些领域的相关法律、法规、规章。也就是说城管综合执法的法律依据实际上散见于各项专业行政管理的法律、法规中。这给城管综合执法人员依法行政带来智力上的挑战。

执法依据的繁杂直接导致执法人员执法事项的不明确,目前对于城管综合执法的具体事项仍然在调整中,因此也无法按《条例》要求向社会公开。同时,因为城市经济社会发展,各种法律、法规、规章也经常发生修改、废止等变化,城管综合执法的法律依据也随之始终在变化,这更为执法人员执法造成难度。

此外,在行政体制与依法行政关系上的主要问题体现在"两级政府,三级管理"的模式与依法行政不适应。在"两级政府,三级管理"中,街道办事处是代为区级政府部门行使行政管理职能,在不涉及法律问题的情况下,这套行政体制不存在问题。但是当街道办事处代为城管执法局履行行政执法权限时,问题就产生了。行政执法权名义上在城管执法单位,但实际上已经交付给街道办事处。如果在执法中出现法律纠纷,法律责任的承担者就较为模糊。根据本次改革的要求"相关行政复议和诉讼由街道负责",但是街道既不是行政主体,也不是法律主体,在行政复议和诉讼中所产生的法律责任由谁承担,这就成为问题。

4. 从特大城市管理的角度看,城市化和城市功能转型对城管综合执法提出了巨大挑战

城市管理的目的是协调城市发展与城市中工作生活的各类组织或个人的发展,这两者之间的关系。也就是说,从整体角度看,城市发展当然需要一个优美、健康、有序的环境,但是从个体角度看,城市又必须包容个体的发展要求,而整体和个体的发展要求之间可能是存在矛盾的。片面的要求个体服从整体发展需要,从社会公平的角度看是存在缺陷的,从操作效果看,也可能会引起社会矛盾。特别是目前我国经济社会发展的阶段特征,更要求我们兼顾经济社会发展中各主体的发展要求。

上海目前城市管理必须考虑到上海特大城市发展和城市功能转型的因素。大量外来流动人口涌入上海,导致大量低水平就业,在市容环境管理上,最大问题就是街面流动摊贩。这确实为上海城市形象带来了负面影响,但是也必须考虑到其存在的合理性,低水平就业带来的低水平服务确实降低了城市的生活成本,它是具有市场需求的,以行政强制解决这一顽症只能产生短期效果。另一方面,上海城市转型也为城管综合执法带来了新挑战。上海迈向国际大都市过程中,转型带给经济和社会的压力依然存在。

"门责": 城市转型带给城管综合执法的难题

课题组在对中心城区街道的调研中发现,为了解决由国企改制而造成的下岗问题,一些区对破墙开店的经营业者颁发"门责",而这些经营行为并没有取得工商部门、卫生管理部门等专业行政管理机构的许可,特别是一些餐饮经营者甚至没有食药监部门的许可,但是由于颁发了"门责",经营者认为取得了合法依据,这为城管综合执法带来了巨大困难。

从经济社会发展的特定阶段看,这些问题更应该通过一些柔性管理的方式加以解决。这一情况对"1＋1＋1＋X"体系构成的挑战就在于,网格化平台可以通过高科技手段,按照普遍性的执法依据发现违法行为,但是城管执法部门在执法中却会因为管理权限的限制只能采取强制手段,并因此承受巨大的压力。因此"1＋1＋1＋X"体系应该融入更为丰富的管理手段。

四、进一步推进和完善区县城管综合执法改革的对策

(一) 继续加快推进改革具体事项

1. 区级层面加快落实改革相关举措

区级层面应该尽快贯彻改革要求,在街镇组建符合改革要求的基层城管综合执法体系,并解决改革的配套保障问题,促进改革有序进行。

2. 加快推进相关配套改革

本次改革为完善体制机制,提出了许多配套改革措施,包括落

实基层执法建立法律顾问制度、城管执法人员加班津贴、城管执法人员统一招录制度等。

(二) 进一步提升城管综合执法体制的工作效率

1. 强化网格化平台在"1＋1＋1＋X"体系中的地位作用

通过网格化平台积累的大数据分析,总结城管综合执法区域内不同地点、不同时段的违法、违规事件发生规律,并以此为依据合理调配执法力量,提高执法效率。

2. 减少乡镇"镇属镇管镇用"体制对联动执法的负面影响

镇属镇管镇用并不意味着镇属执法中队的执法范围仅限于所属乡镇,在跨区域联合执法中,执法中队依然受区县城管局和城管大队指挥,对标识执法人员身份的证件、臂章等一律不明确所属乡镇,避免违法案件当事人以属地管理为由阻挠执法。

3. 合理确定执法权下沉事项

本次改革的核心原则是将城管综合执法权下沉到基层,但是对于部分跨区域的违法活动,执法权下沉将会给执法实践造成困扰。如出租车拒载的执法,由于违法当事人具有流动性,特别是中心城区执法实践过程中,应将执法权上升到区县甚至市层面。

(三) 进一步加强综合执法部门与专业管理部门联动机制建设

1. 建立城管执法局与相关行政部门的联席会议制度

区县层面定期召开联席会议,由负责区县城管执法工作的区领导主持会议,由城管综合执法及与城管执法相关的行政部门参与,讨论区县及街镇基层城管综合执法实践活动中出现的问题,共同协调解决问题,并讨论制定城市管理长效机制。

2. 明确城管综合执法工作移交流程,并使之制度化

通过电子政务管理或有纸化操作,明确违法、违规案件从发现到认定到处罚过程的进展,网格化平台、城管执法单位和行政管理机构在进行相关操作时,必须明确时间、地点,以便考核、奖励、追责。不仅要加强城管执法单位与相关专业管理部门在执法协作上的制度化,也要明确网格化平台、城管执法等城管综合执法部门制度衔接。

3. 行政管理机构把城管综合执法相关业务纳入考核体系

行政管理机构应该根据"1+1+1+X"出具的城管综合执法工作流程信息,将城管违法认定工作信息纳入干部人事考核中。

4. 强化专业管理部门与城管执法部门的信息共享机制

城管综合执法相关行政管理部门应通过数据库共享等形式,建立数据共享平台系统,将所掌握的管理信息,如企业工商证照信息、建筑建设许可信息、绿化市容信息等与城管综合执法部门共享。对未录入数据库的信息,城管执法部门与行政管理部门可以设立联络人,建立联络问询制度。城管执法部门应该与行政管理部门加强业务联系,双方可以通过互派人员挂职锻炼、业务交流等形式加强联系。

(四)进一步完善城管综合执法相关的法制建设

1. 对城管综合执法的法律、法规、规章进行梳理

对城管综合执法的法律、法规、规章进行梳理,对法律、法规、规

章内容相互冲突的,应该加紧修改完善。对执法所依据的法律规定应该汇编成册,便于执法人员学习。对于法律、法规、规章的修改、废止,应该及时告知执法人员,并组织执法人员就法律依据变化对执法活动带来的影响进行学习。

2. 妥善解决街道行政主体和法律主体地位缺失的问题

加强城管执法局与街道办事处联系,街道办事处和城管执法局应设立联系制度,组织联系人互相了解对方执法信息,在涉及较大金额的违法处罚案件时,街道办事处应及时告知城管执法局,并与城管执法局商讨制定案件处罚办法,并由城管执法局备案。在出现行政复议和诉讼时,城管执法局可以委托街道办事处代表城管执法局履行相关法律责任。

3. 发挥司法所作用为乡镇政府提供法律咨询保障

可以发挥乡镇司法所在法律法规上的业务专长,乡镇政府在城管综合执法中遇到的法律问题可以通过司法所协助解决,司法所应该加强在城管综合执法相关的法律、法规、规章的业务学习,成为乡镇政府在城管综合执法中的后盾。

(五) 进一步丰富和完善城市综合管理执法方式

1. 强化专业行政管理事前、事后管理

专业行政管理部门不仅要履行好行政审批、行政许可、行政收费等相关职能,对所管理对象应该加强违法行为预判,对可能出现违法行为的当事人进行事前警告,对曾经有过违法行为的应该加强教育、监督、管理,减少再次违法可能。

2. 行政处罚应考虑社会和谐安定

在具体的执法实践活动中,对进行处罚和强制会影响社会民生,不处罚、不强制会对城市公共空间带来危害的违法活动,城管执法机构应该通过与行政管理部门协商,加强行政管理部门的引导,避免重大社会问题的发生。如下岗人员和外来人员无证无照开店设摊,可以通过政府扶持和引导,使经营者符合工商、卫生等管理标准,在办证办照问题上,降低相关手续费用,变违法经营为合法经营。

3. 科学制定城管执法考核标准

应该杜绝片面提高城管综合执法案件结案率,网格化平台在执法发现问题上应该听取一线执法信息,切实了解违法行为对城市公共空间的危害情况,如果危害程度微小,应该采取适当包容方式,不作为违法案件交由执法人员进行行政处罚。对于执法效果应该考察人民群众对执法活动的满意程度,把执法难易程度、人民群众满意度纳入城管执法人员的考核评价中。

4. 加强社会对城管综合执法的参与

一是强化宣传引导工作,让人民群众了解城管综合执法的情况,意识到城管综合执法的目的是维护人民群众权益。二是积极吸纳人民群众参与城管综合执法,除了积极回应人民群众的违法投诉,还要在城市管理中积极听取人民群众的意见,加强执法机构与普通群众的沟通。

附件一　区县城市管理综合执法体制机制改革评价表

总类	分类	小项	落实情况（落实数量/调研数量）	改革情况
一、进一步理顺街镇城管综合执法体制	1. 乡镇城市管理综合执法体制实行"镇属镇管镇用"	乡镇人民政府行使区县一级行使的相对集中行政处罚权，城市管理综合队伍改为乡镇政府下属行政执法单位，以乡镇政府的名义执法	已落实(6/6)	改革推进导致新问题的改革事项
		人、财、物全部交由乡镇管理	已落实(6/6)	进展较为顺利的改革事项
	2. 街道城管综合执法实行"区属街管街用"	街道城管执法中队由城管执法局派出，以区城管执法局的名义执法	已落实(4/4)	进展较为顺利的改革事项
		相关行政复议和诉讼由街道负责	未落实(4/4)	改革设计存在漏洞或不完善的改革事项
		城管执法中队负责人由街道商区城管执法局同意后共同任命	已落实(4/4)	进展较为顺利的改革事项
		城管执法中队的人、财、物实际交由街道管理	未全部落实(3/4)	可以推进但未及时推进的改革事项
二、进一步做实区县城管执法机构	1. 单独设立区县城管执法局	单独设立区县城管执法局，作为区县政府工作部门，负责区县城市管理综合执法	已落实(5/5)	进展较为顺利的改革事项

总类	分类	小项	落实情况 （落实数量 /调研数量）	改革情况
	2. 推动区县城管执法局与执法大队一体化运作	区县城管执法局与执法大队实行一体化运作，区县城管执法局局长兼任执法大队大队长	已落实(5/5)	进展较为顺利的改革事项
	3. 加强对街镇城市管理综合执法的监督	市、区县城市管理综合执法局应切实强化行业管理职能，重点加强对街道城管执法工作的业务指导、统一培训、执法监督等	已落实(5/5)	进展较为顺利的改革事项
		区县层面原则上保留抑制少量精干的机动执法队伍，主要用于加强对街道基层执法监督和重大执法案件查处	尚未完全落实(4/5)	改革推进必须其他领域改革同步推进的改革事项。有些因为编制全部下放到基层，没有落实
		在开展重大执法行动时，区县城管执法局对各街道管理的城市管理综合执法队伍具有跨区域的调动指挥权	已落实(5/5)	进展较为顺利的改革事项
三、健全公安部门对城市管理综合执法的保障机制	1. 加强公安机关与城管执法部门的联勤联动	区县公安分局分管治安的副局长兼任区县城管执法局副局长	未落实(0/5)	改革推进必须其他领域改革同步推进的改革事项
		街道派出所派驻公安干警协助城市管理综合执法工作，加强对城市管理综合执法面对暴力抗法时的保障	未落实(0/5)	改革推进必须其他领域改革同步推进的改革事项

续　表

总类	分类	小项	落实情况（落实数量/调研数量）	改革情况
	2. 建立公安部门保障城市管理综合执法的工作机制	公安部门明确专门固定的力量，配合城市管理综合执法队伍开展工作，同时明确工作职责以及联勤联动机制	未落实(0/5)	改革推进必须其他领域改革同步推进的改革事项
四、进一步整合城市管理综合执法资源	1. 明确综合执法与专业执法的界限	城市管理综合执法主要针对三类事项：街面上常见的、不用专业技术即可直接认定的简单执法事项；群众诉求迫切、需要即时快速查处、相关部门缺乏执法力量的执法事项；矛盾突出、涉及多家执法主体、需要集中执法力量实施查处的执法事项。其他为专业执法事项	未落实	改革推进必须其他领域改革同步推进的改革事项
	2. 适度拓展城市管理综合执法的范围内容	推动城市管理综合执法从目前以街面为主，进一步向包括小区公共场所、农村地区以及界面在内的城乡公共空间拓展，逐步实现全市范围城市管理领域的综合执法	落实(5/5)	进展较为顺利的改革事项
		建立城市管理综合执法清单，明确综合执法的依据、事项、内容、范围、标准等，并向社会公开	未落实	改革推进必须其他领域改革同步推进的改革事项。法律梳理工作没有完成，城管条例修法没有完成

总类	分类	小项	落实情况 （落实数量 /调研数量）	改革情况
	3. 加强城市管理部门与综合执法部门的无缝衔接	完善城市管理部门与综合执法部门之间的工作关系，健全案件移送机制，对城市管理综合执法中需要由相关管理部门首先实施违法事实认定的执法事项，相关管理部门应首先认定违法事实，并将案件移送至综合执法部门	已落实(5/5)	虽已落实但效果不理想的改革事项
		研究建立综合执法部门的执法信息反馈和追踪考核机制，定期将城市管理综合执法中涉及各条线的管理情况向区县党委、政府报告	未落实(0/5)	改革推进必须其他领域改革同步推进的改革事项
	4. 探索完善街镇城市综合管理平台	探索实施城市综合管理大部门制，依托街镇网格化管理平台，建立街镇城市综合管理机构，如加强街镇层面的联勤联动。	落实(5/5)	进展较为顺利的改革事项
		健全行业管理、城管执法、作业服务之间的信息共享、协同联动、无缝衔接的机制，使城市管理的职责真正落实到基层一线	未落实(2/5)	改革推进必须其他领域改革同步推进的改革事项

续 表

总类	分类	小项	落实情况 （落实数量 /调研数量）	改革情况
五、进一步充实基层城市管理综合执法力量	1. 充分用足用好现有编制资源	加强城市管理综合执法人员招录力度,将目前的空余编制重点向目前配置比例低于平均水平的郊区县倾斜,特别是向常住人口较多、区域面积较大城市管理任务较重的城乡结合部街镇倾斜	未落实(0/5)	改革推进必须其他领域改革同步推进的改革事项
	2. 进一步优化调整配比系数	进一步优化调整每万人常住人口的城市管理综合执法人员配比系数	未落实(0/5)	改革推进必须其他领域改革同步推进的改革事项
		进一步提高郊区县特别是城乡结合部城市管理综合执法人员的配比系数	未落实(0/5)	改革推进必须其他领域改革同步推进的改革事项
		适度考虑特殊区域的实际需求,部分区域面积较大、城市化程度较快、外来人口较多、大型居住社区管理任务较重的街镇,和一些城市管理任务特别重、综合管理要求特别高的中心城核心区,城市管理综合执法人员配备比例可以适度提高,具体由所在区县核定	未落实(0/5)	改革推进必须其他领域改革同步推进的改革事项
	3. 坚持编随事转、人随事转	城市管理部门的执法职责划转至综合部门的同时,其所属的行政执法人员编制、力量应同步划转至综合执法部门	未落实(0/5)	改革推进必须其他领域改革同步推进的改革事项

总类	分类	小项	落实情况（落实数量/调研数量）	改革情况
六、进一步加强城市管理综合执法队伍建设	1. 加强城市管理综合执法队伍的招录、培训	严把街镇城市管理综合执法人员进口关，街道城市管理综合执法人员由区县城管执法局统一招录	落实(5/5)	进展较为顺利的改革事项
		切实加强城市管理综合执法队伍的规范化建设，加强业务培训，不断提升执法人员依法行政的能力和水平	未落实(0/5)	改革推进必须其他领域改革同步推进的改革事项。需要法律规范化，有待法律法规体系建设的完善
	2. 加强基层城市管理综合执法力量的交流和管理	街镇城市管理综合执法队伍的负责人和队员，实施定期定量异地交流轮岗和任职回避制度	未落实(0/5)	有待本次改革中其他改革完成方可推进的改革事项
		完善配套的执法监督和考核问责机制，具体由区县城管执法局会同区县人事部门制定管理办法	已落实(5/5)	虽已落实但效果不理想的改革事项
	3. 优化一线城市管理综合执法人员的结构	部分特殊岗位的城市管理综合执法人员的招录的学历要求参照本市公安一线执勤人员标准执行	未落实(1/5)	改革设计存在漏洞或不完善的改革事项
		优化城市管理综合执法队伍的性别比例	未落实(0/5)	有待本次改革中其他改革完成方可推进的改革事项

续　表

总类	分类	小项	落实情况（落实数量/调研数量）	改革情况
		严格控制机关科室人员比例	未完全落实（1/5）	改革设计存在漏洞或不完善的改革事项
	4. 切实加强对辅助管理人员的管理	区县城管执法局要进一步规范各街镇辅助管理人员的招录、使用和管理	落实（5/5）	进展较为顺利的改革事项
		切实加强其力量整合、教育培训、规范管理	落实（5/5）	进展较为顺利的改革事项
		加快推进属地化管理、企业化转制、规范化运作。	落实（5/5）	进展较为顺利的改革事项
		严禁独立使用辅助管理人员实施城市管理综合执法	落实（5/5）	进展较为顺利的改革事项
七、进一步完善城市管理综合执法的保障措施	1. 强化组织保障	成立由分管市长牵头、市编办、市政府法制办、市公安局、市建设管理委、市城管执法局等相关部门和各区县政府参加的改革推进小组，加强组织领导和协调推进，及时研究解决改革中的相关问题	落实	进展较为顺利的改革事项
		各区县要高度重视本区县城市管理综合执法体制机制改革，按照市委、市政府的统一部署，细化本区县城市管理综合执法体制机制改革方案，并稳妥推进相关改革工作	落实（5/5）	进展较为顺利的改革事项

续　表

总类	分类	小项	落实情况 （落实数量 /调研数量）	改革情况
	2. 强化法制 保障	结合本市区县城市管理综合执法体制机制改革,修订本市相关地方法规规章,解决法规授权和规章委托的问题	未完全落实	改革推进必须其他领域改革同步推进的改革事项。改革正在落实中
		在市、区县、街镇三级城市管理综合执法部门全面建立法律顾问制度,以提高城市管理综合执法机构的依法行政水平	未落实(0/5)	改革设计存在漏洞或不完善的改革事项。缺乏可行机制
	3. 强化经费 保障	将执法经费列入同级财政预算,确保预算经费足额安排,使处置经费(如拆除违法建筑等发生的作业人员和相关费用)落实到位	未落实(2/5)	可以推进但未及时推进的改革事项
		建立对城市管理综合执法人员的相应激励机制	未落实	改革设计存在漏洞或不完善的改革事项
	4. 强化宣传 引导	加强对城市管理综合执法的社会宣传和舆论引导	未落实	改革设计存在漏洞或不完善的改革事项
		强化社会参与,广泛发动和积极引导广大市民及社会力量支持参与城市管理及城市管理综合执法工作	未落实	改革设计存在漏洞或不完善的改革事项

附件二：城管综合执法体制改革的相关文件

2-1 中共中央 国务院关于深入推进城市执法体制改革改进城市管理工作的指导意见

（2015 年 12 月 24 日）

改革开放以来，我国城镇化快速发展，城市规模不断扩大，建设水平逐步提高，保障城市健康运行的任务日益繁重，加强和改善城市管理的需求日益迫切，城市管理工作的地位和作用日益突出。各地区各有关方面适应社会发展形势，积极做好城市管理工作，探索提高城市管理执法和服务水平，对改善城市秩序、促进城市和谐、提升城市品质发挥了重要作用。但也要清醒看到，与新型城镇化发展要求和人民群众生产生活需要相比，我国多数地区在城市市政管理、交通运行、人居环境、应急处置、公共秩序等方面仍有较大差距，城市管理执法工作还存在管理体制不顺、职责边界不清、法律法规不健全、管理方式简单、服务意识不强、执法行为粗放等问题，社会各界反映较为强烈，在一定程度上制约了城市健康发展和新型城镇化的顺利推进。

深入推进城市管理执法体制改革，改进城市管理工作，是落实"四个全面"战略布局的内在要求，是提高政府治理能力的重要举措，是增进民生福祉的现实需要，是促进城市发展转型的必然选择。为理顺城市管理执法体制，解决城市管理面临的突出矛盾和问题，消除城市管理工作中的短板,进一步提高城市管理和公共服务水平,现提出以下意见。

一、总体要求

(一)指导思想。深入贯彻党的十八大和十八届二中、三中、四中、五中全会及中央城镇化工作会议、中央城市工作会议精神,以"四个全面"战略布局为引领,牢固树立创新、协调、绿色、开放、共享的发展理念,以城市管理现代化为指向,以理顺体制机制为途径,将城市管理执法体制改革作为推进城市发展方式转变的重要手段,与简政放权、放管结合、转变政府职能、规范行政权力运行等有机结合,构建权责明晰、服务为先、管理优化、执法规范、安全有序的城市管理体制,推动城市管理走向城市治理,促进城市运行高效有序,实现城市让生活更美好。

(二)基本原则

——坚持以人为本。牢固树立为人民管理城市的理念,强化宗旨意识和服务意识,落实惠民和便民措施,以群众满意为标准,切实解决社会各界最关心、最直接、最现实的问题,努力消除各种"城市病"。

——坚持依法治理。完善执法制度,改进执法方式,提高执法素养,把严格规范公正文明执法的要求落实到城市管理执法全过程。

——坚持源头治理。增强城市规划、建设、管理的科学性、系统性和协调性,综合考虑公共秩序管理和群众生产生活需要,合理安排各类公共设施和空间布局,加强对城市规划、建设实施情况的评估和反馈。变被动管理为主动服务,变末端执法为源头治理,从源头上预防和减少违法违规行为。

——坚持权责一致。明确城市管理和执法职责边界,制定权力清单,落实执法责任,权随事走、人随事调、费随事转,实现事权和支出相适应、权力和责任相统一。合理划分城市管理事权,实行属地管理,明确市、县政府在城市管理和执法中负主体责任,充实一线人员力量,落实执法运行经费,将工作重点放在基层。

——坚持协调创新。加强政策措施的配套衔接,强化部门联动配合,有序推进相关工作。以网格化管理、社会化服务为方向,以智慧城市建设为契机,充分发挥现代信息技术的优势,加快形成与经济社会发展相匹配的城市管理能力。

(三)总体目标。到 2017 年年底,实现市、县政府城市管理领域的机构综合设置。到 2020 年,城市管理法律法规和标准体系基本完善,执法体制基本理顺,机构和队伍建设明显加强,保障机制初步完善,服务便民高效,现代城市治理体系初步形成,城市管理效能大幅提高,人民群众满意度显著提升。

二、理顺管理体制

(四)匡定管理职责。城市管理的主要职责是市政管理、环境管理、交通管理、应急管理和城市规划实施管理等。具体实施范围包括:市政公用设施运行管理、市容环境卫生管理、园林绿化管理等方面的全部工作;市、县政府依法确定的,与城市管理密切相关、需要纳入统一管理的公共空间秩序管理、违法建设治理、环境保护管理、交通管理、应急管理等方面的部分工作。城市管理执法即是在上述领域根据国家法律法规规定履行行政执法权力的行为。

（五）明确主管部门。国务院住房和城乡建设主管部门负责对全国城市管理工作的指导，研究拟定有关政策，制定基本规范，做好顶层设计，加强对省、自治区、直辖市城市管理工作的指导监督协调，积极推进地方各级政府城市管理事权法律化、规范化。各省、自治区、直辖市政府应当确立相应的城市管理主管部门，加强对辖区内城市管理工作的业务指导、组织协调、监督检查和考核评价。各地应科学划分城市管理部门与相关行政主管部门的工作职责，有关管理和执法职责划转城市管理部门后，原主管部门不再行使。

（六）综合设置机构。按照精简统一效能的原则，住房城乡建设部会同中央编办指导地方整合归并省级执法队伍，推进市县两级政府城市管理领域大部门制改革，整合市政公用、市容环卫、园林绿化、城市管理执法等城市管理相关职能，实现管理执法机构综合设置。统筹解决好机构性质问题，具备条件的应当纳入政府机构序列。遵循城市运行规律，建立健全以城市良性运行为核心，地上地下设施建设运行统筹协调的城市管理体制机制。有条件的市和县应当建立规划、建设、管理一体化的行政管理体制，强化城市管理和执法工作。

（七）推进综合执法。重点在与群众生产生活密切相关、执法频率高、多头执法扰民问题突出、专业技术要求适宜、与城市管理密切相关且需要集中行使行政处罚权的领域推行综合执法。具体范围是：住房城乡建设领域法律法规规章规定的全部行政处罚权；环境保护管理方面社会生活噪声污染、建筑施工噪声污染、建筑施工扬尘污染、餐饮服务业油烟污染、露天烧烤污染、城市焚烧沥青塑料垃圾等烟尘和恶臭污染、露天焚烧秸秆落叶等烟尘污染、燃放烟花爆竹污染等的行政处罚权；工商管理方面户外公共场所无照经营、违规设置户外广告的行政处罚权；交通管理方面侵占城市道路、违法停放车辆等的行政处罚权；水务管理方面向城市河道倾倒废弃物和垃圾及违规取土、城市河道违法建筑物拆除等的行政处罚权；食品药品监管方面户外公共场所食品销售和餐饮摊点无证经营，以及违法回收贩卖药品等的行政处罚权。城市管理部门可以实施与上述范围内法律法规规定的行政处罚权有关的行政强制措施。到2017年年底，实现住房城乡建设领域行政处罚权的集中行使。上述范围以外需要集中行使的具体行政处罚权及相应的行政强制权，由市、县政府报所在省、自治区政府审批，直辖市政府可以自行确定。

（八）下移执法重心。按照属地管理、权责一致的原则，合理确定设区的市和市辖区城市管理部门的职责分工。市级城市管理部门主要负责城市管理和执法工作的指导、监督、考核，以及跨区域及重大复杂违法违规案件的查处。按照简政放权、放管结合、优化服务的要求，在设区的市推行市或区一级执法，市辖区能够承担的可以实行区一级执法，区级城市管理部门可以向街道派驻执法机构，推动执法事项属地化管理；市辖区不能承担的，市级城市管理部门可以向市辖区和街道派驻执法机构，开展综合执法工作。派驻机构业务工作接受市或市辖区城市管理部门的领导，日常管理以所在市辖区或街道为主，负责人的调整应当征求派驻地党（工）委的意见。

逐步实现城市管理执法工作全覆盖,并向乡镇延伸,推进城乡一体化发展。

三、强化队伍建设

(九)优化执法力量。各地应当根据执法工作特点合理设置岗位,科学确定城市管理执法人员配备比例标准,统筹解决好执法人员身份编制问题,在核定的行政编制数额内,具备条件的应当使用行政编制。执法力量要向基层倾斜,适度提高一线人员的比例,通过调整结构优化执法力量,确保一线执法工作需要。区域面积大、流动人口多、管理执法任务重的地区,可以适度调高执法人员配备比例。

(十)严格队伍管理。建立符合职业特点的城市管理执法人员管理制度,优化干部任用和人才选拔机制,严格按照公务员法有关规定开展执法人员录用等有关工作,加大接收安置军转干部的力度,加强领导班子和干部队伍建设。根据执法工作需要,统一制式服装和标志标识,制定执法执勤用车、装备配备标准,到 2017 年年底,实现执法制式服装和标志标识统一。严格执法人员素质要求,加强思想道德和素质教育,着力提升执法人员业务能力,打造政治坚定、作风优良、纪律严明、廉洁务实的执法队伍。

(十一)注重人才培养。加强现有在编执法人员业务培训和考试,严格实行执法人员持证上岗和资格管理制度,到 2017 年年底,完成处级以上干部轮训和持证上岗工作。建立符合职业特点的职务晋升和交流制度,切实解决基层执法队伍基数大、职数少的问题,确保部门之间相对平衡、职业发展机会平等。完善基层执法人员工资政策。研究通过工伤保险、抚恤等政策提高风险保障水平。鼓励高等学校设置城市管理专业或开设城市管理课程，依托党校、行政学院、高等学校等开展岗位培训。

（十二）规范协管队伍。各地可以根据实际工作需要，采取招用或劳务派遣等形式配置城市管理执法协管人员。建立健全协管人员招聘、管理、奖惩、退出等制度。协管人员数量不得超过在编人员，并应当随城市管理执法体制改革逐步减少。协管人员只能配合执法人员从事宣传教育、巡查、信息收集、违法行为劝阻等辅助性事务，不得从事具体行政执法工作。协管人员从事执法辅助事务以及超越辅助事务所形成的后续责任，由本级城市管理部门承担。

四、提高执法水平

（十三）制定权责清单。各地要按照转变政府职能、规范行政权力运行的要求，全面清理调整现有城市管理和综合执法职责，优化权力运行流程。依法建立城市管理和综合执法部门的权力和责任清单，向社会公开职能职责、执法依据、处罚标准、运行流程、监督途径和问责机制。制定责任清单与权力清单工作要统筹推进，并实行动态管理和调整。到 2016 年年底，市、县两级城市管理部门要基本完成权力清单和责任清单的制定公布工作。

（十四）规范执法制度。各地城市管理部门应当切实履行城市管理执法职责，完善执法程序，规范办案流程，明确办案时限，提高办案效率。积极推行执法办案评议考核制度和执法公示制度。健全行政处罚适用规则和裁量基准制度、执法全过程记录制度。严格执行重大执法决定法制审核制度。杜绝粗暴执法和选择性执法，确保执法公信力，维护公共利益、人民权益和社会秩序。

（十五）改进执法方式。各地城市管理执法人员应当严格履行执法程序，做到着装整齐、用语规范、举止文明，依法规范行使行政检查权和行政强制权，严禁随意采取强制执法措施。坚持处罚与教育相结合的原则，根据违法行为的性质和危害后果，灵活运用不同执法方式，对情节较轻或危害后果能够及时消除的，应当多做说服沟通工作，加强教育、告诫、引导。综合运用行政指导、行政奖励、行政扶助、行政调解等非强制行政手段，引导当事人自觉遵守法律法规，及时化解矛盾纷争，促进社会和谐稳定。

（十六）完善监督机制。强化外部监督机制，畅通群众监督渠道、行政复议渠道，城市管理部门和执法人员要主动接受法律监督、行政监督、社会监督。强化内部监督机制，全面落实行政执法责任制，加强城市管理部门内部流程控制，健全责任追究机制、纠错问责机制。强化执法监督工作，坚决排除对执法活动的违规人为干预，防止和克服各种保护主义。

五、完善城市管理

（十七）加强市政管理。市政公用设施建设完成后，应当及时将管理信息移交城市管理部门，并建立完备的城建档案，实现档案信息共享。加强市政公用设施管护工作，保障安全高效运行。加强城市道路管理，严格控制道路开挖或占用道路行为。加强城市地下综合管廊、给排水和垃圾处理等基础设施管理，服务入廊单位生产运行和市民日常生活。

（十八）维护公共空间。加强城市公共空间规划，提升城市设计水平。加强建筑物立面管理和色调控制，规范报刊亭、公交候车亭等"城市家具"设置，加强户外广告、门店牌匾设置管理。加强城市街头流浪乞讨人员救助管理。严查食品无证摊贩、散发张贴小广告、街头非法回收药品、贩卖非法出版物等行为。及时制止、严肃查处擅自变更建设项目规划设计和用途、违规占用公共空间以及乱贴乱画乱挂等行为，严厉打击违法用地、违法建设行为。

（十九）优化城市交通。坚持公交优先战略，着力提升城市公共交通服务水平。加强不同交通工具之间的协调衔接，倡导步行、自行车等绿色出行方式。打造城市交通微循环系统，加大交通需求调控力度，优化交通出行结构，提高路网运行效率。加强城市交通基础设施和智能化交通指挥设施管理维护。整顿机动车交通秩序。加强城市出租客运市场管理。加强静态交通秩序管理，综合治理非法占道停车及非法挪用、占用停车设施，鼓励社会资本投入停车场建设，鼓励单位停车场错时对外开放，逐步缓解停车难问题。

（二十）改善人居环境。切实增加物质和人力投入，提高城市园林绿化、环卫保洁水平，加强大气、噪声、固体废物、河湖水系等环境管理，改善城市人居环境。规范建筑施工现场管理，严控噪声扰民、施工扬尘和渣土运输抛洒。推进垃圾减量化、资源化、无害化管理。加强废弃电器电子产品回收处理和医疗垃圾集中处理管理。大力开展爱国卫生运动，提高城市卫生水平。

（二十一）提高应急能力。提高城市防灾减灾能力，保持水、电、气、热、交通、通信、网络等城市生命线系统畅通。建立完善城市管理领域安全监管责任制,强化重大危险源监控,消除重大事故隐患。加强城市基础设施安全风险隐患排查,建立分级、分类、动态管理制度。完善城市管理应急响应机制,提高突发事件处置能力。强化应急避难场所、设施设备管理,加强各类应急物资储备。建立应急预案动态调整管理制度,经常性开展疏散转移、自救互救等综合演练。做好应对自然灾害等突发事件的军地协调工作。

(二十二)整合信息平台。积极推进城市管理数字化、精细化、智慧化,到 2017 年年底,所有市、县都要整合形成数字化城市管理平台。基于城市公共信息平台,综合运用物联网、云计算、大数据等现代信息技术,整合人口、交通、能源、建设等公共设施信息和公共基础服务,拓展数字化城市管理平台功能。加快数字化城市管理向智慧化升级,实现感知、分析、服务、指挥、监察"五位一体"。整合城市管理相关电话服务平台,形成全国统一的 12319 城市管理服务热线,并实现与 110 报警电话等的对接。综合利用各类监测监控手段,强化视频监控、环境监测、交通运行、供水供气供电、防洪防涝、生命线保障等城市运行数据的综合采集和管理分析,形成综合性城市管理数据库,重点推进城市建筑物数据库建设。强化行政许可、行政处罚、社会诚信等城市管理全要素数据的采集与整合,提升数据标准化程度,促进多部门公共数据资源互联互通和开放共享,建立用数据说话、用数据决策、用数据管理、用数据创新的新机制。

(二十三)构建智慧城市。加强城市基础设施智慧化管理与监控服务,加快市政公用设施智慧化改造升级,构建城市虚拟仿真系统,强化城镇重点应用工程建设。发展智慧水务,构建覆盖供水全过程、保障供水质量安全的智能供排水和污水处理系统。发展智慧管网，实现城市地下空间、地下综合管廊、地下管网管理信息化和运行智能化。发展智能建筑，实现建筑设施设备节能、安全的智能化管控。加快城市管理和综合执法档案信息化建设。依托信息化技术，综合利用视频一体化技术，探索快速处置、非现场执法等新型执法模式，提升执法效能。

六、创新治理方式

（二十四）引入市场机制。发挥市场作用，吸引社会力量和社会资本参与城市管理。鼓励地方通过政府和社会资本合作等方式，推进城市市政基础设施、市政公用事业、公共交通、便民服务设施等的市场化运营。推行环卫保洁、园林绿化管养作业、公共交通等由政府向社会购买服务，逐步加大购买服务力度。综合运用规划引导、市场运作、商户自治等方式，顺应历史沿革和群众需求，合理设置、有序管理方便生活的自由市场、摊点群、流动商贩疏导点等经营场所和服务网点，促创业、带就业、助发展、促和谐。

（二十五）推进网格管理。建立健全市、区（县）、街道（乡镇）、社区管理网络，科学划分网格单元，将城市管理、社会管理和公共服务事项纳入网格化管理。明确网格管理对象、管理标准和责任人，实施常态化、精细化、制度化管理。依托基层综合服务管理平台，全面加强对人口、房屋、证件、车辆、场所、社会组织等各类基础信息的实时采集、动态录入，准确掌握情况，及时发现和快速处置问题，有效实现政府对社会单元的公共管理和服务。

（二十六）发挥社区作用。加强社区服务型党组织建设，充分发挥党组织在基层社会治理中的领导核心作用,发挥政府在基层社会治理中的主导作用。依法建立社区公共事务准入制度,充分发挥社区居委会作用,增强社区自治功能。充分发挥社会工作者等专业人才的作用,培育社区社会组织,完善社区协商机制。推动制定社区居民公约,促进居民自治管理。建设完善社区公共服务设施,打造方便快捷生活圈。通过建立社区综合信息平台、编制城市管理服务图册、设置流动服务站等方式,提供惠民便民公共服务。

(二十七)动员公众参与。依法规范公众参与城市治理的范围、权利和途径,畅通公众有序参与城市治理的渠道。倡导城市管理志愿服务,建立健全城市管理志愿服务宣传动员、组织管理、激励扶持等制度和组织协调机制,引导志愿者与民间组织、慈善机构和非营利性社会团体之间的交流合作,组织开展多形式、常态化的志愿服务活动。依法支持和规范服务性、公益性、互助性社会组织发展。采取公众开放日、主题体验活动等方式,引导社会组织、市场中介机构和公民法人参与城市治理,形成多元共治、良性互动的城市治理模式。

(二十八)提高文明意识。把培育和践行社会主义核心价值观作为城市文明建设的根本任务,融入国民教育和精神文明创建全过程,广泛开展城市文明教育,大力弘扬社会公德。深化文明城市创建,不断提升市民文明素质和城市文明程度。积极开展新市民教育和培训,让新市民尽快融入城市生活,促进城市和谐稳定。充分发挥各级党组织和工会、共青团、妇联等群团组织的作用,广泛开展城市文明主题宣传教育和实践活动。加强社会诚信建设,坚持将公约引导、信用约束、法律规制相结合，以他律促自律。

七、完善保障机制

（二十九）健全法律法规。加强城市管理和执法方面的立法工作，完善配套法规和规章，实现深化改革与法治保障有机统一，发挥立法对改革的引领和规范作用。有立法权的城市要根据立法法的规定，加快制定城市管理执法方面的地方性法规、规章，明晰城市管理执法范围、程序等内容，规范城市管理执法的权力和责任。全面清理现行法律法规中与推进城市管理执法体制改革不相适应的内容，定期开展规章和规范性文件清理工作，并向社会公布清理结果，加强法律法规之间的衔接。加快制定修订一批城市管理和综合执法方面的标准，形成完备的标准体系。

（三十）保障经费投入。按照事权和支出责任相适应原则，健全责任明确、分类负担、收支脱钩、财政保障的城市管理经费保障机制，实现政府资产与预算管理有机结合，防止政府资产流失。城市政府要将城市管理经费列入同级财政预算，并与城市发展速度和规模相适应。严格执行罚缴分离、收支两条线制度，不得将城市管理经费与罚没收入挂钩。各地要因地制宜加大财政支持力度，统筹使用有关资金，增加对城市管理执法人员、装备、技术等方面的资金投入，保障执法工作需要。

（三十一）加强司法衔接。建立城市管理部门与公安机关、检察机关、审判机关信息共享、案情通报、案件移送等制度，实现行政处罚与刑事处罚无缝对接。公安机关要依法打击妨碍城市管理执法和暴力抗法行为，对涉嫌犯罪的，应当依照法定程序处理。检察机关、审判机关要加强法律指导，及时受理、审理涉及城市管理执法的案件。检察机关有权对城市管理部门在行政执法中发现涉嫌犯罪案件线索的移送情况进行监督，城市管理部门对于发现的涉嫌犯罪案件线索移送不畅的，可以向检察机关反映。加大城市管理执法行政处罚决定的行政和司法强制执行力度。

八、加强组织领导

（三十二）明确工作责任。加强党对城市管理工作的组织领导。各级党委和政府要充分认识推进城市管理执法体制改革、改进城市管理工作的重要性和紧迫性，把这项工作列入重要议事日程，按照有利于服务群众的原则，切实履行领导责任，研究重大问题，把握改革方向，分类分层推进。各省、自治区可以选择一个城市先行试点，直辖市可以全面启动改革工作。各省、自治区、直辖市政府要制定具体方案，明确时间步骤，细化政策措施，及时总结试点经验，稳妥有序推进改革。上级政府要加强对下级政府的指导和督促检查，重要事项及时向党委报告。中央和国家机关有关部门要增强大局意识、责任意识，加强协调配合，支持和指导地方推进改革工作。

（三十三）建立协调机制。建立全国城市管理工作部际联席会议制度，统筹协调解决制约城市管理工作的重大问题，以及相关部门职责衔接问题。各省、自治区政府应当建立相应的协调机制。市、县政府应当建立主要负责同志牵头的城市管理协调机制，加强对城市管理工作的组织协调、监督检查和考核奖惩。建立健全市、县相关部门之间信息互通、资源共享、协调联动的工作机制，形成管理和执法工作合力。

（三十四）健全考核制度。将城市管理执法工作纳入经济社会发展综合评价体系和领导干部政绩考核体系，推动地方党委、政府履职尽责。推广绩效管理和服务承诺制度，加快建立城市管理行政问责制度，健全社会公众满意度评价及第三方考评机制，形成公开、公平、公正的城市管理和综合执法工作考核奖惩制度体系。加强城市管理效能考核，将考核结果作为城市党政领导班子和领导干部综合考核评价的重要参考。

（三十五）严肃工作纪律。各级党委和政府要严格执行有关编制、人事、财经纪律，严禁在推进城市管理执法体制改革工作中超编进人、超职数配备领导干部、突击提拔干部。对违反规定的，要按规定追究有关单位和人员的责任。在职责划转、机构和人员编制整合调整过程中，应当按照有关规定衔接好人财物等要素，做好工作交接，保持工作的连续性和稳定性。涉及国有资产划转的，应做好资产清查工作，严格执行国有资产管理有关规定，确保国有资产安全完整。

（三十六）营造舆论环境。各级党委和政府要高度重视宣传和舆论引导工作，加强中央与地方的宣传联动，将改革实施与宣传工作协同推进，正确引导社会预期。加强对城市管理执法先进典型的正面宣传，营造理性、积极的舆论氛围，及时回应社会关切，凝聚改革共识。推进城市管理执法信息公开，保障市民的知情权、参与权、表达权、监督权。加强城市管理执法舆情监测、研判、预警和应急处置，提高舆情应对能力。住房城乡建设部、中央编办、国务院法制办要及时总结各地经验，切实强化对推进城市管理执法体制改革、提高城市管理水平相关工作的协调指导和监督检查。重大问题要及时报告党中央、国务院。中央将就贯彻落实情况适时组织开展专项监督检查。

2-2　上海市城市管理行政执法条例实施办法

（2015 年 11 月 30 日上海市人民政府令第 37 号发布）

第一条（目的和依据）

为了加强本市城市管理行政执法工作，提高执法效率和水平，根据《中华人民共和国行政处罚法》《中华人民共和国行政强制法》《上海市城市管理行政执法条例》等有关法律、法规的规定，结合本市实际，制定本办法。

第二条（适用范围）

本办法适用于本市行政区域内的城市管理行政执法活动。

前款所称的城市管理行政执法，是指市和区、县城市管理行政执法部门（以下简称“城管执法部门”）以及乡、镇人民政府依法相对集中行使有关行政管理部门在城市管理领域的全部或部分行政处罚权及相关的行政检查权和行政强制权的行为。

第三条（主管部门）

市城市管理行政执法部门（以下简称“市城管执法部门”）是本市城市管理行政执法工作的行政主管部门，负责本办法的组织实施。

区、县城市管理行政执法部门（以下简称“区、县城管执法部门")和乡、镇人民政府按照规定的权限,负责本辖区内城市管理行政执法工作。

第四条(管辖权划分)

下列情形的城市管理违法行为,由市城管执法部门负责查处:

(一)对全市有重大影响的;

(二)涉及市级管辖河道的;

(三)涉及古树名木和古树后续资源的;

(四)全市范围内需要集中整治的;

(五)出租汽车驾驶员在中心城区重点区域造成重大影响的;

(六)法律、法规、规章规定应当由市级行政机关负责查处的。

下列情形的城市管理违法行为,由区、县城管执法部门负责查处:

(一)对本区、县有重大影响的;

(二)涉及区、县级管辖河道的;

(三)发生在街道辖区内的;

(四)本区、县范围内需要集中整治的;

(五)出租汽车驾驶员在街道辖区内中心城区重点区域的。

乡、镇人民政府负责查处在本辖区内发生的违法行为,以及在本辖区内中心城区重点区域出租汽车驾驶员违反客运服务管理的违法行为实施行政处罚。

市级管辖河道、区县级管辖河道、乡镇级管辖河道的目录由市城管执法部门制定并公布。

第五条(执法权限)

城管执法部门以及乡、镇人民政府依照《上海市城市管理行政执法条例》第十一条第一款规定的执法范围,实施城市管理行政执法。

除前款规定的执法范围外,城管执法部门以及乡、镇人民政府实施城市管理行政执法的范围包括:

(一)依据水务管理方面法律、法规和规章的规定,对在原水引水管渠保护范围内建造建筑物、构筑物;在海塘保护范围内擅自搭建建筑物或者构筑物的违法行为实施行政处罚。

(二)依据环境保护管理方面法律、法规和规章的规定,对作业单位和个人在道路或者公共场所无组织排放粉尘或者废气;经营性的炉灶排放明显可见黑烟;饮食服务业的经营者未按照规定安装油烟净化和异味处理设施,且未取得相关证照;在噪声敏感建筑物集中区域内从事金属切割、石材和木材加工等易产生噪声污染的商业经营活动的违法行为实施行政处罚。

(三)依据物业管理方面法律、法规和规章的规定,对损坏房屋承重结构;擅自改建、占用物业共用部分;损坏或者擅自占用、移装共用设施设备;擅自改变物业使用性质,以及物业服务企业对业主、使用人的违法行为未予以劝阻、制止或者未在规定时间内报告有关行政管理部门的违法行为实施行政处罚。

(四)依据城乡规划管理方面法律、法规和规章的规定,对未经批准进行临时建设;临时建筑物、构筑物超过批准期限不拆除的违法行为实施行政处罚。

(五)依据建设管理方面法律、法规和规章的规定,对在市人民政府确定的燃气管道设施安全保护范围内，建造建筑物或者构筑物的违法行为实施行政处罚。

（六）依据空调设备安装使用管理方面法律、法规和规章的规定，对在建筑物内的走道、楼梯、出口等共用部位安装空调设备的违法行为实施行政处罚。

（七）依据出租汽车管理方面法律、法规和规章的规定，对在中心城区重点区域出租汽车驾驶员违反客运服务管理的违法行为实施行政处罚。

（八）依据停车场管理方面法律、法规和规章的规定，对机动车驾驶员在中心城区道路停车场违反停车管理的违法行为实施行政处罚。

第二款第七项关于中心城区重点区域的范围，由市政府另行规定并公布。

第六条（违法建筑查处职责）

对《上海市城市管理行政执法条例》第十一条第一款第八项中规定的对擅自搭建建筑物、构筑物的违法行为，由城管执法部门和乡、镇人民政府依据城乡规划和物业管理方面法律、法规和规章的规定实施行政处罚，但当事人取得下列文书之一的，由规划国土资源行政管理部门依法进行管理：

（一）《建设项目选址意见书》；

（二）《建设工程规划设计要求通知单》；

（三）《建设用地规划许可证》；

（四）《建设工程设计方案审核意见》。

乡、镇城管执法机构以乡、镇人民政府名义具体承担对乡、村庄规划区内未依法取得乡村建设规划许可证或者未按照乡村建设规划许可证的规定进行建设行为的查处工作。

乡、镇人民政府拆除行政区域内违法建筑的程序,按照国家和本市拆除违法建筑的规定执行。

第七条(约定管辖和指定管辖)

管辖区域相邻的区、县城管执法部门和乡、镇城管执法机构对行政辖区接壤地区流动性违法行为的查处,可以约定共同管辖。共同管辖区域内发生的违法行为,由首先发现的区、县城管执法部门或者乡、镇城管执法机构查处。

同一区、县内乡、镇城管执法机构之间对管辖发生争议的,由本区、县城管执法部门指定管辖;区、县城管执法部门、乡、镇城管执法机构发生其他情形管辖争议的,由市城管执法部门指定管辖。

第八条(执法协助)

城管执法部门和乡、镇人民政府查处重大、复杂或者争议较大的违法行为时,可以通知住房城乡建设、交通、绿化市容、水务、环保、工商、规划国土资源等有关行政管理部门到场,对违法行为的现场检查和勘验提供协助,有关行政管理部门应当予以配合。

城管执法部门和乡、镇人民政府查处违法行为时,当事人应当按照要求接受调查,并如实提供个人身份或者组织名称的信息。当事人拒绝提供个人身份信息的,城管执法人员可以要求公安机关进行现场协助,公安机关应当派员及时到场协助查明。

城管执法部门和乡、镇人民政府查处违法行为时,需要住房城乡建设、交通、绿化市容、水务、环保、工商、规划国土资源等有关行政管理部门提供下列执法协助的,应当出具协助通知书,有关行政管理部门应当依照规定予以配合:

(一)查阅、调取、复制与违法行为有关的文件资料;

(二)对违法行为的协助认定以及非法物品的鉴定;

(三)需要协助的其他事项。

第九条(案件移送与接受)

城管执法部门和乡、镇人民政府应当与有关行政管理部门建立案件移送机制。对执法过程中发现需要移送的案件,应当自发现违法行为之日起5个工作日内移送。移送案件时应当出具涉嫌违法案件移送函,同时一并移送案件涉及的非法物品等相关物品。

城管执法部门和乡、镇人民政府以及有关行政管理部门对接受的移送案件,应当及时登记、核实处理,并在作出行政处理决定之日起10个工作日内,将处理结果通报移送部门。

第十条(信息共享机制)

城管执法部门和乡、镇人民政府应当与有关行政管理部门建立健全城市管理与执法信息共享机制。

有关行政管理部门应当将与城市管理行政执法有关的行政许可和监督管理信息及时通报城管执法部门和乡、镇人民政府,其中行政许可信息应当自作出行政许可决定之日起5个工作日内通报;城管执法部门和乡、镇人民政府应当将实施行政处罚的情况和发现的问题每月通报有关行政管理部门,并提出管理建议。

公安机关与城管执法部门和乡、镇人民政府应当建立街面社会治安和城市管理动态视频监控信息共享机制。

第十一条（行政处罚条款适用）

对当事人一个行为同时违反了两个以上法律、法规和规章的规定,并且都应当给予罚款的,城管执法部门和乡、镇人民政府适用其中处罚较重的条款给予行政处罚,但有从轻或者减轻情节的除外。

第十二条（送达地址确认书）

城管执法部门和乡、镇人民政府在调查取证时,可以要求当事人填写送达地址确认书,告知当事人填写要求以及拒绝提供可能产生的不利后果。

送达地址确认书的内容,应当包括送达地址的邮政编码、详细地址以及受送达人的联系电话等。

第十三条（文书送达）

城管执法部门和乡、镇人民政府应当依照法律规定,采用直接送达、留置送达、邮寄送达和公告送达等方式来送达法律文书。

城管执法部门和乡、镇人民政府可以根据送达地址确认书的地址,对法律文书以专递方式邮寄送达,并按照有关规定执行。

第十四条（逾期或者拒不拆除违法建筑信用管理和信息公示）

对逾期不拆除或者拒不拆除违法建筑物、构筑物的当事人,城管执法部门和乡、镇人民政府应当将其违法信息纳入本市公共信用信息服务平台,并可以通过政府网站、报纸、微信公众号等,以公告等方式依法向社会公开。当事人为企业的,还应当通过企业信用信息公示系统依法公开。

第十五条（监督检查）

市城管执法部门应当加强对区、县城管执法工作的监督检查；区、县城管执法部门应当加强对乡、镇、街道城管执法工作的监督检查。

城管执法部门可以采取以下监督检查方式：

（一）行政执法日常督察；

（二）行政执法案卷评查；

（三）行政执法专项检查；

（四）行政执法评议；

（五）其他行政执法监督检查方式。

城管执法部门进行监督检查时，认为城管执法人员有依法应当给予行政处分的情形的，可以向其所在单位、上级主管部门或者监察机关提出处分建议。

第十六条（妨碍公务的处理）

对阻碍城管执法人员依法执行职务的行为，有下列情形之一的，公安机关应当及时制止：

（一）围堵、伤害城管执法人员的；

（二）抢夺、损毁被扣押的物品的；

（三）拦截城管执法车辆或者暴力破坏执法设施、执法车辆的；

（四）在城管执法机构办公场所周围、公共场所非法聚集，围堵、冲击执法机构的；

（五）在城管执法机构办公场所内滞留、滋事的；

（六）其他暴力抗拒执法的。

对阻碍城管执法人员依法执行职务的行为，违反《中华人民共和国治安管理处罚法》的，依法予以处罚；使用暴力、威胁等方法构成犯罪的，依法追究刑事责任。

第十七条（执法规范制定）

市城管执法部门应当制定并完善执法程序、执法人员行为规范、行政处罚裁量基准和执法工作相关标准，并向社会公布。

第十八条（施行日期）

本办法自 2016 年 1 月 15 日起施行。2004 年 1 月 5 日上海市人民政府令第 17 号发布，根据 2005 年 6 月 27 日上海市人民政府令第 41 号公布的《上海市人民政府关于修改〈上海市城市管理相对集中行政处罚权暂行办法〉的决定》修正，根据 2010 年 12 月 20 日上海市人民政府令第 52 号公布的《上海市人民政府关于修改〈上海市农机事故处理暂行规定〉等 148 件市政府规章的决定》修正，根据 2012 年 2 月 7 日上海市人民政府令第 81 号公布的《上海市人民政府关于修改〈上海市内河港口管理办法〉等 15 件市政府规章的决定》修正并重新发布的《上海市城市管理相对集中行政处罚权暂行办法》同时废止。

第三章 利用社会治理创新手段
促进城市综合管理研究①

综观世界城市治理实践表明,伴随着经济市场化、信息网络化、社会民主化进程的推进,加大政府、社会、市场、民众等多主体之间的跨界合作,构筑资源整合、信息共享、无缝衔接的整体治理,实现政府治理与社会自治的有机结合与互动,改善城市治理和民生福利水平,成为新时期全球城市治理方式转型的主要趋势。构建条块联动、纵横协调的城市综合管理体制机制,提升城市现代化管理水平,是目前我国推动新型城镇化发展、实现国家治理体系和治理能力现代化总目标的重要保证。

经过多轮"三年大变样",上海持续大规模、高强度的城市建设阶段已过去,如今,管理的重要性愈发凸显,已经到了"管理引领建

---

① 2016 年报告。

设"的新阶段。因此,在人口、土地、环境、安全等底线挑战日趋严重的背景下,紧紧围绕《上海规划 2040》全面建成卓越的全球城市,国际经济、金融、贸易、航运、科技创新中心和文化大都市的总体目标,保障大量已建城市设施高效安全运行、加强城市精细化管理,把低影响开发建设模式贯穿于规划、建设、管理的全生命周期,加快构建与全球城市相匹配的城市综合管理体系,确保城市安全、高效运转,是当今及未来一段时期上海城乡建设和管理面临的新任务。

本课题按照深入贯彻落实中央及上海城市工作会议精神,从城市综合管理与社会治理创新手段之间的基本逻辑关系入手,采用理论分析、实地调研、居民访谈、专家咨询等方法,以"基本管理单元"为新载体,对上海城市综合管理的基本现状特点与存在的治理短板、国内外城市综合管理的主要模式与经验借鉴、利用社会治理创新手段促进城市综合管理的基本思路、对策建议、保障措施等开展研究,旨在提出进一步提升上海城市综合管理水平的相关建议,供市委市府领导决策参考。

一、利用社会治理创新手段促进上海城市综合管理的内涵与意义

(一) 城市综合管理与社会治理创新手段之间的基本关系

1. 城市综合管理的概念

国家在"十二五"发展规划纲要中首次提出"加强城市综合管

理"的要求,对保障城市的安全运行、提高城市的运行效率、方便市民的生产生活将产生深远影响。城市综合管理是指以城市这个开放的复杂巨系统为对象,以城市基本信息流为基础,运用决策、计划、组织、指挥、协调、控制等一系列机制,采用法律、经济、行政、技术等手段,通过政府、市场与社会的互动,围绕城市运行和发展进行的决策引导、规范协调、服务和经营行为。城市管理是对城市的运行、城市功能的发挥和城市的发展进行的"管"和"理"的双重行为。城市综合管理就是对城市这个开放的复杂巨系统中的众多子系统及功能要素综合在一起,通过多种手段,从整体的角度,不断提高城市的社会效益、经济效益和环境效益。一般而言,城市综合管理具有如下几个基本特点:

一是管理要素或管理对象的广泛性。既有城市基础设施、公共空间、城市建设等方面的硬件管理,又有城市营运管理、制度文化创新、公共服务提供、公共政策创新、信息技术应用等软件管理,特大城市巨大的城市人口数量和繁杂的公共事务,使得综合管理工作具有复杂性、高难度的性质。

二是管理主体的多元化和总体利益的一致性。城市综合管理不是政府单方面的事情,更不是某一职能部门所能胜任的事情。与一般专业部门管理相比,城市综合管理最大的特点就是管理主体的多元化和总体利益的一致性,一方面,综合管理需要政府、社会、市场、民众、媒体等诸多力量的参与,特别是一些社会问题,一个部门无法履行有效的管理,而是需要多个部门共同行动,协同管理。另一方面,尽管存在部门利益化倾向,但综合管理工作的终极性、共同利益是相同的,都是旨在为市民创造良好的城市生活环境,维护城市安全,提高生活质量。

三是管理运行过程的全覆盖、连续性。综合管理不是"头疼医头、脚疼医脚",而是从源头出发,努力构筑纵向到底、横向到边的全过程、全覆盖管理,整个管理工作具有显著的链式性、连续性和一体化特性,如针对食品安全管理而言,就是从田间到餐桌的纵向一体化管理过程;针对城市运行管理而言,综合管理就是连接城市设计、建设、管理、运行、维护、更新等全过程。

2. 社会治理创新的基本内涵

创新社会治理是一个系统性的概念,具有多重含义,主要内涵包括如下几点:

(1) 治理主体:从单主体统治走向多主体合作治理。传统的社会管理或城市管理,更多强调的是政府为主的一元化统治,政府主要借助行政资源加以应对和处理社会问题,而社会治理首先强调的是,面对复杂多元的社会问题时,政府要树立"有限政府"的理念,除了发挥政府的主导作用外,更要注重吸纳和发挥市场企业、社会组织、公民个人、新闻媒体等多元利益主体的参与、互动、协作,动用和整合所有社会资源,采用公私跨界合作、社会共治、基层自治等方式,化解社会矛盾,解决社会问题。

(2) 治理手段:从命令式行政手段走向多元手段的综合使用。以往的社会管理或城市管理,主要采取的是自上而下、行政命令、行政规章、控制型的行政手段,体现的是"管理"和"控制",容易形成权力的滥用、边界不清与官民对立。而社会治理创新,强调的是,深化简政放权,采取法律手段(制定新的法律、完善现有不适应现实的法律、废除过时法律等)、经济手段(税收、财政、罚款等)、技术手段(移动互联网、云计算、大数据等技术的应用)、道德手段(核心价值观、责任、诚信、自律等),谋求城市综合管理的合法、合情、合理,促进城市社会的安全、有序和包容。

(3) 治理方式: 从单部门治理走向多部门协同治理。传统的城市管理往往强调的是科层制下各自为政的专业化、部门化管理,利益部门化、管理工作壁垒化成为显著特点,城市治理效果大打折扣。而社会治理创新除了强调发挥社会力量的作用外,更要注重理顺政府职能部门之间或相邻地域政府单元之间的关系,特别是要依靠大数据技术优势,多部门间通过构筑信息数据联通共享的"无缝隙政府",协同解决面临的城市社会问题,增强管理的协同性、整体性和系统性。

3. 应用社会治理手段是提升城市综合管理的新视角

一般而言,城市综合管理问题主要涉及政府职能边界划分、多部门综合管理联动体制安排、综合管理信息平台、综合管理队伍、综合管理支持手段(法律、财税、道德、教育等)、综合管理目标体系等内容,旨在整合并发挥政府、市场、社会的协同力量,分工协作、协同行动,提升城市整体安全、整洁、有序、高效,进而提升民众对政府治理能力和水平的满意度。但根据现有《上海市城市管理行政执法条例实施办法》以及《关于进一步加强本市违法建筑治理工作的实施意见》《拆除违法建筑工作责任追究办法》等规定来看,主要是政府管理部门单方面的改革,尤其侧重不同职能部门管理范围和边界之间的调整，而强调政府职能转变、事权财权平衡、社会力量参与、多部门协同配合、管理标准统一、信息数据共享、基层社区自共治等社会治理改革手段的应用较少，以政府行政管理为主的单一化管理模式并没有发生实质性的变化。唯有充分借助"治理"理念，应用"社会治理创新手段"，重新审视上海的城市综合执法改革和综合管理体制建设，必将拓展新的改革视野、途径和方略，从而全面提高城市综合管理的效率、公信力和满意度。从这一点来说，社会治理创新手段及其应用，是破解上海城市综合管理体制瓶颈、提升综合管理水平的新视野，也是一个重要的突破口、助推力和关键举措。

（二）利用社会治理创新手段促进城市综合管理的重要意义

利用社会治理的手段，促进城市综合管理能力和水平，是贯彻落实中央"四个全面战略""五大发展理念"和上海走出一条符合特大城市发展规律的社会治理新路子的战略需要，具有重大而深远的意义。具体表现在以下三个方面：

1. 继续当好全国改革开放排头兵、创新发展先行者，全面加快建设全球科创中心的战略需要

上海作为全国最大的经济中心城市，在新常态背景下，中央要求上海继续发挥"全国改革开放排头兵、创新发展先行者"，全面加快具有全球影响力的科技创新中心，但在此过程中，城市的治理能力和水平对推动城市功能提升具有重要作用。因此，按照中央城市工作会议"五个统筹"的精神，从国家战略布局和发展大局出发，以

创新为引领，认识、尊重、顺应超大城市发展的客观规律，聚焦解决超大城市发展中存在的突出问题，补齐城市建设与管理中的短板，进一步提升城市管理的系统性、综合性、协调性，全面提升城市综合管理能力和水平，是上海新时期全面实现国家战略目标的需要。

2. 顺应城市发展阶段，确保建设安全、整洁、有序、高效、法治的现代化国际大都市的现实需要

经过近一二十年的发展，上海在强有力的政府规划与政策引导下，城市建设与管理取得了举世瞩目的成就，尤其近年来持续推进城市顽症治理、交通大整治、"五违四必"环境综合整治等工作，成效明显。"十三五"时期，上海发展面临人口、土地、环境、安全四条底线约束，城乡建设和管理必须合理谋划、科学布局，更加突出管建并举、管理为重，更加注重补齐短板和改革创新，更加注重服务和改善民生。"上海城市建设管理已经到了没有改革创新就不能持续前进的阶段。"因此，牢牢把握中央和市委、市政府明确的改革大方向，积极借鉴国内外先进经验，进一步探索完善政府购买服务、PPP、市民参与、社会组织参与、物联网＋、社区自治、文明礼治等社会治理的新模式、新手段，推动从政府单向管理向政府主导、社会多元主体共同治理转变，加快构建符合上海特点的城市综合管理新模式，全面提高城市综合管理能力和水平，是建设安全、整洁、有序、高效、法治的现代化国际大都市的重要依托。

3. 改善民生、激发社会活力，走出一条符合特大城市规律的社会治理新路子的需要

城市建设管理的核心目标是改善人民群众的生活质量，激发城

市人文关怀和包容,实现"城市让生活更美好"的愿望。特大城市要素结构的多样性、各类关系的复杂性、各个系统的高关联性和各类隐患风险的易发多发性,决定了缺乏社会参与的政府型管理,终究无法实现城市管理的高效化和精细化。唯有按照"共商共议、共建共享"的原则,充分发挥"社会治理、公众参与"的优势,在住宅小区治理、绿化建设管理等领域,通过政府购买服务等新手段,引入市场企业、社会组织的力量,从而激发社会活力,促进广大市民和社会力量积极参与城市建设与管理,才会真正走出一条符合特大城市规律的社会治理新路子。

(三)基本管理单元:利用社会治理手段进行城市综合管理的新型载体

社会治理创新手段的应用与城市综合管理体制改革之间的融合,需要在具体的行业治理实践(交通大整治、拆违、人口调控等)抑或具体的地域空间(区、县、街道、镇、乡村等)中加以直接的贯彻落实、落地,否则新一轮城市综合管理难以取得应有的创新性效果。2014 年上海市委一号课题,针对本市城市化区域中暂时不具备析出街道条件、常住人口 2 万以上、集中城市化面积 2 平方公里以上的区域,采取"基本管理单元"的新型管理方式,即城市化区域非行政层级的管理服务资源的承载和配置单位,以"3+3"为重点配置公共管理服务资源,建立社区事务、社区卫生、社区文化三个服务平台,推动公安、城管、市场监管三支执法力量下沉,更好地服务群众。目前,全市确定了 67 个基本管理单元。这一空间单元既然是非行政层级的管理服务资源的承载和配置单位,就为利用社会治理创新手段开展综合管理提供了良好的基础和条件,尤其是在社会化(政府购买服务的方式、社会组织参与)、自治化(基层自治、小区自治、道德教育)、跨部门化(多方资源协同下沉)等方面,有可能做出更大力度的改革与创新,以便取得更加明显的管理成效。

二、上海城市综合管理与社会创新的治理探索与问题

改革开放近 40 年来,上海城市管理工作始终按照上海城市经济社会发展的需要,坚持改革导向,积极探索,勇于挑战,在具体的城市管理实践中取得了诸多丰硕成果,积累了宝贵的经验。但随着十八届三中全会以来要求实现国家治理能力和治理水平现代化日益迫切,我国城市,特别是特大城市发展水平逐步提升,城市管理领域也出现一些新问题亟待解决。

(一) 上海城市综合管理与社会治理创新的探索

改革开放以来,上海率先探索城市综合管理与社会治理创新。在城市综合管理领域,上海在 1977 年即开始探索综合管理方式,为了整顿马路、交通和市容,上海市成立了"三整顿"领导小组和办公室,这是上海第一次在市政府领导下通过多部门合作,进行综合执法。

20 世纪 90 年代以后,上海城市综合管理体制、管理长效机制都有所发展。1990 年,上海开始探索由巡警执行城市综合管理任

务,重点对乱停车、乱占路、乱设摊等问题进行整治。1994 年,上海成立公安局巡警总队,在执法层面上探索一警多能的城市综合管理模式。90 年代末,上海在街道层面组建监察队,对城市道路、园林、环卫等 6 方面城市管理内容进行综合执法。

　　20 世纪以来,上海城市综合管理体系越来越完善。2005 年,上海市城市管理行政执法局成立,它是全市城管综合执法的行政管理部门,上海形成了较为完整的市、区(县)、街道(乡镇)三级城管综合执法体系。2014 年底以来,上海又根据城市发展的具体情况,根据"属地化"原则对城市管理综合行政执法执法权进行下沉,并构建了适应街镇具体情况的基层城市综合管理模式。

表 1　上海探索城市管理综合执法的情况

时间	执法主体	综合执法范围
1978 年	市、区"三整顿"办公室	市容环卫、市政、园林、房管、公安交通、爱国卫生、工商管理
20 世纪 80 年代	各专业行政管理机构	
1990 年初	公安巡警	交通、治安、消防、市容、环卫、市政、环保、园林以及工商经济管理
1990 年末	街道监察队	市容、环卫、环保、市政设施、绿化管理,同时对违法建筑、设摊、堆物、占路进行处罚
2002 年	各区城市管理监察大队	市容、绿化、市政、环保、水务、公安交通、工商、房地、规划、建设管理

续　表

时间	执法主体	综合执法范围
2008 年	市、区城管执法局	绿化、环卫、市政、环保、水务、工商、建设、房屋、规划等
2011 年	上海城市管理行政执法总队、区县城市管理行政执法局执法大队	绿化、环卫、市政、环保、水务、工商、建设、房屋、规划等
2014 年	上海市城市管理行政执法局、区县城管行政执法局	绿化、环卫、市政、环保、水务、工商、建设、房屋、规划等,具体执法内容 430 余条

在社会治理创新领域,20 世纪 90 年代,上海率先探索"两级政府、三级管理、四级网络"的社会治理模式,逐步下移管理工作重心,下放社会管理权力,下沉服务管理资源,并率先在卢湾区和长宁区引入网格化管理方式,探索高科技与社会治理相结合的创新模式。

2004 年,上海市委通过了《中共上海市委关于加强社区党建和社区建设工作的意见》,通过社区党建全覆盖、社区建设实体化、社区管理网络化,对社会治理创新积极探索。上海社会治理创新在完善社区服务,创新社区管理,夯实基层基础,推动社区共治、自治等多个方面全面展开。

（二）上海城市综合管理与社会治理创新的成果

改革开放以来,上海城市发展水平始终领先全国。在城市管理领域,上海也是推动城市管理改革的排头兵。在具体工作实践中取得了受人瞩目的成绩。

1. 强化综合执法提高城市管理效率

（1）城管综合执法范围逐步扩大。从执法内容看，目前城市综合管理涉及绿化、环卫、市政、环保、水务、工商、建设、房屋、规划等十大领域，430项管理内容，管理综合程度高，涉及范围广。从执法区域看，一方面，城管综合执法已经拓展到上海城乡各个区域；另一方面，城管综合执法已从街面深入到社区、楼宇。从执法时间看，上海城管综合执法已经拓展到全天候24小时。

（2）有效避免重复执法。如违章搭建，其执法原分别属于规土、房管等不同部门，现在统一到城管执法局。

（3）队伍素质提高，提升管理效率。2016年，上海城管一线执法人员中硕士学历人数已达282人。本科及以上学历为5 315名，占总数的71.2%。

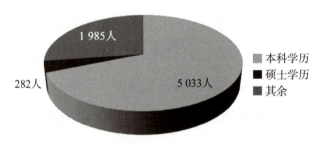

1 985人

282人

5 033人

本科学历
硕士学历
其余

图1　上海城管执法人员学历情况

2. 利用科技化手段提升城市管理水平

（1）率先实现城市管理信息化。2005年，上海率先在卢湾、长宁两区试运行城市网格化管理，随后逐步形成全市1（市级平台）＋17（区级平台）城市网格化管理平台，在基层城市管理中，截至2015

年年底,上海 220 个街镇中 160 个已完成街镇网络化平台建设。

(2) 积极探索网格化为基础的社区管理模式。上海城市网格化管理模式的特点是依托信息技术手段,通过单元网格将"块"和"条"的职能整合,加强对单元网格中部件和事件的巡查,建立监督和处置相分离的主动发现、及时处置城市管理问题,提高政府管理效能。

(3) 以网格化平台为基础构建多部门参与的城市综合管理体系。在近年来城市管理综合执法体制改革以后,依托网格化平台构建了"1+1+1+X"体系,即"一条热线、一个平台、一支队伍、X 个行政管理部门"的城市综合管理工作体系。

3. 优化体制机制加强城市管理能效

2014 年年底以来,为适应上海社会主义国际大都市建设和国际科技创新中心建设,上海在城市管理领域推进新一轮综合执法体制机制改革。一是单列设立城市执法管理机构。成立城市管理执法局,理顺市层面和区县层面城市管理执法机构。二是以"属地化"建构基层城市管理综合执法模式。在街镇分别形成了基层执法队伍"区属街管街用"和"镇属镇管镇用"两种模式,执法力量进一步下沉。三是执法资源配置更为合理。执法力量配备更多考虑城市区域特点,使得郊区一批大镇得到了较为充实的力量配备。

4. 创新社会治理突出政府服务职能

一是设立基本管理单元加强郊区城市化地区城市管理。在郊区已经城市化,但尚不具备设立街道条件的地区,建立基本管理单元,进行管理服务资源配置。以此对东公安、城管、市场监管三支执法力量下沉。二是积极创新基层社会管理。上海在基层社会治理创新中，积极探索社会管理的综合化，如徐汇区通过建立"一门式"的行政服务中心，简化社会管理流程。三林镇通过引入"监督员"制度，形成基层干部对党委领导的监督作用。三是基层自治组织和载体纷纷涌现。出现了一批村（居）民自治小组、弄管会、民管会、大楼自管小组、民情恳谈会、村（居）民议事中心、堂客汇、睦邻点、群众团队等自治载体。四是社会共治局面逐步形成。中心城区初步建成以区域和党建、网格化管理、社会代表大会或社区委员会为主体的共治平台体系。一些"镇管社区"探索形成社区党委、社区委员会、社区（管理）中心的"两委一中心"共治载体体系。

浦东三林镇引入"监督制度"创新社会治理

三林镇为了解决群总反映强烈的城市建设和社会管理问题，推出从严治党16项举措，其中"监督员制度"受到了各居民区党总支书记的欢迎。三林镇党委中心组开展集中学习时，都会邀请5名基层党组织书记作为监督员参与旁听。这项创新举措一方面让三林镇党委中心组在进行集中学习时，避免了形式主义，并且更加有的放矢。另一方面让镇领导在进行决策时，能直接听到基层的声音。

徐汇区行政服务中心增强政府服务职能

徐汇区行政服务中心是中心城区最大的行政服务中心，通过对区域事物进行"一门式"受理,使 24 个职能部门的 327 项行政审批和公共服务事项集中。企业要登记注册,以往不仅要跑多个部门,审批到哪一步也无从所知。徐汇区行政服务中心将全区 73 个部门审批系统接入数据中心,使跨部门、跨层级办理成为可能。中心首创的"一窗两席"办事流程,企业办理多项事务,在一项事务由相关职能部门审结批准以后,可以直接交给其他部门继续办理其他业务。

中心还采用延迟办理亮红灯等方法,市民将材料递交到中心后,审批流转过程会及时显示在大屏幕上,绿灯亮,说明审批事项在时限内正常流转;红灯亮,则表示已超过"限时 4 日"办理的期限了。市民看见红灯亮起,有权直接催促办事部门。

此外,徐汇区行政服务中心承诺:所有入住中心的行政单位所有事项都可以在网上完成预约登记,打造"不打烊"的政务服务。

(三)存在的短板

作为世界瞩目的全球城市,未来上海城市发展要求越来越高,城市管理的压力也将大幅增强。从全国层面看,在我国实现民族伟大复兴的征程中,上海将代表国家深度参与国际竞争,提升国家在全球范围内的话语权。从区域层面看,长三角城市群已经成为世界级城市群,在未来的发展中,上海在长三角城市群的引领作用将越来越突出。从自身发展看,上海城市发展将定位于卓越的全球城市,建设令人向往的创新之城、人文之城、生态之城。在这样的高要求下,上海城市管理将更趋科学化、精细化。面对城市发展的高要求,目前上海城市综合管理水平仍有待提高。

1. 城市综合管理方式较为单一

(1)城市管理较为依赖末端管理。城市管理往往忽视源头治理。强调执法必然导致城市管理关注违法行为的结果,而忽视违法行为的成因。在城市管理中往往不能通过切实解决造成违法行为的成因,通过源头治理从根本上解决城市管理顽疾。比如黑车违法营运问题,其起因是城市交通运能无法满足市民出行需求,简单取缔黑车,并不能从根本上解决问题,反而导致违法营运层出不穷。

(2)城市综合管理中突击整治方式依然盛行。一方面这导致城市管理追求短期效应,忽视长效机制的确立,另一方面突击整治往往通过行政手段发起,忽视城市管理依法治理的运用,这会导致法制手段的弱化,也会削弱城市管理的正当性。

(3)基层社会治理发展还不充分。首先,基层社会治理体制制约社会治理创新。以中心城区社区治理为例,社区治理主体包括居委会、业委会,甚至物业公司,这些组织或单位作用重叠,甚至相互制约,影响基层社会治理创新。其次,人民群众对基层社会治理参与度不够。社会治理对于人民群众的吸引力不足,其原因包括社会治理推进过程中没有把人民群众需求和城市管理目标相结合。最后,基层社会治理新模式推广力度不够。实际上上海在基层社会治理中积累了一些宝贵经验,也涌现出一些社会治理创新的新模式、新方法,然而在推广这些方式过程中,没有考虑不同地区的差异,影响推广效果。

美国在城市管理中引入市场机制

美国城市政府的权力和可以利用的资源相对有限,为了在有限的资源条件下提高治理的效率和效益,美国城市政府将行政部门的主要精力投入到政策研究和强化城市政府的服务、指导、协调、监督职能上。同时,积极引入市场机制,充分调动企业的积极性和创造性,整合城市区域内的社会资源。在治理方式上合理授权与分权,使市场运作机制深入到城市治理的方方面面,形成政府与市场、政府与企业之间的良性互动。

在社会职能的履行方面,美国城市政府运用市场机制,以"小政府、大社会"的模式,将部分职能配置给中介组织,减轻政府的负担,降低运作成本,同时提供更多的公共服务产品。以美国的基础设施建设为例,其政府利用市场运作的方式主要有:一是政府出钱企业建设;二是委托企业经营;三是特许企业经营。

2. 城市管理体系行政过强

(1)城市管理纵向体制有待明确。2014年年底以来,上海对城市管理综合行政执法体制进行调整。然而市级城管执法局、各区城管执法局、基层城管执法机构相互管理以及各自在上海城市管理中的作用在城市管理实践中依然不够明确。城管执法力量下沉到街镇以后,是否保留跨区域执法力量,各区的做法也不尽相同,由此引申出的区级城管机构和街镇城管队伍相互作用和分工也不明确。

（2）城市管理跨部门协调依然不畅。城市管理涉及诸多管理部门，虽然目前城市综合管理的任务主要由城市管理执法局等几家政府部门承担，但是城市管理从广义上涉及所有政府部门，但是履行城市综合管理的政府机构在与其他专业管理部门联动的过程中，却由于行政管理体制的分割，影响部门间的合作，从而制约城市管理效率的提升。比如城管执法部门往往需要专业部门合作进行违法行为认定，在这些环节依然专业管理部门不配合等问题。

南京改革基层管理体制和运行机制的做法

遵循"精简、统一、效能"原则，优化街道机构设置，归并相近职能，综合设置党群工作、经济服务、城市管理、社会管理（政法综治）等服务管理平台，清理并大幅压缩在街道设立的各类非正式机构。因地制宜设置综合服务管理平台，设立街道便民服务中心，2015年改造建设街道便民服务中心30家。出台便民服务中心公共服务通用目录，规范全市便民服务事项，统一服务标准。街道便民服务中心覆盖范围内的社区，清理收回行政服务事项，下放涉及居民日常生活的服务管理权限。全面推行网格化服务管理模式，将全市划分成103个一级网格、1 223个二级网格、8 355个三级网格，建立全覆盖的工作体系，研究制定网格化服务管理标准体系，推动资源下沉、服务前移，建立扁平化的政务服务运行机制。

（3）与城市综合管理相关的信息共享体系不完善。城市管理相关部门之间信息沟通不畅，对管理信息未构建可共享信息库，城市综合管理无法实现精准化。网格化平台信息整合功能没有显现。网格化平台的信息化主要体现在信息采集，即通过视频信息了解基层社会情况，但是网格化平台信息数据库并未覆盖城市管理各领域，工商管理、户籍管理等信息并未在网格化平台实现共享。

3. 城市管理力量亟待丰富

（1）行政性管理力量不足。一方面，城市管理综合行政执法队伍虽然在人员编制上有所调整，对执法力量空间分布进行合理布局，但是随着执法时间拓展到全天候，执法区域由街面深入社区，执法内容增加到 430 项，执法力量薄弱的问题依然严重。另一方面，尽管执法队伍逐步吸纳了一批优秀高素质人才，但是执法人员老龄化、执法队伍女性多的问题依然存在，执法人员素质依然难以满足较高的城市管理要求。

（2）城市管理没有吸纳更多社会力量的参与。首先，社会组织在城市综合管理中的作用不强。政府吸纳社会组织参与同城市管理相关的社会治理创新能力不足，没有发挥行业组织等社会组织在城市管理中的"自组织"能力。其次，城市管理对企事业单位吸引力不强。中心城区许多社区往往是企业园区、商业区和社区混合，缺乏有效社会治理手段将企事业单位吸引到城市综合治理中，使社会各种力量形成合力，有效提升城市管理水平。再次，政府购买服务规范性不强。城市综合管理领域以市场化方式购买服务，内容较为单一，且缺乏规范性。目前城市综合管理购买服务主要有城管执法辅助(协管)等内容,但每个基层城管机构购买服务方式不同,有些通过向保安公司购买,有些自行招募辅警,政府购买服务缺乏统一性、规范性、严格性。

东京引入社会力量参与城市管理

东京政府在城市运行环境管理的各个领域和环节都十分重视各种社会力量的积极参与。如在垃圾管理中,制定颁布了"促进循环型社会建设基本条例",从源头上强化市民和各类社会组织的责任。不但市民必须在日常生活中履行环保责任,减少不必要的生活垃圾;企事业单位也必须履行"生产者扩展责任",即将解决垃圾问题延伸到产品生产制造阶段,在产品设计和制造过程中强化环保概念,使产品使用后更方便回收利用,减少垃圾量。在城市绿地及公共园林的维护上,很大程度依赖于民间志愿者。政府建立了针对个人和机构的绿地维护志愿者注册系统,统一对有志于参加城市绿地维护志愿行动的个人和团体提供指导和管理,并推行统一的培训计划。此外,在环境影响评估体系中,政府设立市民反馈意见提交程序,规定有必要时举办听证会,讨论市民对具体项目环境评估的建议。很多城市环境建设领域都建立了信息公示、意见表达、监督反馈等机制,很好地发挥了非政府力量在城市管理中的作用。

三、利用社会治理创新手段促进城市综合
管理的基本思路及对策建议

目前,上海在城市综合管理虽取得了一定的成绩,但还应当在细节之处仔细斟酌。习近平总书记多次就创新社区治理体制作出重要指示,提出:"城乡社区处于党同群众连接的'最后一公里',要转变思维方式,实现从管理向治理转变,激发基层活力,提升社区能力,形成群众安居乐业、社会安定有序的良好局面。"基于此,下一步上海应将"重心在城乡社区、根本是转变政府职能,关键是社会多元主体参与"作为下一阶段社会治理的基本思路,并朝着这个方向前行。

首先是政府职能转变。加强与创新社会管理的关键点和落脚点在于政府执政理念和职能的转变。在社会管理领域,政府要正确定位,不能"失位""错位""越位",政府的边界应该是"市场之外、阳光之下、人民之中"。正确引导社会走向公平正义,在做大蛋糕的同时,分好蛋糕,逐步解决贫富悬殊、城乡二元、地区差距,形成良性的可持续发展格局。

其次是改善社会管理体制,应积极调动社会力量协同社会管理,做到社会协同、公众参与的社会管理体制。要从党委政府"独唱"向多元主体"合唱"转变。社会主体的多元参与,能够较好地提升城市自我管理水平,畅通社会建设的渠道,同时还能拓展社会共建领域,有效弥补政府职能的缺位,满足公民自身的需求。

再次是完善社会管理手段,集思广益推进社会管理信息化建设、法治建设及诚信体系建设,将建设先进城市的理念溶于社会管理之中。可充分利用网络以及媒体,通过宣传、微信平台发布、微博平台发布,调动公民社会治理的积极性。同时建立健全诚信体系,严惩失信人员,整治社会"不诚信之风"。

2010年以来,上海全面推进面向未来的智慧城市建设。同时在《上海市推进智慧城市建设"十三五"规划》中提出,到2020年,上海信息化整体水平继续保持国内领先,部分领域达到国际先进水平,初步建成以泛在化、融合化、智敏化为新特征的智慧城市。智慧城市的理念已经逐步渗入城市综合管理之中,并取得了一定的成绩。在现代化科技,特别是信息技术高度发达进步的时代,这无疑为城市的综合管理提供了新的机遇,为引领城市管理变革提供了新视野。上海这座现代化城市的内在结构和功能决定了管理的方式、方法必须屏除传统的管理模式。应充分集成市政基础设施、城市交通、市容景观、环境保护等城市管理中所涉及的众多领域,统筹规划政府职能、市场职能以及社会职能,确立一系列的科学管理原理和基本原则,以达到城市综合管理的最佳目标。

(一) 转变政府管理职能

转变政府职能是中央根据我国经济发展形势而提出的旨在稳增长、控通胀、防风险,继续保持经济持续健康发展的重大举措,是经济社会发展到这一阶段的客观要求。近年来,上海市积极响应中央相关政策规定,及时推进政府职能转变工作,打造服务型政府进行了积极探索。根据《中共中央关于全面推进依法治国若干重大问题的决定》具体要求,依法治国是实现国家社会和治理能力现代化的必然要求。

上海肩负着建设具有国际经济、金融、贸易、航运中心功能的现代化国际大都市的历史重任,面临着经济全球化进程的加快进一步转变政府职能显得更为迫切。2014 年,上海将"创新社会治理、加强基层建设"列为市委"一号课题",深入调研并形成"1+6"系列文件;2015 年,一系列政策举措正落地生根,基层种种变化让人振奋。社会治理改革这场考验落实与创新能力的大考中,上海,必将继续贡献自己的智慧和力量。今后上海在创新社会治理方面的政府职能转变有以下思路:

科学定位政府社会管理职能。亟需厘清政府与市场、政府与社会、政府上下级及各部门之间的权责关系。

在政府与市场之间,针对政府与社会资本合作日益频繁的现在,有必要通过立法明确社会资本提供公共服务的空间、方式和标准,以及政府相应的监管职责。李克强总理在"全国推进简政放权放管结合职能转变工作电视电话会议上的讲话"中指出,"要坚持职权法定原则,加快建立'三个清单',划定政府与市场、企业、社会的权责边界。以权力清单明确政府能做什么,'法无授权不可为';以责任清单明确政府该怎么管市场,'法定职责必须为';以负面清单明确对企业的约束有哪些,'法无禁止即可为'"。

在政府与社会之间,面对新型城镇化大力推进的现实,针对基层自治组织日益行政化的状况有必要通过立法明确基层自治组织的活动领域和规则，助推基层多元协商、共同治理格局的形成。具体而言，社会组织是指由公民自发组成，为实现组织成员的共同理想，并按照其内部章程开展活动，以便实现组织的宗旨和目标的非营利性社会团体。政府作为社会公共事务的管理者，一要努力培育社会组织的成长，二要充分发挥社会组织的作用。构建政府与社会组织之间良性互动关系，对建设服务型政府、推动公共管理社会化进程、促进经济社会又好又快发展具有十分重要的意义。

在政府上下级以及部门之间，针对"权力下放"的行政管理体制新格局，有必要通过立法将这一体制改革政策加以落实，并借此进一步厘清各政府部门之间的权责关系，理顺机构之间的组织体系，明确行政执法程序。

依照上述思路，上海在创新社会治理的政府职能转变方面可有以下的改变：

一是建章立制增强政府综合管理能力。我国目前基本公共服务的供给主要依赖自上而下的行政体制。为此，要求服务目标指标化、明确化，而服务的质量通常也与上级规定的操作程序的明确性和配备资源的充裕性相关。然而政府过于模糊的政策性规定可能会影响基层的执行效果；规定过细也会造成机械性，使得信息不能充分流动。如市委"1＋6文件"中较大篇幅涉及政策性的规定，这给各街道留有一定的自主创造空间。但同时也导致一些街道对探索社区自治模式存有顾虑，在具体工作中宁可等一等，处于观望状态。这种管理社会事务的方式使得社区无法施展拳脚，很难有所创新的突破，为此政府不宜再适用大包大揽的方式对社区自治进行管理。换言之,政府职能需转变,首先应厘清政府的角色和职能。加快理顺政府与城市社区关系的步伐,推进服务型政府的建立和完善。政府区别于社会居委会、街道,社区居委会是社区居民自治组织,在社区中居民实现自我教育、自我管理、自我服务和自我监督。它负责处理城市社区中的内部事务和公益性事务,维护社区居民的基本利益,而政府是起着指导、引导的作用,是组织和规划者和宏观调控者。其次应厘清工作清单,为社会居委会、政府、街道制定责任清单与权力清单,建立权力清单与责任清单,一来有助于防止滥用职权。权力清单正是将权力的程序、环节、范围作出明确的规范,厘清权力的边界,使得权力的行使处于合理合法的界限之内,保障权力的运行真正落到实处。二来有助于减少腐败机会,打破暗箱操作。事实表明,权力运行过程的不透明、不公开。权力行使结果的公平性和公正性就难以得到保障,公权力就会产生异化。明确职权依据、界定职责主次、限定负面行为。依照各单位的角色和职能,给予相应的定位,鼓励各单位在职责范围内进行创新,不再束手束脚,停滞不前。在制定之后还要晒出权力清单与责任清单,接受各方监督,强化审批程序公开透明,从实际出发,在实践中不断创新,不断完善,最终形成决策科学、执行坚决、监督有力的行政权力运行体系,打造"有限、有为、有效"的现代政府。只有这样才能让简政放权、转变职能不再停在表面,而是落到实处,惠及群众。再者优化中心岗位,每个工作人员明确自己岗位工作,避免以往重复劳动,做到各司其职。应对上述内容制定实施细则以及相应制度,才能厘清各单位、各人员肩负的职责,真正地增强政府综合管理能力。

专栏 1　强化街道办的社会治理基础地位

南京市为突破体制机制障碍,全面推进街道和社区改革创新,制定出台了《深化街道和社区体制改革实施方案》,积极推动街道办事处中心化改革。出台《南京市街道办事处工作职责清单》,明确街道办在统筹城市管理、指导社区建设、组织公共服务、创新社会管理和维护和谐稳定、服务经济发展方面的 30 项工作职责。按照"权随责走、费随事转、事费配套"的原则,确立街道办在属地城市管理中的基础地位、统筹职能和保障作用,理顺街道和职能部门的权责关系,将执法权限、执法力量下沉到街道办,强化街道组织协调综合执法的职能。明确涉及地区性、综合性工作需要职能部门依法处理的,由街道办事处负责统筹协调、督促落实。强化群众满意度评价,街道、社区考评中群众主观评价权重分别不低于 50%、70%。

二是让渡政府购买公共服务的空间。让渡空间、提供资源,是社会组织协同参与社区治理必要的前提和条件,要以制度安排推动政府公共服务提供从"操作者"向"掌舵人"转变,尽快出台政府职能转移目录。加强综合改革的顶层设计,列出向社会转移职能和购买服务清单,编制年度购买服务目录,明确哪些职能和服务应交由社会组织承担和提供,推动职能部门"壮士断腕"、简政放权,使资源下

沉与工作重心下移、事权下放同步。完善政府购买服务机制。向社会组织购买服务,目的在于提高公共投入的使用效率,吸纳社会资源参与。从现行的公共财力支出结构看,购买公共服务的资金仍然偏少,要把政府购买社会服务支出占公共服务支出的比例作为约束性指标,进一步明确市、区、街购买公共服务的责任和资金分担比例,建立稳定的资金保障机制。改革公共资金投放方式。厘清基本公共服务和非基本公共服务,有序、适度扩大非基本公共服务投入,并把购买服务产品的决定权交给基层和社区居民,增强社区服务的计划性、规范化。学习借鉴广州、深圳经验,建立街道社区服务保障金,由街道和社区根据居民需求,统筹安排、组织购买服务,提高服务产品的针对性、有效性。政府是提供公共服务的主体,但不是唯一主体。上海作为国际化的大城市,有广泛的社会公益基础,要借助经济发展的优势,通过政府投入引导,发展基金会等支持型社会组织。放宽限制,允许街道和社区建立公益基金,向社会募集服务资源,为社会组织参与社区治理提供多元的资源。

扶持发展社区生活服务类和公益事业类、慈善互助类、专业调处类社会组织。制定政府购买服务指导目录和承接社区服务的社会组织指导目录。政府购买服务是出于社会公共服务组织权利的维护:一则可保持社会公共服务组织体应有的主体独立性而非职能授予下的非独立性,二则可明确服务的事项而并非事务的随意指定。社会组织是社会共治的重要主体,是社会服务的重要提供者。尤其是随着经济社会的发展,政府提供的基本社会服务难以满足群众日益多元化、个性化的需求,社会组织一方面可以发挥在寻找、整合、利用各类资源时的优势,运用其特有的专业理念、专业方法、专业能力,为优化基层社会服务提供有益补充;又可以通过承接政府转移出来的基层社会服务项目,为政府加快职能转变,从"大包大揽"走向"有限政府"提供积极支持。同时,社会组织的发展有利于分散的"社会人"再组织化,其所秉持的"助人自助"价值观对于促进社会健康发展也有积极作用。

除此之外还应当注重对环境基本公共服务的购买,尤其是环卫园林等的社会购买服务。上海市人民政府办公厅于 2015 年 2 月 25 日发布的《上海市 2015 年—2017 年环境保护和建设三年行动计划》通知对上海城市的环境改善制定了环保三年计划,该计划强调本市正处在建设"四个中心"的关键时期和创新驱动发展、经济转型升级的攻坚期,环境保护形势依然十分严峻,环境质量与国家标准、市民期盼和社会主义现代化国际大都市定位仍存在较大差距。为贯彻落实党的十八届三中、四中全会精神,加快推进本市生态文明建设,加快改善生态环境质量。环保,政府当然有责。环境公共服务由政府"按照效果"来购买服务,恰恰可以防止"雁过拔毛"。政府购买服务,也是向服务型政府转型的题中应有之义。政府要逐步学会抑制自己花钱的冲动,政府的钱,取之于民,当用之于民,如何用好纳税人的钱,服务二字,是要义。从这个意义上说,倒不妨把政府购买环境服务乃至各级政府厘清"发展与环境"之间的关系,作为政府转型的一个突破口和风向标。

专栏2　推进政府向社会组织购买服务工作

推进政府向社会组织购买服务工作。北京东城区建国门街道依据市区关于政府购买社会组织服务的相关精神,研究制定了街道购买社会组织服务实施办法,明确了购买内容、购买主体、承接主体、购买程序及保障措施。系统梳理街道工委、办事处各业务科室工作,筛选出更适于由社会组织承接的内容,形成街道级政府购买社会组织服务项目库。举办社会组织承接政府购买服务项目洽谈会,引进专业社会组织解决社区专业服务问题,鼓励社区社会组织承接需要发动群众参与的一般性问题,引导其在项目实施过程中丰富经验、提高能力。

企业参与,为社区微公益项目提供资金支持。广东省珠海市香洲区街道积极整合、多举措挖掘社会资源,争取企业的资金支持,获得更多社会资源用于微公益项目发展和运作。珠海拱北街道积极整合、着力挖掘社区资源,探索"政府＋社会精英＋企业公益事业"发展模式,引进恩派机构,开展社区建设＋拱北社区基金项目,同时结合香洲区民生"微实事"项目申报的契机,探索推进社区微公益项目,积极申报各类扶持项目和公益资金,全力挖掘社会资金的投入,为打造社区微公益项目提供经费支持。

三是加强政府购买服务的监督评估。目前市场化手段在上海城市综合管理中的运用存在欠缺,尤其是在政府购买服务方面规范性不强。目前缺乏规范政府购买社会组织公共行为的法律制度。2003年实施的《政府采购法》规定政府采购范围包括货物、工程和服务,其中"服务"仅限于政府自身运作的后勤服务,公共服务并没有被列入采购范围。虽然明确规定,政府购买服务要通过公开招标、公开竞争的方式进行,但目前多数购买服务仍属于政府有关部门与相关社会组织直接协商或委托的结果,真正通过公开招标挑选承接公共服务社会组织的尚属少数。

为能更好地监督政府购买服务,建议建立事前、事中、事后的监督机制,引入第三方评估机制,形成内部监督、财务监督、审计监督以及社会监督相结合的体系,严格资金监管,规范工作程序,提高服务的质量。第三方评估机构代表社会行使对社会工作服务的监督和评价职能,其自身工作也应做到公开透明,接受参评对象和社会公众的监督。根据《指导意见》精神,评估委托方或主管部门要定期汇总第三方评估信息,及时公布第三方评估机构信息、评估方案、评估标准、评估程序和评估结果,提高评估工作透明度。同时,建立与评估结果相对应的奖惩机制,真正发挥第三方评估在促进服务质量提升中的作用。同时,需要进一步完善政府购买社工服务体系中第三方评估的体制机制,在购买服务招标过程中,同步配套专业评估工作,在社工服务开展之初即确定评估标准和程序,方能真正发挥评估工作对服务的规范和引作用。

四是政府应引导社会"自组织"参与到社会公共服务之中。政府应为人民群众提供公平、可及的公共服务。增加公共产品和公共服务供给,政府不能唱"独角戏",要创新机制,尽可能利用社会力量,并搞好规划、制定标准、促进竞争、加强监管。目前政府对社会"自组织"的引导力度不够。现有行政体制无法完全满足群众解决实际问题的需求,是滋生社会"自组织"倾向的土壤。因此当前对于社会"自组织"的态度不应当是阻止,而应重在引导,通过嵌入、吸纳、参与等方式,使社会"自组织"行为成为新时期群众工作的新渠道。所以政府要调动企业和社会组织的积极性,正确地引导他们通过委托、承包、采购等方式将社会公共服务供给交由他们承担;确需政府参与的,要实行政府和社会资本合作模式。即使是基本公共服务,也要尽量这样做。我们既要努力提供充裕的公共服务,更要增强公共服务的公平性和可及性。

五是政府要简政放权,增强社区自我管理、服务、教育的自治功能。《居民委员会组织法》明确规定街道办事处与居民委员会是指导关系,而实际上多数成为领导关系,因此,不要简单把居委会作为街道办事处政府工作的延伸,改变居委会越来越多的行政化的倾向,使居民自治组织有能力成为帮助居民解决工作、生活、社会问题的自治组织。街道办事处要为居委会减负,不要把所有的工作都摊派给居委会,造成基层工作量大、工作压力大。应当将社区治理权力逐步交由居民,如美国的社区治理一直被认为是一种公民自治的典型形态,社区并不是作为政府的一个基层管理单元(行政区划)而存在。联邦各州乃至各个市、镇,都有其独特的社区治理方式,但是社区发展和管理上,基本都采取了"政府负责规划指导和资金扶持,社区组织负责具体实施"的运作方式。他们将具体事务交给社区组织和民间团体,政府只负责宏观调控。在社区的日常运作中,社区委员会、社区主任、专业社区工作者、非营利组织和社区居民、志愿者均是社区治理的主体,对社区建设和社区发展负有职责和义务。

专栏3　改革基层管理体制和运行机制

南京市遵循"精简、统一、效能"原则,优化街道机构设置,归并相近职能,综合设置党群工作、经济服务、城市管理、社会管理(政法综治)等服务管理平台,清理并大幅压缩在街道设立的各类非正式机构。因地制宜设置综合服务管理平台,设立街道便民服务中心,2015年改造建设街道便民服务中心30家。出台便民服务中心公共服务通用目录,规范全市便民服务事项,统一服务标准。街道便民服务中心覆盖范围内的社区,清理收回行政服务事项,下放涉及居民日常生活的服务管理权限。全面推行网格化服务管理模式,将全市划分成103个一级网格、1 223个二级网格、8 355个三级网格,建立全覆盖的工作体系,研究制定网格化服务管理标准体系,推动资源下沉、服务前移,建立扁平化的政务服务运行机制。

(二) 改善社会管理体制

改革是发展的动力,创新是进步的灵魂。创新社会管理是积极适应经济社会发展变化的客观要求,是构建社会主义和谐社会的必然选择,也是进一步解放思想、更新观念、与时俱进的有力举措,对于巩固党的执政地位、维护国家长治久安、保障人民安居乐业,具有重要意义。上海市委一号课题强调了"创新社会治理加强基层建设"关于"做实基本管理单元"的要求。所谓的基本管理单元是在本市郊区城市化区域集中连片、边界范围相对清晰、人口达到一定规模、管理服务相对自成系统的城市人口集聚区,是承载和配置城市基本公共服务、基层社会管理的非行政层级基本单元。要做实基本管理单元工作,要着眼于体制机制的创新,补齐社区管理服务的短板,通过对基层管理体制、运行机制、组织模式,以及资源配置和人员配备的深层次改革,推进社会建设,提高治理水平。上海接下来"做实基本管理单元"可从以下几个方面入手:

1. 建立和完善多元化管理模式

(1)创新社区党建,夯实党的执政基础。针对城市大党建拓展力度不够问题,推动区域化党建向上拓展、向下延伸,在区县层面建立区域化党建组织平台,探索建立教育、文化、卫生等专门委员会,分行业分领域统筹协调驻区单位资源,以专业化的组织活动方式提升服务实效;全面推行社区"大党委制",倡导驻区单位、社区民警、业委会、物业公司、社会组织等各方面党员代表,通过相关程序兼任社区党组织成员,提高社区党组织整合、统筹、协调区域资源的能力。针对驻区单位参与社区建设内生动力不足、制度性安排不够问题,创新工作机制,形成共驻共建合力,强化驻区单位上级党组织和在职党员所在单位党组织责任,督促驻区单位党组织和党员服务社区群众,建立健全驻区单位资源和社区服务需求相对接的项目认领机制,健全评估、反馈和激励机制,进一步落实驻区单位党组织到社区党组织报到、党的组织关系不在现居住地的党员到居住地党组织报到的"双报到"制度,探索实施驻区单位社会责任报告和党员参与社区活动报告制度。

专栏4　推行社区大党委党建工作体制

南京市全面推行社区大党委党建工作体制,强化社区党组织整合资源与组织志愿服务的职责。下放物业企业的市级管理权限,建立居委会、业委会与物业企业的协调机制。出台《关于深入开展在职党员到社区报到"奉献社区、服务群众"活动的意见》,实行党员进社区双向管理制度。搭建志愿服务对接平台,完善志愿服务工作体系,建立常态化的社区志愿服务机制。

---

(2)完善基层民主制度,增强社区自治功能。社区自治是基层民主制度的重要组成部分,必须把民主选举、民主决策、民主管理和民主监督的实践贯穿于社区建设的全过程和各方面,主要可在以下三个方面进行:

一是要扩大有序参与。以《城市居民委员会组织法》修订为契机,加快完善发展社区居民自治的具体制度,稳步提高社区居委会直接选举比例。发展院落(楼宇、门栋)自治、业主自治、社团自治等民主形式,创造农村进城务工人员融入社区、参与社区管理的条件,拓宽社区媒体、互联网络、移动设备等参与渠道。

二是要加强议事协商。进一步完善社区居民会议和居民协商议事会议制度，健全民情恳谈、社区听证、社区论坛、社区评议等对话机制，推进社区民主协商的制度化、规范化、程序化。要把涉及居民利益的公共服务事项纳入协商议事范围，使公共政策的制定和实施符合群众意愿。要按照党的十八大提出的要求，探索协商民主在基层的实现形式，推动建立党代表、人大代表、政协委员联系社区制度，就经济社会发展重大问题和群众普遍关心的实际问题听取基层群众的意见。

三是要强化权力监督。继续推进社区党风廉政建设，进一步完善社区党务、居务、财务、服务等信息公开制度，健全社区信息公开目录，及时将社区工作的办事流程、工作进度、执行效果、经费收支等情况置于居民群众监督之下。有序开展社区居民对基层政府及其派出机构工作情况的评议，对市政服务单位和物业服务企业服务情况的监督，切实维护居民民主权利与合法权益。

（3）动员居民参与社区自治。社区是城市综合管理第一线，充分发挥社区组织协调作用，开展丰富多彩的民主实践活动，调动居民群众参与基层社会服务管理的积极性。

一是发挥社团组织作用，培养家园意识。目前我们社区的环境卫生、社会治安、绿化美化都是政府行为，居民几乎没有参与进来。社区的事情不由社区居民自己参与，不仅缺少了当家做主的意识，还缺少了共同的维护行动。因此，为了能够提高居民社区的家园感，要建立健全社区居民代表会议制度，完善居民代表和党员代表等议事制度，这些制度的制定与居民息息相关，如环境卫生、计划生育、群防群治等自治规章制度或者村规民约,通过居民表决后自觉遵守和执行,让政府与居民共同创造社区和谐的居住环境。比如新加坡社区的组屋翻新、公共设施建设等重大事项,都必须经社区居民的投票表决,达 75% 以上支持率才能通过实施,充分体现了集体意志的原则。同时建议积极开展印刷品和平面广告及媒体宣传、广泛开展户外集中设点宣传、社区网格化管理入户宣传等多种方式全面强化舆论宣传及引导,将积极主动参与社区管理意识烙印在居民思想中,营造浓厚的参与意识氛围,鼓励全民参与,培养家园意识。动员社会组织的资源和力量,有组织地把"社会人"管起来,让"社会人"成为关心、支持和参与社区建设、管理和服务的"社区人"有要坚持一手抓社区硬件建设,一抓社区软件建设,以良好的生活环境和管理服务,提高社区居民的幸福感,增强社区居民对城市的认同感、归属感。

二是调动居民积极性,提升居民自治意识。居民参与社区事务,很大程度上依赖于这些事务与自身利益的相关程度。如果社区居民的利益不能在社区得到充分的体现和保障,社区居民就失去了参与社区事务的驱动力。社区缺乏公共利益导致的结果可以概括为两方面:社区居民缺乏社区意识;社区缺乏居民自组织的社会团体,无法把具有相同利益诉求的分散的个人整合起来,难以产生共同行动,从而大大降低居民参与社区事务决策的能力。为提高居民自治意识,建议充分利用社区服务中心、社区文化活动室、社区健身广场等现有的文化活动设施,组织开展丰富多彩、健康有益的文娱、体育、科教等社区活动,不断增强社区居民参与社区建设的主动性和积极性,培养民主意识,提高对社区的认知和认同程度。

专栏5　增强社区动员能力和自治功能

南京市出台《基层群众自治组织依法履行职责事项》和《基层群众自治组织协助政府工作事项》清单,明晰社区居委会的职责范围。探索并推行居委会协助政府工作事项服务外包,逐步弱化社区居委会行政化功能。建立社区工作准入制,实行费随事转、契约化管理。清理规范对社区的考核、创建、评比项目,规范居委会用章,大幅取消社区台账,取消分解到社区的经济发展目标任务。

江苏省徐州市云龙区积极培育发展各类社会组织,引导社会组织参与社会治理和公共服务,积极发挥桥梁纽带作用,取得显著成效。一是降低准入门槛。对行业协会商会类、科技类、公益慈善类、城乡社区服务类四类社会组织直接登记,视情继续适当放宽会员数量及开办资金要求,进一步简化手续。对备案组织已达到登记注册的协助其到民政局注册登记。二是扶持服务类社会组织发展。挖掘社区热心公益人士、骨干分子带头成立社区社会组织,对新登记成立的社区社会组织每个补助300元。三是积极开展活动。开展丰富多彩的活动是社会组织生命力的源泉,该区注重引导各社会组织开展贴近居民、满足群众需要的各类活动。四是加大财政投入,对社会组织教育培训、活动开展、基地建设、人员配备等方面给予支持,社会组织数量和质量得到显著提高,服务能力得到明显增强。

北京东城区建国门街道高度重视社会建设工作,广泛发动居民群众参与社区治理,扶持社区社会组织成长发展,为提升公众参与水平与能力作出了积极努力。一是以居民需求为导向培育新生组织。街道广泛发动居民参与到文化娱乐、便民服务、志愿服务、自治自管等多个领域的社区需求立项中。二是争取专业组织帮扶,提升组织实力。街道大力鼓励社区社会组织参加中央、市、区级政府购买服务和公益(微)创投项目,形成社区社会组织人才梯队的雏形,提升社区社会组织能力和水平。三是吸引社会组织入驻,带动辖区组织发展。街道利用现有基础资源,建设社区社会组织孵化基地,将其作为社区社会组织培育孵化、集中活动和发展交流的平台。

(4)推进社会管理信息化建设,充分发挥互联网在社会管理中的作用。统筹网上网下两个阵地,把虚拟社会与现实社会作为整体来考虑。现在虽然政府各部门都建立了自己的信息系统,但不同政府部门之间的信息孤岛林立,数据的碎片化现象非常显著,信息系统之间的共享与互联互通面临很大的挑战。从为公众服务的角度来看,各级政府都纷纷建立了自己的门户网站,但活跃度和访问量都有限,政府部门的公众号和政务微博发展迅速,但与公众的互动、公众的主动参与程度还较少。这些年政府实施电子政务积累了大量的数据,但真正的"活"数据却非常少,数据对政府科学决策的支持以及创新创业的作用远未到理想状态。推动政府数据开放与信息共享将会对政府治理起到巨大的推动作用。数据开放有助于政府部门盘活积累的数据资产,从而通过大众和企业的创造力,利用外部智慧提升政府的公共服务创新能力和水平,提升社会运行效率。通过让公众和企业都参与政府治理,使政府与公众主动、充分地互动,实现政府对公众服务的精准化和个性化,使政府从单纯的管理角色向多元共同治理方向变革,有利于社会公众和企业基于政务公开数据资源,开展大数据领域的创新创业。信息共享是提高信息资源利用率,避免在信息采集、存贮和管理上重复浪费的一个重要手段,其基础是信息标准化和规范化,并用法律或法令形式予以保证。信息共享的缺少对各部门、各行业间无论是工作方面还是科研方面对数据的需求都有着极大的阻碍作用。通过对政府信息共享的凡事,提高公众对城市管理工作的知晓率和支持率,提高公众参与热情,鼓励、引导全民参与和监督城市管理工作,全面提升高新区城市精细化管理水平。

专栏 6　积极搭建社会治理综合平台

福建省厦门市集美区根据区、街道(镇)以及社区(村)等一线基层部门需求,整合各类信息系统和资源,建设"集美区社会治理综合平台"。2014 年 11 月,集美区数字城市管理平台作为厦门市样板工程在厦门市其他区进行推广。一个网络：实现统一通过区级政务网访问办理各口业务系统。通过市、区、镇（街）、社区（村）四级联网。一个终端：各级行政部门工作人员通过一个桌面即可看到来自各口的待办事项、通知通告，办理相关业务，方便、高效。一个入口：网格员只需通过社区网格化服务管理信息平台1个入口，通过1次绑定，1次有效登录后可以直接跳转到各口业务系统。共享协同：与计生、人社、公安、卫生、民政、工商、地税、信访、执法等部门实现信息共享、数据同步、业务协同。全民参与：通过网站、微信、电话等各种渠道，全区百姓都是城管员和监督员，都参与到社会治理中。

（5）拓宽城市文明宣传与引导渠道。加强网络阵地建设和网络舆论引导，推动主流媒体向互联网延伸，扩大主流媒体的辐射力和影响力，发挥互联网综合管理部门督促检查、协调指导的作用。如今，网络已迅速成为主流媒体之一，也是多元思想交集碰撞的主要场所，大量网民通过网络平台建群结社。如何联系影响这一新生力量并做好思想引导，是新时期统一战线工作的全新课题。政府作为城市营销的其中一个主体，以网络作为载体的城市宣传过程当中应起到引导作用。首先，政府需要真正从顾客的视角来进行定位，来引导城市网络的宣传。这种定位一方面来自对自己城市文化内涵的深度挖掘和精准把握，另一方面则来自国际视野，只有将眼光放高放远，才能激发更多灵感。其次，政府要巧妙地进行外部传播。

可以考虑多与社会部门、工商企业进行互动,提升民间参与度与关注度,既激发了城市活力,又达到了口碑效应。网络现在已成为表达民意的重要窗口,同时也是政府在城市宣传中需要特别给予关注的媒体,政府要多用善用网络媒体,把网络媒体作为活动开展的平台来拓展。

2. 建立和健全城市安全常态治安工作机制

中共十八届五中全会指出,加强和创新社会治理、建设平安中国,要完善党委领导、政府主导、社会协同、公众参与、法治保障的社会治理体制,完善社会治安综合治理体制机制。自 1991 年被提出以来,社会治安综合治理方略已经被实践证明为解决我国社会治安问题的根本出路,对维护社会秩序、保障社会稳定、促进社会平安发挥了巨大作用,为大国治安实现有效治理探索出了一条中国特色之路。上海,作为一个国际化特大型城市发展到今天,迫切需要研究城市运行中的公共安全,依法将城市治理提升到一个更高的水平。

上海在城市公共安全方面的治理有以下思路对策:

第一,建立健全完善突发事件处理管理制度。2013 年,国务院办公厅印发了《突发事件应急预案管理办法》,要求各省、自治区、直辖市人民政府,国务院各部委、各直属机构认真贯彻执行。上海也应要求于 2014 年办发《上海市突发事件应急预案管理实施办法》,但在实际执行中还是暴露出了不足,如,应急工作分工不明确,应急预案无实用性、针对性、可操作性,应急预案滞后性等,现在十分需要健全完善突发事件管理制度。可以从以下方面健全与完善:①从人员上,做到分级负责、分工明确。在所划分的区域范围内承担本区域内的相关工作任务，分级展开工作，杜绝不作为或推诿工作的情况，并明确人员的工作任务明确，建立相应责任制度、奖惩制度；②从财务上，加强对应急资金管理。合理划分资金分配，如发生地震时，所需的资金预算投入，再如，灾后重建或救济等经费投入，账目明确，且资金运用及时；③从事务上，有针对性地制定应急预案，因地制宜实施，不能一个预案解决所有问题。应急预案的与时俱进，考虑到社会发展的因素，适当改变预案；④定期评估预案，"取其精华，去其糟粕"。

第二，建议建立治安预警体系机制。恐怖活动犯罪对国际社会带来了巨大的危害。而我国新施行的《刑法修正案（九）》对恐怖活动犯罪也做了许多新的添加。上海作为特大型城市在风险社会中面临着恐怖主义、极端主义犯罪的威胁，研究如何建构行之有效的防范机制，建立健全社会治安防控体系；如何有效地防范恐怖主义分子向上海的渗透；如何防范极端主义者将个人的怨气不满向无辜群众发泄；如何防止恐怖主义在人流密集场所制造恶性案件等课题已迫在眉睫。从2015年起上海在全市范围内设立警察特种机动部队（PTU）以应对恐怖袭击。为能更好地预防，应建立相关对社会治安预测预警的管理制度。上海虽合理分配相应人员，对管辖区域内进行治安管理，及时对突发事件进行迅速应对，但还缺乏对可能会发生的社会治安问题进行动态预测，分析可能会引发治安问题的社会现象，进行监测、判断，并提早戒备。及时准确地评估治安形势，对治安和犯罪问题适时预警，是打击工作正确决策的前提条件。对这一机制的总体要求是：充分利用现代科技手段，对一定时间和范围的犯罪信息准确收集，迅速研判，及时传递，掌握犯罪发生发展的规律，为打击行动及时提供信息支撑。这一机制的主要内容如下：

一是建立科学的治安信息评估和预警指标体系。主要数据包括：报警案件、作案人员、治安乱点的情况，公众对治安状况的反映和可承受程度，治安预警应对建议等。建立治安信息评估和预警的指标体系，要发挥中央和地方两个积极性，中央和地方政法部门协同统计部门积极进行探索、实践，逐步形成全国统一的指标体系。

二是建立畅通的治安信息监测通报网络体系。要建立严格的治安信息采集责任制。公安机关的治安信息采集单位要及时、准确、负责地统计有关治安信息，建立治安信息收集和通报制度。政法部门还应建立治安信息调查摸排制度，主动获取治安信息，确保涉及犯罪的重要信息得以及时掌握、及时通报。

三是建立治安信息研判制度。各级部门要建立治安情况研判制度，定期听取治安情况的报告，研究分析治安形势，找出发案规律，准确预测犯罪走势，为预防、打击犯罪提供决策依据。

（三）完善社会治理手段

社会管理是政府机构和社会组织运用法律、法规、政策等国家政治工具，直接或间接对社会系统的组成部分、社会生活的不同领域，以及社会发展的各个环节进行组织、协调、服务、监督和控制的过程。社会管理方式主要指政府机构或社会组织协调社会关系、规范社会行为、维护社会秩序、实现社会管理目标的采取的一系统方法、途径和手段。但目前全市层面城市综合管理手段较为单一，并且民众参与度不高，这都使得上海在社会管理方面无法大展拳脚。为能更好地管理社会，建议采取多种手段齐推进。

1. 推进社会管理信息化建设，发挥互联网在社会管理中的作用

虽然政府各部门都建立了自己的信息系统，但不同政府部门之间信息孤岛林立，数据的碎片化现象非常显著，信息系统之间的共享与互联互通面临很大的挑战。从为公众服务的角度来看，各级政府都纷纷建立了自己的门户网站，但活跃度和访问量都有限，政府部门的公众号和政务微博发展迅速，但与公众的互动、公众的主动参与程度还较少。为提高公众对城市管理工作的知晓率和支持率，公众参与热情，鼓励、引导全民参与和监督城市管理工作，全面提升城市精细化管理水平，应组织人员定期在网站上与公众互动，答疑并及时发布本辖区内信息。

专栏 7　建立大数据信息平台，工作流程在平台上闭环运行

山东省青岛市青西新区组建区、街镇、管区三级互联互通社会治理信息支撑平台。该平台具备信息多元化收集、重点区域实时监控、数据综合分析研判、问题高效处置"四大功能"，发现问题、分析问题、解决问题、核实反馈"四个环节"环环相扣、

闭环运行。信息采集环节，网格员通过手持智能终端设备，市民等通过社会治理门户网站、微信等，向平台反映问题、提出意见和建议；网络舆情监控平台自动采集重大舆情信息上传平台。监控环节，全面整合公安、安监、街镇等视频监控资源，对安全生产、社会治安等多发区域进行可视化监控，实时获取处理各类信息。信息化自动巡查的"天网"与网格化人工巡查的"地网"相结合，构成了无缝覆盖的"天罗地网"。

2. 提高社会管理法治化水平

加快社会管理方面的立法进程，有效提供社会管理方面的法律援助、法律服务和司法救助。同时，加强社会主义法治理念教育，维护法律的权威，提高干部群众知法、守法、用法的自觉性，引导公民理性表达诉求，依法维护自身权益。

不断推进法治社区的建设是基层政府着力思考的问题，在这方面曹家渡街道通过成立"睦邻和乐"社区法律服务工作室，大力构建开放型社区法律服务工作平台，努力提升社区居民对法治社区的获得感。法律进社区是直接面向社区、面对群众，普及有关社区管理、居民生活方面的法律法规，满足人民群众的法律需求，维护人民群众的合法权益，使社区居民真正感受到帮助随时都在身边。对基层法律服务建设有以下建议：

一是建设开放式法律服务工作室。以社区为单位，设立法律服务工作室，派驻律师事务所，派遣律师每日进行值班工作，开展免费法律咨询,为前来咨询法律问题的居民进行答疑,如社保局每日会安排值班律师在社保局内解答劳动者的疑问。除律师事务所之外,公检法也可定期派工作人员在工作室内开展社区法治教育,这样使得社区居民能更好地亲近公检法,了解公检法的工作,有利于树立公检法的良好形象,有利于工作的开展。

二是强调主动为居民提供法律服务。仅有法律服务工作室还不够,工作室与社区居民之间还是有一定距离感,当居民想要咨询法律服务时便来工作室,这就将工作室的影响力锁定在小范围之中。而我们更强调法律的普及应当在整个社区之内传播,所以还应当织密社区法律服务工作的网络。可以建立社区法律服务网,在网上开展一站式法律咨询服务、法制宣传以及法律援助。建设社区微信平台,法律法规的变动、社区法律宣讲会开展的时间、近期法律案件以及法律热点剖析等都可以让居民在平台上看到、学习。

三是定期开展执法进社区活动,广泛动员社会力量参与城市综合管理。采取多种形式大力宣传城市管理的法律法规,进一步增强广大群众、公司、企业的法律意识,做到知法、守法,努力将城市管理中政府的职责转化为市民群众、公司、企业的自觉行动。并动员有影响力的机关团体、企事业单位、社区居民等参加"一日执法"等活动,静距离接触城市管理工作,调动参与城市管理积极性,让社会参与者主动为城市管理合理化提供建议,自觉维护市容环境。

3. 建立健全社会诚信体系

党的十七大明确地把个人品德建设与社会公德、职业道德、家庭美德建设一起确立为社会主义道德建设的重要内容。当前我国社会诚信缺失,导致在整体社会治理方面各级政府和社会支付了较高的治理成本。面对这样的问题,从基层直接履行监管职能部门的角度看,不能把原因简单归为行政执法部门监管不力,应该从社会不诚信的根源和建设预防与惩戒不诚信行为两方面探寻原因。从社会监管机制方面能够有效预防此类事件的发生,而不是强化事中和事后监管。解决社会不诚信问题,需要建设完善的社会诚信体系,约束惩戒社会失信行为,促进社会诚信环境的形成。对建设社会诚信体系有以下思路:

一是完善信用数据征汇的法律依据。当前,我国社会诚信体系建设处于摸索阶段,国家层面没有出台统一的法律,只有相关部门的文件依据,各个部门出于自身利益的考虑,没有形成数据信息共享的共识,有些部门认为自己部门的数据需要保密,不能把自己部门的数据汇总到社会诚信体系数据库,社会诚信体系建设的牵头部门就很难把数据汇总齐全。解决数据汇聚问题,是建立社会信用体系的基础,现在各地政府都在摸索社会诚信体系的建设途径,有的地方政府已经取得很多很好的经验,国家顶层设计机构应该对各地政府已取得的经验进行调研和总结,在掌握较全面事实的基础上,借鉴国外成熟的信用建设成果,出台建设社会诚信体系的相关法律,解决诚信体系建设没有法律依据的尴尬局面。

二是建立法定统一的征信标准。在大数据时代的今天,公共管理数据信息丰富,信用信息存在于社会生活的各领域,在征信过程中,哪些信用信息应该列入征信的范围,并确保征信过程中信用信息的准确、公平、公正,这是建立诚信体系的基础。但现在由于没有国家层面的征信标准,各地制定的征信标准五花八门,没有严格的程序要求,征信过程中责任不清,没有相关的征信救济机制。在地方,具体负责制订诚信体系建设的部门心中没底,顾虑征信过程中给企业或个人造成重大损失,引起诉讼,责任主体不明确,这些因素直接妨碍了社会诚信体系的建设进程。所以,应尽快出台信用建设法律法规,在全国范围内建立一套统一严谨的征信标准,明确标准范围内的信用信息强制纳入征信体系,搭建全国统一的征信平台,把目前比较重要的相关部门的信用信息强制纳入统一的征信平台;对个人信用信息、社会机构信用信息等进行整合,不能互相孤立;银行系要把所有的账户信息进行整合,借鉴国外的一个人只能有一个银行账号,一个法人也只能有一个账号的金融体制,把信用信息与账号信息捆绑,减少现金流通,鼓励刷卡消费等。

三是对于失信行为必当"严惩不贷"。诚信犹如人的"信用身份证",现在我国诚信体系建设在公民生活中并未引起重视,尤其是一些已被纳入失信者名单中的人,他们的生活并没有多大的改变,只是对一些如出国等行为被加以限制,这对于失信者来说这类的惩罚并不能引起他们的重视,并且也无法在整个社会中引起公民的认识。所以在建立诚信体系之时建议完善对失信行为的惩戒,如可在公民生活的方方面面对失信者进行限制,如在求职、进行商业合作或是申请创业等方面必须以"更挑剔、更谨慎"的目光审视每一位失信者,有效地约束个人和企业信用行为,推动形成良好的社会信用环境。

四、利用社会治理创新手段促进城市综合管理的保障措施

城市综合管理的保障直接关系民生，保障措施的好坏，影响着人们的工作和生活环境的质量。对于保障措施而言，最重要的是法治保障以及人财物的保障。首先法治保障，这要求社会的各类主体坚持以法治的精神引领城市综合治理。赋予社会主体一定自治权，确定公民社会法律主体地位，同时明确公民参与社会治理的规则，引导社会主体运用法律规范实施社会治理，利用法治标准来评价社会治理，以法治秩序的实现作为社会治理的目标。其次是对人财物的保障。综合管理过程中的保障，并非简单地"用人、财、物"，而是将人、财、物视为一种工具用以推动和保障社会管理目标的实现。这就要求人财物的保障系统更具科学性、透明化、专业化。

（一）法治保障措施

1. 加强社区自治领域的立法

社区自治首先是依法自治。没有法律作保障，在社区自治中就会出现"公说公有理，婆说婆有理"的困境。关于社区治理，国家层面已有《宪法》《物业管理条例》《城市居民委员会组织法》等法律法规。上海市级层面有《居民委员会工作条例》《上海市住宅物业管理规定》等。这些法律法规为推进社区治理提供了基本法律依据，但社区治理的法律法规较为分散，且大量法律规范要素不全、法律效力等级参差不齐、法律体系结构不完整，不能完全适应我国社区治

理的迫切需要。如《城市居民委员会组织法》，上海《居民委员会工作条例》都规定了居委会的自治地位，政府各职能部门、街道职责范围内的事项，不得转嫁给社区居民委员会。但事实上居委会依然整天忙于有关部门分派的行政事务而无法发挥其自治的功能。2015年2月，中央颁发了《关于加强社会主义协商民主建设的意见》（简称《意见》），上海市委也出台了《关于加强社会主义协商民主建设的实施意见》（简称《实施意见》），这对推进上海基层社会治理具有重要指导意义。建议在现有的法律基础上，根据《意见》和《实施意见》新要求，应加快修改有关社区治理的法律法规中比较滞后的内容。

2. 保障公民在社会治理中的法律主体地位

在法律中明确公民在社会治理体系中的主体地位，赋予公民主体性表达权、主体性创设权、主体性参与权以及主体性监督权，增进公民主体性地位保障设计，以法治推进以公民为主体的社会治理体系进程，公民意见表达构成社会舆论的基本表现形式，社会治理体系的完善，应以推进社会表达机制和公共舆论平台建设为先，包括将媒体纳入社会治理体系，增强社会媒体作为公民意见表达及诉求传递的角色定位和功能。电视、广播、报纸要贯彻公民立场和公民路线，专注于倾听公民呼声，表达公民意愿和利益诉求，是媒体成为维护公民主体表达权利的基础平台。要进一步保障公民在流程参与、结果参与环节的主体性权利，加大对社会治理事前、事中、事后的全过程参与；要强化公民主体性监督位置，重视个体监督诉求，畅通监督表达平台和监督渠道，建设以保障主体性监督为内核的强有力的监督反馈机制。

3. 明确公民在社会治理中的具体参与规则

为了将公民地位及作用落到实处,应当在法律明确公民参与权利、参与方式等相关的配套规定,规定公民意见表达、流程协商、公开讨论等治理平台及制度,确立政府及工作部门面向社会治理的服务机制、协作机制、信息共享机制和科学化监管机制,是公民参与其社会治理具有可操作性。要将协商治理融入民主治理进程,以公民参与权、知情权和监督权的保障为主线,开发传统协商平台及新兴网络协商平台,加强公民对社会事务、公共事务的充分讨论和深入协商,建设以公民利益表达及实现为中心的包容型、开放型的社会治理机制。社会治理法律要细化日常议政保障举措,明确意见征询、充分讨论、公开公示等制度安排,又要围绕公民诉求,设置行政、司法等监督渠道,建设反馈及时、保障有力的监督机制,纠正社会治理内部及外部可能发生的侵犯公民权益,违反民主自治运行要求的行为。总之,法治要成为公民自主化、社会化与民主自治的制度屏障,通过设置民主决策、公开公示等基本规范,发布公民治理架构、治理章程、治理流程的指导性意见,依法保障并维护以公民为主体的社会治理体系的独立、公开和自律。

4. 正确引导公民遵守法律、社区规则

除对公民赋予更多权利的同时,法律还应当引导公民自觉遵守法律以及社区规则的内容,这是每位成员所应尽的义务。如公民代表的义务:①有责任宣传、贯彻、落实社区成员大会及社区协商议事委员会和社区委员会的各项决定决议;②密切联系选区成员,征求意见,并及时向社区协商议事委员会、社区委员会反映,维护社区

成员正当利益;③积极与驻社区各单位沟通协调,取得共建方面的支持;④自觉响应社区组织的号召,动员和带动社区成员认真完成社区委员会布置的工作任务,在社区各项工作中起模范带头作用。通过公民代表的行为,引导普通公民遵守法律、社区规则,同时充分听取民意,积极沟通协商,将琐碎矛盾化繁为简。

(二)财政保障措施

统筹研究网格化服务管理建设的资金保障问题,多渠道筹措包括办公场所、服务窗口、装备设施、网络铺设、软件开发、视频监控和网格员补贴等网格化服务管理建设资金。要科学安排专项经费并列入财政预算,要整合使用部门职能下沉工作经费,鼓励企事业单位、社会团体和个人以各种形式参与网格化服务管理工作,形成多元化投入分担机制。同时可以建立相关的体系与平台对经费的使用更加透明化,具体思路如下:

建立科学地方财政预算和监督体系。建立一套上海财政新管理模式的制度体系,以及技术规范标准体系,一方面可以在实践中指导预算管理工作有序进行,另一方面可促进上海经济协调有序地发展。

增强财政统筹能力。增强财政资金调度、流动能力,如加强项目管理,提高项目预算准确性;引入财政中长期计划,增强预算管理预见性和连续性等。

建设城市财政资源公开平台。在平台上及时更新财政花费状况,使财政支出逐渐透明化,并通过在平台上公开资金流向,增强预算的公开性、透明度,及时公布预算信息,接受公众的监督,树立民主理财、依法行政的法制观念。

建立跟踪问效制度,加强对项目的绩效评价。针对资金使用情况进行追踪并加以评估,可通过数额指标,如节约支出金额、收入增加、取得利益和效果指标,如救助人数、教育普及率、就业率等作为评判指标。通过评估结果,不断优化财物使用,使资金用在刀刃上。

(三) 人才保障措施

社区专职工作者和社区志愿者队伍建设中,应当注重配备和使用社会工作专业人才,推动社区工作者队伍的专业化。北京、陕西等地出台社区专职工作人员管理办法,规范社区专职工作者招聘、培训、使用和评议各环节,充实了社区工作力量;江西吉安、江苏南京、广东东莞等地大力推进社区专业社会工作队伍建设,以为老、助残服务为重点,在公益性社团和社区社会组织中开发专业岗位,提供专业服务,使社区服务更加贴近居民群众需求。浙江杭州实施产业化推动、项目化管理和规范化运作的发展战略,将社区服务列为现代服务业的重点发展领域,为全市3 300多家服务企业和机构发放了登记证书,培育了一批社区服务龙头企业;甘肃兰州优化社区服务流程,按照民情受理、限期办结、公示反馈、跟踪监督的程序,打造了"民情流水线"。社区专职工作者与志愿者队伍是推动社区建设的重要队伍,社区应当着力培养专业的社区工作者与志愿者,使他们能够运用自己的专业知识为社区的管理建言献策。

1. 培养专业的社区工作者

社区工作者是社区工作的核心人物,一方面,他们把自己的专业知识带到社区,另一方面,社区把职业化的社区训练注入职业社工,这样社区和社工就实现了"双提升"。目前,上海亟需打造一支专业化的基层工作队伍,对社区事务进行管理,而社区工作队伍的打造则是重中之重。建设社区工作队伍主要思路如下:

(1)打造专业化服务队伍。社区工作者的专业能力对工作非常重要,比如我国香港地区的社会工作者(以下简称"社工")相应的社会福利署出台政策规定只能聘用受过训练的社工毕业生从事助理社会福利主任一职,社会工作才正式开始。虽然香港地区的社工与社区工作者本质上有些许差异,但经验非常值得借鉴。内地也于2008年首次在全国范围内举行针对社会工作者进行能力甄别的级别考试(即全国社会工作者职业水平考试),合格者可以获得由国家认定的社会工作师职业资格证书。但仅凭职业水平考试仍不够,最重要的是将该职业发展到专业化和职业化的程度。首先,建议社区培养相应人才,并定期组织社区工作者接受系统的专业训练。使得从事社区工作职业的社会成员与从事经济、行政、教育等工作的成员一样,须经系统的专业训练,获得专业文凭才能就业上岗,以此提高该行业的专业能力;其次,对社区工作者的统一管理,这部分可借鉴香港地区的经验,社区工作者必须依法定程序进行注册。注册条件有两项:一是持有获注册局认可的社会工作学位、文凭;二是非持有认可学历但现正担任或已接纳担任社工职位,而且须在注册后两年内提交修读计划,以获取为注册局认可用以注册的社会工作学历。逐步从非专业社区工作者向具有专业社会工作学位、文凭者进行过渡,提升社区工作者专业水平。

（2）设立绩效考核制度。该制度设立的目的有两个，一是由于现在社区工作者收入低压力大一直都是未解决的难题，这也导致优秀的社区工作者的流失。为能留住更多优秀的社区工作者，建议以积分制绩效考核方式，让工作者自助决定岗位嘉奖。二是调动工作者的热情，往往社区工作者都处于消极被动的状态，只有居民有问题上门来找他们解决，而他们鲜少主动为居民提供服务，应打破这样的被动的局面，鼓励工作者主动提供服务。具体考核内容可分为常规考核和岗位嘉奖，常规考核（此部分的评定可占工资的 75%）分别由本职工作、业务能力、服务大局、出勤情况、熟悉民情、信息报送六项组成，加入工作人员调查入户、民情走访等考核内容。岗位嘉奖则（此部分的评定可占工资的 25%）根据条线工作奖励及是否通过全国社会工作师来评定。考核结果存入个人档案，作为年度考核、奖惩以及续聘等重要事项的基础依据。这种绩效考核管理办法根据每个人的考核成绩进行发放，要想年终多拿工资，需要自己挣积分，这不仅能激励工作者主动为居民服务，而且社区工作者还能自己掌控嘉奖，解决收入低的问题。

2. 建立高素质的城市治理志愿者队伍

社区服务除了需要社区工作者的管理，还需要多方参与，社区志愿者也是社区治理中不可缺少的一员。如长宁区已于 2015 年底建成"上海虹桥志愿服务网"、"i 志愿"手机 APP 软件等信息平台，展示、宣传、激励志愿工作，这种志愿服务则值得向全市社区加以推广。志愿者服务是构建和谐社会的润滑剂，一个文明成熟的社会，志愿者服务是一种全民习惯、一种生活方式、一种文化标识。所以我们应加强志愿者队伍的建设。

但现在志愿队伍建设还未成熟，存在以下问题：首先，志愿服务只是在举办活动之时才被召集，不仅组织服务一直处于被动的状态，而且志愿者都是临时性被组织，在活动结束后便解散；其次，所提供的服务都是活动中的琐事，并非推动活动的主心轴，这就使得志愿服务过于形式化，呈现可有可无的尴尬境地；再者，参与服务的志愿者集中在两个年龄段人群，即在校的年轻学生或是退休后有充足时间的长者，中间年龄段的青壮年缺失，使得志愿者服务局限于固定的领域；最后，志愿者本身的参差不齐使得志愿服务未发挥促进社会发展进步的作用。依据上述所言，应当重新认识志愿服务，同时解决目前志愿服务存在的问题，最终使得志愿精神沉淀，并进而形成志愿文化。所以建议对志愿者队伍进行以下方面的建设：

一是建议建立全市志愿者注册制度和建设志愿者服务网站。目前志愿者流动性很大，当有活动时被招募，活动结束后便解散，志愿者队伍相当不稳定。且志愿招募活动志愿者无法及时得知信息并报名参加。从上述两个问题看，志愿服务非常需要进行统一。建议创建志愿者注册制度，统一管理志愿者的同时，还可以利用志愿者的专业知识，具有针对性地分配志愿任务。建议在全市范围内建设"志愿服务信息网"，并以区为单位，在平台上发布志愿招募信息，并对志愿服务进行宣传，让人们正确认识志愿服务之外，还能吸引更多志愿者加入队伍之中。

二是社区志愿服务应主动出击。主动应做到以下两个方面：①志愿者领队的"主动"。志愿者领队是志愿服务联系的中枢，志愿者领队在志愿服务正式开始前就需要联系组织方,还需要联系各个志愿者,更需要和服务对象进行先期的接洽等等。要主动了解志愿者组织的相关情况,是否认同相关理念,这些是合作的前提。在具体执行志愿服务中,还要主动的联系各志愿者以及被服务对象,了解他们大致的性格特点以及其他相关信息,以便进行有效配对和针对性的服务。②志愿者的"主动"。志愿者认领成功任务在实施前要主动明确时间地址集合地点活动地点等,要明确地知道自己应该从事哪些志愿服务。实施中要主动地向被服务对象询问是否需要帮助,主动地向被服务对象学习如何才能真正地为被服务对象更完美地行使志愿服务。志愿任务完成后要主动地向志愿者领队告知,发生了一些特殊的事情也要及时告诉领队。

三是提高志愿服务专业程度。现在志愿者都是临时招募,在服务培训方面,一般都是开几次会议,走一下活动的流程便上岗就位。所以一般志愿服务总是停留于"表面功夫",由于社区治理需要具有针对性、专业化的志愿者队伍,为社区进行服务,那么志愿者专业化培训是必不可少的。建议以区为单位,定期开展志愿者培训工作,而并非在需要工作之前召开临时会议,教授基本服务技能。

四是提供志愿者保障制度。保障制度的建立一方面促使更多志愿者加入志愿服务事业,另一方面保障志愿服务健康发展。如美国在其他的相关立法和政策优惠上都显示出了对志愿者活动大力支持的态度,对志愿者个人的物质保障方面也有很多相关政策法规,联邦与州都设有专门机构,每年有专项资金,对志愿者绩效进行评估,志愿者经历可以加学分,对于升学、就业、晋级都有利,杰出的志愿者还将得到政府的表彰和奖励。建议设立"志愿者奖学金",对于参加志愿服务时数达到一定量的在校大学生、中学生,按照一定的志愿服务小时数标准,给予一定的奖学金予以奖励。比如美国规定青少年提供超过 1 400 小时的社会服务,将可获得一定的奖学金。对于国家公务员、机关事业单位等财政供养人员,应该按照人员年龄进行适当分类,每个类别的人每年设定最少的志愿服务实际小时目标数值,并和年终考核、个人绩效奖项等实际利益"挂钩",以较好地发挥此类人群的示范带头作用。为志愿者度身定做保障制度,鼓励更多人加入这支充满朝气的队伍。

五是为志愿者提供法律法规的保障。虽然上海已有《上海市志愿服务条例》为志愿者保驾护航,但目前社区执行情况尚不明确,并且该条例在保障制度等方面存在缺陷,而国外为志愿者提供的法律保障值得我们借鉴。如美国政府在 1973 年就制定了志愿服务法,后历次修正法案内容,从法律层面不断明确志愿者地位和志愿者活动的发展目标。相关法律法规包括 1989 年颁布的《国内志愿服务修正法》、1990 年颁布的《国家和社区服务法案》、1992 年颁布的《全国与社区服务技艺增订法》、1993 年颁布的《全美服务信任法案》和 1997 年颁布的《志愿者保护法》。另外,美国在其他领域立法和发布政策,如设立相关奖项,为志愿者就学、求职提供便利等。

第四章 深化城市管理与执法衔接机制研究^①

当前,上海城市管理与社会治理创新已发展到一个历史新阶段,"提高城市科学化、精细化、智能化、法治化管理水平,让城市更有序、更安全、更干净"已成为上海城市发展的重要目标方向。加强精细化管理,是习近平总书记对上海提出的最新要求,也是上海作为超大城市保持平稳高效运行的客观需要,是上海迈向卓越的全球城市的内在要求。

近年来,伴随着上海城管执法体制改革深化、城管执法范围拓展,特别是城市管理权与执法权分离、执法重心下移到区县及街镇基层以后,城市管理中的新问题也在不断凸显,突出表现为管理与执法衔接不够、相互推诿扯皮、日常监管弱化、权力运行不畅等,如

---

① 2017 年报告。

何做好城市管理与行政执法有效衔接、提高行政执法效率与城市管理水平,已成为上海城市精细化管理亟待研究解决的重要课题。

一、深化城市管理与执法衔接机制研究的重要意义

深化城市管理与执法衔接机制研究,是新形势下上海积极响应中央对超大城市治理创新的新要求,是深化城市管理体制改革和促进政府职能转变的题中应有之义,充分体现了立足全局、整合资源、整体联动的现代城市治理理念,是创新城市治理方式、加强城市精细化管理的必然要求。这是一个崭新的研究课题,具有十分重要的实践意义和理论价值,是现代城市治理的创新模式。

(一)积极响应中央对超大城市治理的新要求

2015 年底,中共中央、国务院颁布的《关于深入推进城市执法体制改革,改进城市管理工作的指导意见》明确提出"将城市管理执法体制改革作为推进城市发展方式转变的重要手段,与简政放权、放管结合、转变政府职能、规范行政权力运行等有机结合,构建权责明晰、服务为先、管理优化、执法规范、安全有序的城市管理体制,推动城市管理走向城市治理,促进城市运行高效有序,实现城市让生活更美好"。

2017 年全国"两会"期间,习近平总书记参加上海代表团审议时特别指出:"走出一条符合超大城市特点和规律的社会治理新路

子,是关系上海发展的大问题……要强化依法治理,善于运用法治思维和法治方式解决城市治理顽症难题,努力形成城市综合管理法治化新格局。"习近平总书记把城市精细化管理比作"绣花",就是强调从细节做起,这需要管理者以人为本,充分考虑"人"的需要,根据城市实际情况合理配置资源,确保各项改革举措落到实处,让城市的"里子"和"面子"一样好看。这为上海提高城市科学化、精细化、智能化、法治化管理水平指明了前进方向。

城市治理紧扣"细""精""巧"3个字,"细"就是细致,用具体、清晰、可操作的规范化要求,对城市管理作出全面详细的规定,做到最细小"方格"内磨砺"绣花"功夫;"精"就是精准,管理服务信息采集、管理对象情况清晰准确,管理有针对性;"巧"就是"巧妙",管理的目标、标准、手段等都有效。如果说绣花要有图样"按图施针",城市管理的"图样"就是法律法规,依法治理是根本。因此,研究深化城市管理与执法衔接机制,目的就是要探索走出一条符合超大城市特点和规律的社会治理新路子,要持续用力、不断深化改革,补好短板,创新方式,夯实基础,努力提升城市治理能力和增强社会发展活力。

(二) 正确把握新阶段上海城市管理与执法关系的题中应有之义

伴随着经济市场化、信息网络化、社会民主化进程的推进,构筑以人为本、资源整合、信息共享、无缝衔接的城市整体治理体系,已成为新时期全球城市治理方式转型的主要趋势。"四个中心"和国际化大都市建设,尤其是 2040 年建设卓越全球城市的发展愿景对上海城市管理提出了新的更高要求,这意味着上海城市发展和管理进入转型升级的历史新阶段,需要改革创新思维方式,面向更高的发展要求、更加开放的全球视野,把城市治理作为一项系统的综合性工程来审视管理与执法之间的关系。

行政管理部门与执法部门都是城市管理的重要主体,虽然职责定位有所不同,但两者的目标指向一致。明确两者的职责权力范围及相应的衔接机制,不仅是当前我国深化行政管理体制改革、转变政府职能的充分体现,也是提高城市执法效率,更好地提升城市管理水平和治理能力的题中应有之义。因此,研究深化城市管理与执法衔接机制,就是要着眼于当前城市治理发展新动向,着力解决超大城市科学化、精细化管理的体制机制问题,加快转变政府职能,创新城市治理方式,探索形成行政管理部门与执法部门协调配合、相互支撑的机制。

(三) 进一步深化完善上海城管综合执法体制改革的内在要求

2014 年以来,上海启动新一轮城市管理综合执法体制机制改革,并出台了《关于进一步完善本市区县城市管理综合执法体制机制的实施意见》,由此将"前端管理权"与"后端执法权"作适度分离,将原属于不同行政管理部门分别行使的行政处罚权集中起来,由城管执法部门统一行使,这种"整合执法主体,相对集中执法权,推进综合执法"的改革举措,客观上确实解决了权责交叉、多头执法、执法推诿、执法效率不高等问题。但与此同时,"管执分离"改革也产生了管理权与执法权不衔接所引起的许多新问题。

进一步深化城市管理综合执法体制,关键要解决好综合执法力度加大、执法重心下沉到街镇基层以后,行政管理上"条""块"之间的矛盾,真正建立并完善行政管理与执法有效衔接联动的机制。否则,由于管理与执法之间衔接不畅,会影响城市管理水平和执法效率的提高,从而也降低或削弱城市管理体制改革效果。因此,研究深化城市管理与执法衔接机制,从根本上说,就是要进一步突破体制改革的瓶颈问题,充分运用物联网、云计算、大数据等先进信息技术手段,加强政府制度建设、加强智能化管理,为高效城市管理提供稳定成熟的机制支撑,为深化体制改革营造更好的环境,提升改革积极效能。而且,也可以为城市治理理论的创新提供好的实践案例。

二、上海城市管理与执法衔接的发展现状与所面临的问题

2014 年上海城市管理体制改革以来,城管执法体制机制不断完善,管理职责由"条"向"块"转移,执法力量不断下沉,街镇通过综合调度不同部门和整合多方力量,使城市管理水平和执法效率得到极大提高。然而,改革过程中也暴露出不少新问题,尤其是实施"管执分离"模式后,管理部门与执法部门工作界面不清、衔接不畅的现象十分突出,这对上海城市提高科学化、精细化、法治化管理水平形成了不少新的挑战。

（一）"管执分离"模式下管理部门与执法部门关系现状

在 2015 年上海市城市管理行政执法《条例》和《实施办法》中，先后制定了市、区城管执法部门的工作职能、管辖权界定标准，赋予了乡镇政府城管执法主体资格，明确了城管执法界限、适度拓展了城管执法事项。之后，改革主要通过实现"区属街管街用、镇属镇管镇用"两种方式，将城管执法力量全面充实到基层一线，将各种管理资源与执法力量向基层聚焦倾斜，夯实基层组织的社会治理责任与能力，着力解决"看得见，管不着"的问题。在区级层面，单独设立区城管执法局，实现与街镇基层执法联动，基层城管综合执法以网格化平台为核心发现问题机制体系已经确立。

总体上看，上海城市管理执法体制改革进展顺利，也取得了不少成效，运作机制顺畅、人员队伍规范、部门配合协调，有效解决了多头执法、执法推诿、执法效率不高等问题，初步实现了城管综合执法体制改革初衷。在松江区、黄浦区等区调研时，执法部门基层领导都表示，管理职责由条走向块、执法力量下沉，管理力量由单打独斗向多方整合转变，管理事项从单一管理向综合治理转变，尤其是探索"街长制"后促进执法资源整合，使块内城市管理的优势凸显，城管执法效率明显提高。浦东新区的问卷调查结果也显示：集中执法、执法力量下沉等改革举措获得了各类受访者认同，总体认同度达到 80.86 分。

在目前"城管与执法分离"的改革模式下，城市管理部门与执法部门的关系，从纵向上看，前端管理权和后端执法权适度分离，分别由行业管理部门和城管执法部门行使,行业管理部门职责是行业规划、政策研究和管理标准的制定,城管执法部门依法行使行政处罚权及相关的行政检查权和行政强制权;从横向上看,把原来由不同行政管理部门分别行使的相关行政处罚权集中起来,由城管执法部门一家行使,有两种重新分配的模式:所有处罚权全部移转,原部门不再设执法队伍,如绿化市容。部分处罚权移转,原部门仍然保留一定执法队伍,如环保、水务等。从理论上讲,行政管理部门与城管执法部门都是城市管理的主体,目标导向是一致的,管理权与执法权应该相互衔接协调,管理部门应与执法部门良性互动。但在实践中,由于职能定位不同、方式手段不同,实施结果也是不同的,所以,管理和执法的协同配合需要一定的制度安排和机制设计。

(二) 当前上海城市管理与执法衔接所面临的问题

上海市城市管理行政执法《条例》和《实施办法》对管理部门与执法部门的工作界面划分没有做出明确的制度安排,这为当前上海"管执分离"模式实施后管理与执法的协同配合留下了新空隙、新问题,管理与执法的内在联系被人为因素所割裂。在调研中我们发现,城市管理与执法衔接不畅的问题主要表现如下:

1. 强调行政管理目标快速实现与规范执法之间的矛盾

城市管理体制改革以后,城市管理执法力量由条向块下沉过程中,行政诉讼、行政复议数量在明显上升。例如,据黄浦区城管局等介绍,城市管理体制改革以前没有行政复议,改革实施后短短半年则增加到 6 起,其他区街道也有类似情况。究其原因主要有三方面:

（1）镇街注重行政管理目标的快速实现，以结果为导向对执法中队进行评价。为了快速完成市区下达的有关城市综合整治目标，街镇往往集中执法力量采取快捷速战的方式解决，而忽视按照正常执法程序推进，由此产生许多后遗症。在考核执法人员时，较多参考执法数量和处置数量，然而由于执法程序的复杂性，城管综合执法的质量无法通过处置案件多少加以体现。

（2）执法人员专业素质相对不高导致执法过程不规范、执法程序不合法，忽视法律法规的现象较为普遍。在浦东调研中发现，在依法行政上，有 24.7％的执法人员未进行执法提前告知。

（3）街道负责执法，但不承担执法后果，权责不一致，致使街道执法时优先考虑执法成果，忽视执法后果。街道隶属政府派出机构，不具备诉讼主体资格，不具备行使相对集中行政处罚权的主体地位，但以区城管执法局名义执法，人、财、物管理全部交由街道负责，执法队伍由区城管执法局统一派驻，一旦执法出现争议和问题，城管执法局必须承担行政诉讼及其后果，街道不用承担法律责任。由于街道不必承担法律后果，导致街道在执法过程中注重完成市级、区级分配的任务，容易忽视执法过程的合法性、合规性。

2. 城管综合执法边界不清或划分不合理导致以罚代管现象突出

就目前来看，无论是否应由政府管理的事务，甚至无论是否合法，都调用城管执法力量，但到底哪些是城管执法职责，哪些是管理部门职责，并无明确标准。"管执分离"带来最大的问题，就是管理部门与执法部门在日常监督检查工作方面，容易造成部门之间扯皮,甚至出现以罚代管、日常监管弱化的现象。

（1）事前管理部门工作不到位,遇到问题先找城管解决,以执法代管理的现象普遍,导致执法工作被动、执法任务加重。原则上,管理部门应当对违法者先行劝说,并告知、责令整改,但随着绿化、环卫、市政、环保、水务、工商、建设、规划房管等部门的全部或部分执法权限划归城管综合执法,在实际操作中,这些部门的行政管理职能在弱化。如松江区市容绿化局反映,原则上管理部门应当对违法者先行劝说,并告知、责令整改,但执法力量下沉后,管理部门在管理上力不从心,管理手段减少、力量明显削弱。此外,"以执法代管理""执法即管理"的错误理念也直接导致城市综合行政管理过程中预前管理的意识减弱,还有就是行政管理缺位、管理手段缺乏等。

（2）在具体执法权限的划分过程中存在不科学、不合理之处,选择性授权较为普遍。例如,餐饮企业油烟排放的管理问题,有证有照的企业由环保部门管理,无证无照的企业则由城管执法部门管理,但这种划分并没有相应的法律渊源,且操作上存在很大问题。当遇到有证无照的情形时,该由哪个部门管理却变得十分模糊,容易导致管理部门推诿扯皮现象的发生。

（3）授权过程不够严肃,授权较为随意。通常情况下,由管理部门对违法行为发放告知书责令整改,若未按期限进行整改,再以书面形式来请求城管部门协助调查执法,但哪些需要书面请求,哪些不需要书面请求,并不清晰。在这一过程中,黄浦区城管执法局反映,一些行业管理部门的行政处罚授权,甚至直接通过会议纪要的形式授权于城管执法部门,明显违反了相应的法律规定。

3. 行政管理部门对城管执法部门支撑不够导致执法效率下降

在实践中,行业管理部门在信息、技术和专业方面对执法部门支撑力度是不够的,管理信息共享不及时,甚至不共享,管理部门将执法事项移交给执法部门的过程中,很多审批部门、行政管理单位的信息并没有移交给城管部门,而且在移交后,行政管理和行政执法部门之间也并未建立信息共享和交流机制,这导致执法部门在执法过程中出现执法取证难、违法行为认定难、案件移交和反馈有脱节、执法协调成本高等问题。例如,在违法建筑的拆除方面,黄浦区基层工作人员反映,为调取违法建筑的相关材料,曾先后在相关部门之间往返 20 余次,极大地降低了执法效率。

同时,沟通配合工作不落实,导致沟通成本高、环节繁多。管理部门行政检查的日常管理行为与执法部门的行政检查两者区分和界定较为困难,管理标准与执法标准不一致。如市绿化市容法规处反映,管理部门在行政管理中所取得的证据不一定能转化为执法部门的证据,行政执法部门有另一套取证标准,行政执法部门需要重新收集证据,大大影响日常城市管理与执法的效率问题。松江区市容绿化局反映,管理与执法两者缺乏统一执法标准和具体流程,信息不对称。相对而言,城管的流程较为严格,基本以书面形式来请求协助调查。如市容方面,广告牌拆除先由管理部门发放告知书责令整改,若未按期限进行整改,再由城管部门进行执法。

4. 城管执法信息反馈不及时影响管理部门前端决策和管理实效

行政执法是政府管理部门与行政相对人直接发生联系的重要

环节,因此执法部门往往最了解城市管理中的问题和市民的需求。而管执分离后,行业管理部门不再履行执法权,其对管理对象的了解就会有所缺失。执法权的缺失,对于行业管理部门来说,就缺少通过行政执法活动去了解政策在实施过程中的合理性问题,进而可能会影响到决策的科学性和实效管理。所以,城管综合执法部门在执法中的信息和有关诉求要及时反馈给行政管理部门,行政管理部门在做出行政管理行为时应充分与城管综合执法部门进行沟通协调。否则,会使管理部门的管理行为不尽合理,综合执法部门实际执法过程中存在的问题不能及时解决。在松江区调研时工作人员也反映,区县早已建立相关信息平台,但是时间不长,效果不尽如人意。在浦东新区调研发现,有超过 1/4 的工作人员认为执法改革无法降低执法工作难度,且不能促进部门之间沟通和与执法人员的沟通。

5. 执法人才队伍建设滞后影响了城管执法与行政管理的衔接

目前,城管综合执法的事项多达 424 项。在执法空间上,必须对街面及其之外的小区、农村地区等区域进行执法;在执法时间上,城管执法几乎是全天候执法。执法工作量较大,人员配备依然较少,执法人员超负荷工作现象较为普遍。总体来看,随着执法事项的增加,执法队伍的人员配备、专业知识储备等尚没有跟上,导致执法队伍建设滞后,主要表现在 3 个方面:

(1) 执法任务不断增多,但相应的人员编制未能到位,人员配备依然较少,镇街往往还会安排城管执法部门去做一些不在其工作范围内的任务,导致执法人员超负荷工作现象较为普遍。松江区反映，由于管理的重点、难点与执法的重点、难点不一样，城管工作重心在拆违或者重大项目，由于城管工作中拆违面积是考核标准之一，因此在这方面分配人员较多，导致其他城管执法方面人员分配较为薄弱。另外，为弥补执法人员不足，执法部门会向社会招募辅助人员协助执法。但是由于辅助人员的管理与培训不足，执法过程中辅助人员的执法行为不够规范，造成与执法对象的冲突，对城管人员形象产生不良影响。

（2）专业知识人才缺乏，特别是涉及环保、房管、规划等专业性较强的城管人员相对不足。如松江区水务局反映，目前他们将执法部门划分成小团队，每一团队对应每一个街镇，这样使得街镇在遇到水务问题时可以及时找到工作人员进行对接，即使工作人员无法解决问题，但也可以作为信息员，向上级传递管理信息。如果将其划归给城管综合执法，则不仅专业知识不能满足工作需求，同时对接机制也不能保证顺利实施。

（3）人员激励机制不健全，通过公务员系统招募的新进城管人员实践经验不足，而执法队伍中优秀的非公务员编制人员又无法升职到相关岗位，对执法人员工作积极性影响较大。客观上，这都影响了管理与执法的有效衔接。

（三）城市管理与行政执法衔接情况的案例分析

为进一步分析行政管理部门与执法机构之间沟通衔接不畅的问题及原因，学习总结某些领域某些区城市管理与执法衔接较好的经验做法，课题组通过调研了解，选择以下 3 个领域的案例进行分析。

1. 水务：城乡中小河道的综合整治

城乡中小河道综合整治是2017年市委、市政府重点工作。上半年，市水务局会同各区建立了"一河一图一信息"的全覆盖、无重复、无遗漏的河湖本底数据库，并制作了《2017年度中小河道综合整治图册》，将1 864条河道以区、街镇为单位进行上图和落标，明确整治任务目标，真正做到河道整治和管理实现"挂图作战"。同时，按照中央推行河长制要求，上海基本建立了市—区—街镇三级河长体系，构建起"水岸联动"协作机制。从城市管理和执法衔接的角度来看，城乡中小河道综合整治确实起到了较好的作用，但也存在一些问题。

据市水务局有关领导介绍，水务管理部门并不是所有的执法事项都归于城管执法部门，水务部门执法仍然有一定独立性的特点，水务执法有5个支队，也有区水务执法局作为支撑，所以有一定特殊性。但从执法实践层面看，执法与管理分离后也产生一些问题，特别是执法力量下沉之后，综合执法有所侧重，专业性执法有所弱化，而且执法事项与执法对象上会出现职能交叉。因此，水务管理与城管执法的衔接问题也比较突出，但目前建立了与城管部门的联动执法机制，执行起来效果还是不错的。如每年都开展联席会议，每年选取重点区域、重点对象、执法难点，开展联合执法。同时，探索建立资源共享机制、信息沟通机制，市水务执法总队将违法信息通报给市城市管理执法总队，市城管执法总队将执法信息反馈给市水务执法总队，通过联络员制度加强总队之间的日常联系。

松江区水务局有关负责同志介绍,松江区在管理与执法方面衔接较为顺畅,有以下3个机制保证衔接顺畅:

(1) 配合管理与执法的衔接工作成立小团队。将执法部门划分成小团队,每一团队对应每一个街镇,街镇在遇到水务问题时可以及时找到对应人员进行对接,即使对应人员无法解决问题,但也可以作为信息员,向上级传递管理信息。

(2) 定期开展与其他职能部门的联合执法。市水务条线与市环保条线有联合执法方案,市水务局与市城管局有联合执法方案。相对区水务局与区环保局也有联动工作方案,每年针对哪些范围,所有的内容、执法的形式都有着详细要求。

(3) 主动联合执法部门商议棘手问题。

2017 年以来,上海正式发布《关于本市全面推行河长制的实施方案》,并已基本实现"河长制"全覆盖,要求河道治理做到"全覆盖、水岸同治,动真格、铁腕治水,依法管理、行刑衔接,重基层、群众成主体"。目前,上海河长制河道要求"一河一策",按照属地管理,具体整治工作落实在各区。但"河长制"推进中遇到的问题也较多,特别是管理与城管执法的衔接问题也十分突出。如界泾(嘉定区、宝山区)受到动拆迁不到位、河道蓝线调整等管理问题影响,整治推进缓慢;部分"702+691"河道周边违法建筑及污染源底数排摸进展较为缓慢;部分区本年度污水网管项目尚未开工,需加快推进。截污纳管与河道水利工程衔接不够,部分河道水利工程完工后,由于沿岸污水未全部截污纳管,导致水质改善不明显;企业污水处理存在着较为严重的问题。以青浦区水域治理为例,青浦水域由于违法建筑,雨污混合,污水直排河道,垃圾无序倾倒等原因,致使河道水质变坏。

从调研了解的情况来看,上海城乡中小河道整治的积极成效,集中体现出管理与执法衔接上的实践探索,其反映出来的一些突出问题,则更多地表明建立管理与执法的衔接机制仍面临较多的工作难点。

2. 市容绿化：户外广告、建筑垃圾的综合整治

整治户外广告乱设、建筑垃圾乱倒问题是市容绿化管理部门的重点工作,事关国际大都市的形象。从加强城市精细化管理与和谐社会建设的要求出发,上海在治理户外广告、建筑垃圾的过程中,正视城市发展现实,因地制宜,一点一策,变无序为有序,积极寻求问题的解决之道,在管理和执法的衔接上做好整治工作。

户外广告乱设的整治。长宁区在整治户外广告问题上采取"三架马车"机制推进整治收效显著,非常值得学习借鉴。具体而言,对于每一处列入整治范围的广告,局协调科会同区绿化市容局灯光广告科,核查广告审批情况,确认规划点位、审批、审批时效及审批相关要求等基本情况。违法确证后,由景观灯光所安排人员上门开具管理告知文书,在自行整改期限过后,当事单位未予整改落实的,将案件移送执法局,进入整治工作程序,建立管理部门与执法部门工作相配合、程序相衔接的运作机制。除此之外,还积极约谈广告商,了解广告商基本信息,正确把握广告商的利益需求;直接约谈当事单位,绕开冗长办案过程,既立足推进整治的目的,又能站在对方立场兼顾考虑并服务于对方的正当关切,争取当事单位配合整治工

作。在调研过程中,松江区市容绿化局反映,擅自设置广告设施,谁发现,谁查处,查处是否需要市容管理部门移交执法部门,还是执法部门直接处置,直接处置是否造成以罚代管,这些问题都没有明确规定。

乱倒建筑垃圾的整治。由于装修垃圾、拆房垃圾等建筑垃圾存量接近饱和,产量持续增长与处置能力的不足,具体表现在区级装修垃圾处置点处置容量严重不足。垃圾减量措施不到位,即再生资源回收利用率低。这都是导致乱偷倒现象愈益严重的原因。

宝山区历来是上海北部城区渣土的集中产生地、中转地和处置地,目前宝山区正处于统筹城乡一体化发展的阶段,房地产开发、市政建设、工商业活动、二手房交易都相当活跃,各类建筑垃圾的高产出量持续了较长时期。为此,宝山区在整治建筑垃圾方面重拳出击:

(1)采取属地管理责任。实行就地消纳原则,各街镇(园区)负责各自区域范围内建筑垃圾的就近就地消纳工作。建立对口协助机制,由建筑垃圾消纳能力较强的区域对口协助消纳能力较弱的区域,由被协助区域按照市场化消纳价格承担处置费。

(2)建设建筑垃圾预处理、中转设施。设立临时堆放地和建设区级永久分拣中心,同时配置建筑垃圾中转码头,提升中转外运能力。

(3)加强建筑垃圾源头分类管理。实施工地源头减量化,加强居住区源头分类,开展分类分拣作业。

(4)拓展建筑垃圾处置渠道。挖掘本区消纳处置潜力、扩展外区处置渠道,探索新技术、新设备应用。

（5）加强建筑垃圾运输处置管理。推广区域渣土运输制度、强化运输处置全过程监控、完善联合执法机制。

闵行区采取各司其职的方法，即划定各部门工作职责，即区城管执法部门对渣土运输车辆产生的泄露、散落、飞扬等污染道路违法行为，运输车辆未密闭、非法从事渣土运输，擅自倾倒、处置建筑垃圾和工程渣土等违法行为进行处罚；区绿化市容局应加强渣土专营企业的管理，对渣土运输企业违规行为，加强本区范围内渣土消纳点的管理；区建管委应加强出土工地现场管理，建立出土工地视频监控系统，设置建筑渣土处置责任公示牌等工作；区交通委应严把运输企业普通货物许可关，加强转运码头监管，加强渣土水路中转管理；区房管局应加强住宅小区装修垃圾源头管理；区房屋土地征收中心应加强拆房工地垃圾源头管理。通过建立联动机制实现执法撬动管理，执法和管理无缝对接，最终形成渣土闭环管理。

另外，金山区在管理上下功夫，如采取扩建、增设垃圾处置场；优先选用资源化产品并落实产品出路，对建筑垃圾资源化利用企业进行补贴；配套建设废物收集、贮存、转移处置等管理制度。浦东新区在探索渣土运输企业准入制度，通过市场化手段调配建筑垃圾资源配置，加大政府管理、引导作用。

3. 房管：违法建筑拆除的整治

从目前掌握的违章建筑情况看，有的违法建筑侵占了公园绿地、堵塞了消防通道、占压了地下管线，不仅严重影响了市容市貌，还给群众的生命财产安全带来巨大隐患，拆除违法建筑也是城管执法的重点。上海城管执法条例明确规定，管理部门必须提供现场管理和协助,但实际并非如此。城管执法人员在拆除违法建筑时,需要到相关行业管理部门调取房屋结构图,期间面临排队等候、开具介绍信、支付调档费、不允许拍照取证、不给盖公章等问题。特别是房屋图纸的识别需要一定专业知识,仅凭执法人员自身能力无法从专业角度认定房屋是否属于违法建筑,这客观上加大了执法难度。据黄浦区基层执法工作人员反映,为调取违法建筑的相关材料,曾先后在相关部门间往返 20 余次,极大地降低了执法效率。

三、建立完善上海城市管理与执法衔接机制的总体思路

按照中央对上海超大城市治理创新的要求,针对当前上海城市管理与执法衔接不畅存在的问题,课题组研究认为,城市管理与执法衔接机制的建立完善是上海城市治理创新的重要标志,主要思路必须把握好:突出精细化导向、强化法治化理念、创新政府治理模式、提高智能化手段。

(一)突出精细化导向是上海城市管理与执法衔接的出发点和落脚点

城市治理就是要在"精"与"细"上做文章,精是精准、精益求精;细是细致、全面详细,可以体现为:执法精准、管理精致和协调精湛。从厘清管理与执法的边界,到管理与执法对接、管理与执法互动等,具有具体、清晰、可操作的规范化要求和标准化规定,实行全

过程精湛协调，以达到城市治理的精准执法及精致管理。要充分把握衔接过程中事项的关联性、技术的专业性、处置的有效性等，也要建立动态及时反馈和调整机制，对出现不匹配、不对称、不适应管理与执法衔接的情况，及时研究并快速调整。突出精细化导向，关键还要把握好市民需求，以市民满意度为基础，根据市民需求实施管理和执法。

（二）强化法治化理念是上海城市管理与执法衔接的重要根基和立足点

城市治理创新必须确立"以人为本"的宗旨，充分考虑市民需求，以城市的安全、秩序和充满活力为基准，按照已经制定的法律，依法治市。要善于运用法治思维和法治方式解决城市治理顽症难题，形成城市综合管理法治化新格局。针对我们前面提出的城管综合执法边界不清、权限划分不科学、随意选择性授权等问题，特别是执法权下沉以后，街道执法权实施后所造成行政诉讼、行政复议上升的问题，在下一步深化改革、促进管理与执法衔接过程中，要积极推动地方立法的完善，实现科学立法、严格执法、公正司法、全民守法，更好发挥法治的引领、规范和保障作用。

（三）创新政府治理模式是上海城市管理与执法衔接的关键点和核心内容

当前上海城市管理与执法衔接中存在的"管理与执法工作边界不清，行业管理部门对执法部门信息不共享、技术与专业能力不提供支撑，前端管理与后端执法不对接"等问题，从根本上来说，都是政府部门职责不清、扯皮推诿、相互内耗衍生出来的，也是行政管理体制中条块分割、服务不到位等问题所造成的。所以，创新政府治理模式的关键就是转变政府管理职能，厘清政府与市场、政府与社会、政府纵向上下级及横向各部门之间的权责关系，积极打造服务型、法治型政府。2016 年 8 月，住建部首次倡导了城市管理"721 工作法"，即 70％的问题用服务手段解决、20％的问题用管理手段解决、10％的问题用执法手段解决，要求各地改进工作方法，变被动管理为主动服务。

（四）提高智能化手段是上海城市管理与执法衔接的有效方式和手段

智能化就是更多运用互联网、大数据等信息技术手段，构建政府各部门、政府与社会公众之间共享与互联互通的信息支撑平台，具有信息多元化收集、重点区域实时监控、数据综合分析研判、问题高效处置等多种功能，做到发现问题、分析问题、解决问题、核实反馈等紧密相扣运行顺畅的工作流程，促进管理和执法的有效衔接，真正提高执法效力和城市管理效率，实现城市精细化管理目标，彻底改变当前政府部门之间信息孤岛林立、数据碎片化现象，也有利于促进社会公众参与和监督城市管理工作。

依据上述理念和思路，建立和完善城市管理与执法衔接机制，可从两个维度去把握：

1. 第一个维度——从上海城市治理创新的高度，去厘清管理与执法的权责边界。明确管理与综合执法职责边界,落实管理与执法主体责任,以适应改革的动态需求。

(1)基于行政处罚权的工作界面划分。根据上海市城管执法局2016年的有关统计,城管执法的329项行政处罚事项中,需由行业管理部门提供有关信息,以作为处罚依据的事项总数为119项,占比为36%。其中,许可类事项占比重最大为15%,管理类信息、技术规范和标准信息、备案信息分别为8.5%、7%和5.5%。为此,在行使具体行政处罚权过程中,行业管理部门与城管执法部门的工作界面在于:行业管理部门应为城管执法提供许可类信息、技术规范和标准、申报备案类信息以及其他与执法相关的管理类信息;城管执法部门应当根据行业管理部门提供的信息进行违法行为的认定,并进而做出是否给予行政处罚的决定。

(2)基于其他行政管理和监督职责的工作界面划分。根据"谁审批,谁监管"的要求,行业管理部门事中事后监管与城管部门执法之间也必须有明确的工作界面:日常监督检查应由行政管理部门作为责任主体,其一旦发现违法行为,应移送城管执法部门查处,城管执法部门负责行政处罚。

(3)基于行政决策权的工作界面划分。"管执分离"后,行业管理部门主要通过制定各种政策实现管理目标,更多参与或者主导行政决策工作。但行政决策必须基于现实生活的主客观条件,需要掌握大量的信息,包括行政执法情况及相关信息。城管执法部门通过日常执法检查工作,对管理对象更为了解,对行政决策可从可操作性、执法成本等角度提出意见。因此,城管执法部门应当是相关行政决策征求意见的必经环节,决策部门应当充分重视城管部门的建议。

2. 第二个维度——从促进改革发展的深度,构建管理与执法有效对接的通道。"管执分离"模式下,管理权和执法权分属于城市管理的不同主体,但都是整个城市治理体系中的重要一环,具有共同的目标导向——提高城市管理效能,这就要求在管理与执法之间形成有效对接的平台或通道。

(1)建立信息共享平台。综合、整合、集合各种信息资源要素,促进行政管理部门、城管执法机构及其他社会组织及时共享信息,避免造成执法部门取证难、违法行为认定难、案件移交和反馈脱节等问题。

(2)促进综合行政执法与专业行政执法良性互动。行政管理与城管执法在对接过程中还要注意有部分专业特色比较明显的处罚权仍保留在原部门中,需行政管理部门来把握执行,因此,综合行政执法和专业行政执法在执法事项和执法对象上可能会有交叉,需要协调配合、良性互动,如综合行政执法以基层街镇"块面"为主,市区"条线"的管理部门要主动配合;专业性执法以市区条线的管理部门为主,街镇基层"块面"要积极配合。

四、建立上海城市管理与执法衔接机制的路径与对策建议

建立城市管理与执法衔接机制,是上海城市治理模式创新的主

要标志,也是上海深入推进城市精细化管理、建设卓越的全球城市的重要抓手。针对当前城市管理领域中存在的突出问题和关键短板,如何通过建立完善管理与执法衔接机制,加强管理与执法部门间密切协作、良性互动,更好地提高管理效率、提升执法效力,课题组经过研究分析,提出如下 8 个方面的具体路径和对策建议。

(一) 加强城市管理顶层设计,形成管理与执法衔接的制度化安排

2015 年中央《关于深入推进城市执法体制改革、改进城市管理工作指导意见》明确要求,各省、市、自治区政府应当建立相应的协调机制,市、县政府应当建立主要负责同志牵头的城市管理协调机制,加强对城市管理工作的组织协调、监督检查和考核奖惩。上海市级联席会议已运转多年,但如何形成管理与执法衔接顺畅、良性互动的关系,还需要在机制设计上建立更为积极有力的制度性安排。

我们认为,目前已形成了定期召开市区联席会议制度,建立协调会商制度、信息通报制度等这些常规性的工作机制需要进一步深化、细化、具体化,特别在重点研究部署中长期、战略性的城市管理目标任务,重点解决执法和管理中产生的急难愁问题,强化执法协作制度、联合执法制度等方面要有实招,切实提高执法与管理效率。同时,在这个工作机制中还要增强两个方面的功能作用:

1. 充分发挥好上海市住房与城乡建设管理委员会在城市管理中的枢纽核心作用,其作为城市建设管理综合协调机构,在城市管

理职责存在交叉、空白或不清的情况下，具有兜底责任，为更好地促进城市管理上"条""块"紧密结合，住建委必须跨前一步、站高一步，自觉增强对城市管理的统筹与引领功能。

2. 进一步发挥联席会议制下设专家咨询委员会的智力支撑作用，必要时可做实这个议事机构，以独立客观公正的第三方角色，跟踪评估城市管理各项改革与政策措施的落实执行情况，监督考核市级、区级、街镇层面管理与执法衔接配合情况，前瞻研究国际化大都市城市治理的战略举措。

（二）构建城市信息共享平台，促进管理部门与执法机构互联互通

中央明确提出，要整合人口、交通、能源、建设等公共设施信息和公共基础服务，拓展数字化城市管理平台功能，促进多部门公共数据资源互联互通和开发共享。在当前大数据、物联网和区块链以及人工智能快速发展的时代，上海完全有条件坚持以大数据技术运用为依托，构建信息共享平台，促进城市治理决策科学化。针对当前本市管理与执法信息共享度不高、信息传递不及时的实际情况，可加快建立实时联系、全面覆盖、适度分离、双向数据交换、可反馈、可监督的信息共享平台，发挥数据传送的高效率和可追踪、可监控。

信息共享平台主要发挥三方面作用：

（1）将行业管理部门的前端管理信息及时与城管执法部门共享，如运输管理部门掌握的营运证信息、交通部门掌握的车辆登记信息、市场监管局掌握的企业登记信息，以及建交委、环保局等部门

的各类行政许可信息等。

（2）将相关单位掌握的视频资源与城管执法部门共享，通过共享公安、网格、街镇、社区等多方视频监控资源，实现城管执法部门对违法现象的及时发现、及时干预。

（3）将城管执法部门掌握的行政检查信息、行政处罚信息、行政强制信息，及时通过信息平台向行业管理部门予以反馈。突出信息平台的执法反馈作用，将后端执法情况向管理部门推送，帮助管理部门了解执法情况。

信息共享平台是解决城市管理与执法衔接的基础和重要技术支撑，也是城市管理智能化、智慧化的重要标志，其构建是一个庞大的系统工程。目前来看，建议应由市住建委牵头，相关管理和执法部门参与，研究制定信息共享平台建设的指导文件，由市政府颁布实施，住建委具体负责落实推进，扩建和深化城市网格化管理平台的应用，拓展各专业领域和郊区城镇化地区网格化应用，逐步整合各专业网格和各级系统平台，可先在城管联席会议制成员单位内部链接共享，逐步促进市、区、街镇 3 个层次的城市管理网格化平台信息统一共享。同时，还要推进各种专业平台之间的互联互通，建设上海城市管理综合信息数据中心和共享交换平台，采集市民及社会力量参与城市管理的信息内容，可与城建热线 12319、市民热线 12345 等信息链接共享，并逐步创造条件，与公安关于人口、户籍、交通等与城市综合管理密切相关的信息数据，做到内部链接共享。

（三）优化管理标准与流程，制定公布城市管理与执法的权责清单

依法建立城市管理和综合执法部门的权责清单，向社会公开职能职责、执法依据、处罚标准、运行流程、监督途径和问责机制。上海城管执法体制改革以来，执法权下沉到基层、执法事项不断扩大，这使得城管部门不堪承受，为了优化权力运行流程，在制定公布城市管理与执法的权责清单中必须把握好3个方面：

1. 结合城管执法队伍的承载力和执法效率，明确执法事项纳入城管综合执法的标准，建立执法事项清单。执法权下沉必须充分评估基层政府实际执法能力，职能部门职责下沉须由上级政府严格审核把关。专业化程度高、国家垂直管理、专属执法权等事项宜保留专业执法力量，由行业管理部门行使，不宜纳入城管执法。城管执法在具体权责分配上，实行简易执法和复杂执法的划分，将凡是适合街镇管理与简易执法的事项全部下放，对不适合街镇管理与简易执法的事项交由区执法局承担，如无照商贩、露天烧烤、损坏花木等行为的相关事项均由街镇承担，由街镇综合执法中队具体负责。城乡规划、户外广告和交通执法中的出租车运营、机动车停放等方面的违法行为等均由城管执法局承担。对于违反市容卫生、公共秩序方面的城市管理法律法规、街面执法中部门职责交叉严重的执法事项等可以优先纳入执法事项，由城管部门直接处理解决。

2. 建立城管执法事项清单后，需有新的执法事项纳入执法范围时，移交事项必须通过人大立法讨论和确认，严格审核执法权转

移。相关行政管理部门在将新的行政执法职责划转至城管综合执法部门时，都需要对城管执法能力进行重新评估，对城管执法队伍人员数量、执法人员知识结构、执法事项数量、违法行为发生情况、执法巡查范围、案件处理周期等多个因素进行衡量，科学估算城管执法的工作负荷度。根据评估可以纳入的，应当先修订或修正《上海市城市管理行政执法条例实施办法》，待政府规章明确执法依据后，再正式纳入执法事项清单。同时将其所属的行政执法人员编制和相关费用也同步划转至城管执法部门。

3. 健全城市管理重点领域的法规和管理标准体系建设，为城市管理和执法的职责划分和工作衔接提供重要支撑。研究梳理有关住房、交通、市容、水务、生态环境、公共安全等城市管理重点领域的地方性法规规章，对一些与现实脱节较大的法律法规要及时修订、调整或者废止，以提高法规和政策的时效性与回应性。同时，在上位法保障支撑下，进一步以国际先进水平为标杆，建立健全上海城市综合管理标准体系，如市容环卫、园林绿化、房屋管理、安全应急等行业标准化的内容建设上，优化方向上要有权威性，有明确的管理目标、技术标准、作业规范、管理流程等。只有在城市管理高标准严要求下，城管执法才能更有针对性和有效性。

（四）实现信息超前反馈，建立管理与执法的预警预报机制

以权力运行流程为线，串起管理与执法过程中的各个风险点，全力化解管理与执法过程中可能预见的问题，编制一张权力风险防控网。预警预报机制是完善管理和执法职能探索性的尝试，旨在强

化政府风险意识和危机意识。在具体实践过程中虽然已经制定权责清单,但权与责无法被穷尽,随着管理与执法的目的变化转变或衍生出新的内容。职能空白或交叉仍是今后所需要解决的问题。而预警预报机制的存在能提高各部门协调化解危机的能力。

1. 建立预警预报责任小组。职责是对管理和执法实践中产生的问题进行加工整理,并通过分析,发现本部门监管中问题出现症结所在,把握好预警预测的准确性、及时性,为政策决策提供完整的第一手资料。

2. 建立预警预报大数据共享与应用平台。有效应用互联网、大数据、云计算等先进技术手段,建设市、区级层面管理与执法预警预报机制。形成管理与执法需求、问题预测,分层级(市、区两级)、分布式(街道层面)网络体系。加强执法与管理需求、问题预测基础数据收集和整理,预测未来管理与执法需求和问题,做好提前准备。

(五)厘清管理与执法工作的配合内容,建立常态化协作清单

分析梳理行政管理部门与执法机构需要协作配合完成的工作内容,建立常态化协作清单制度,包括协作事项、协作形式与途径等,强化执法协作,建立城市管理信息互通、资源共享、协调联动机制。

1. 信息互通的协作。管理部门应当及时发布与执法有关的行政许可事项和监督管理信息。执法机关应当将执法过程中发现的问题和处罚情况及时反映给行政机关,对反映的内容,管理机关应

当在一定期限内予以反馈。

2. 资源共享的协作。执法机关在查处违法行为过程中需要查验有关资料的,相关行政机关应当依法在 7 个工作日内提供,不得收取任何费用,不能提供的必须书面说明理由。需要相关行政机关提供专业意见的,应当自收到协助案件之日起 7 个工作日以书面形式给予明确答复并释明理由。若相关部门需要执法机关补充相应材料的,应当一次性告知,补充材料时间不计入回复期限内。

3. 协调联动配合。管理部门应加大宣传力度,引导企业、个人、社会组织减少行政违法行为,可通过公益短片、宣传片、网络、公共移动电视循环播放、分发漫画、读本等形式向公众进行宣传,给予正确的引导。提前宣传告知、责令整改。对需要管理部门认定的执法事项(如违法建筑的认定,破坏承重墙建筑的认定,油烟、噪声扰民的认定等),举证责任要前置,主管部门应出具相应的鉴定结论书。管理部门必须当面约谈违法单位、企业或者个人,晓之以理、动之以情,责令当事人整改。在约谈和催告无效的情况之下,再由管理部门将情况移转至行政执法部门。明确事后监督管理责任问题,"谁审批,谁监管"中的监管不仅包括执法,还包括日常检查,管理部门作为许可事项事后监管的责任主体,实施日常监督检查中发现违法行为的,移送城管执法部门查处。

(六)健全评价考核标准,激发管理和执法衔接协同合作的积极性

评价考核是一切工作的指挥棒,要促使城市管理与执法衔接顺

畅,关键要激发管理与执法协同合作的内动力。目前在"1+1+1+X"城市综合管理体系内,对城管执法部门和执法人员的考核较为明确,但是忽视了与城管综合执法相关的专业管理部门的考核,这导致专业管理部门在处理城管综合执法相关业务时较为消极、不作为。为此,建议下一步要加强管理部门的评估考核,可以考虑将专业管理部门的相关业务,特别是为执法环节提供支撑的管理内容,亦纳入整个执法考核评价体系当中。同时,为了解决街镇执法规范、行政复议上升等问题,保证镇街层面的依法行政问题,可考虑在镇街评估考核中增加执法局的评价意见内容,同时整个执法效果还应通过市民、独立的社会第三方机构参与,客观评估广大市民对执法活动的满意程度,把执法难易程度、人民群众满意度、行政复议、行政诉讼的发生纳入镇街政绩考核中,组织开展镇街城管执法排名评比,保证依法执法。另外,还要加强对执法人员激励,按照不同类别、不同层次城市管理职位的要求,建立完善激励监督机制,在城市管理与执法目标考核中实施更有活力的激励措施,适当提高执法办案数量、质量的积分权重,突出工作效率、政策执行力和工作态度等。

(七) 以党建为引领,建立市民、社会组织等多元化协调共治机制

在现代城市治理过程中,政府、社会、企业、公众等多元主体共同参与、协作互动是发展大趋势。目前,上海城市管理与执法衔接中面临的问题,实际上是一个涉及跨部门、跨区域、跨行业的"跨界"

难题,需要建立各方主体协同共治的机制。为此,我们认为,当前要以党建为引领,充分发挥各级党委的政治核心领导作用,牢牢把握城市管理方向,确保多元主体治理有序、有效、有活力。要探索党建区域联建制度新方式,以党建平台网络整合各类资源,完善市、区、街道三级党建平台,督促、引导、鼓励体制内外单位、企业、组织和市民在城市管理中发挥作用,特别是积极发挥区域内党员先锋、榜样作用,可将看似不相关的各种要素变得紧密相连,由此助推城市管理与执法的无缝对接。同时,要充分利用社会组织的作用,专业服务机构、行业协会等社会组织是城市管理不可或缺的重要角色,其专业人员、技术知识、服务能力具有独特优势,在城市管理与执法衔接过程中也应发挥积极作用。通过政府购买动员社会力量,参与城市综合管理或协助城管执法,这在本市一些基层已成为行之有效的重要途径,如绿化养护公司、清洁公司等能辅助政府承担服务功能,纳入城管执法联群联动工作。上海应大力扶持具有城市管理专业能力的社会组织,建立城管行业协会,可通过组织开展业务培训、承办会议、执法绩效评估等活动,调动整合媒体、社会组织和专业机构等相关城市管理资源,达到多管齐下、合众共建,推进城市管理与城管执法的密切衔接。

(八)加快实施人才战略,建设专业化监管执法队伍

要加强城市管理和行政执法衔接机制建设,关键在人,特别要培养和造就一支政治强、纪律严、作风正、工作实的专业综合执法队伍,并保持这支队伍的稳定性。在我们调研过程中一些工作人员反

映,综合执法过程中涉及许多专业知识,如在拆除违章建筑过程中工作人员看不懂建筑图纸等,专业知识的欠缺使得执法只得申请其他专业部门和人员的帮助,但存在申请流程复杂、提供信息材料等必要步骤,极大地影响执法效率。建议围绕提升综合执法人员履职能力作为队伍建设的重点:

1. 开启政校合作新平台。浙江省宁波市市场监督管理局在队伍建设方面独创专业学历教育,即着眼于执法人员素质提升,执法局与高校合作建立执法人员专业素质提升工程,采取教育厅单独立项、单独划线的方式,在全国率先开展相关专业学历教育,充实专业性人才。

2. 建立人才库分级管理模式。针对执法人员性质复杂、执法内容要求专业化的问题,建议以市、区两级为单位建设自己的人才库,整合执法人员专业能力和综合素质,形成市、区人才库,再根据实际情况调配至各区、各局之中,弥补专业性人才短缺问题。

3. 提升执法人员能力。定期邀请系统内外专家权威,围绕综合执法难点、热点问题举办专题讲座,面向基层一线执法人员释疑解惑。邀请与执法相关专业专家学者传授基础知识,如针对拆违问题如何识别承重墙或以最简单的方式看懂建筑图纸等,向一线执法人员传授最实用的知识,让执法人员提高自身专业知识。另外,还需要在激励考核机制等方面配合,促进执法人员自觉地增强责任意识、提高工作能力。

附件：上海市浦东、宝山等区垃圾综合治理情况

国家发展改革委、住房和城乡建设部发布的《生活垃圾分类制度实施方案》明确要求，2020年底前，直辖市等重点城市的城区范围内先行实施生活垃圾强制分类，这就意味着，到"十三五"末，上海城区范围内必须实施生活垃圾强制分类。根据上海市《关于开展垃圾综合治理专题调查的工作方案》的工作要求，各区第一时间对本辖区内垃圾治理问题深入调查和研究，现将浦东新区、宝山、金山、闵行等区在垃圾综合整治中的问题与经验做法汇总如下。

一、生活垃圾存在的主要问题与对策建议

生活垃圾处理是城市运行管理一项重要公共服务，也是一项关系民生的基础性公益事业。随着上海人口日益增长和城市建设快速发展，全市各类垃圾数量急剧上升，土地使用约束从紧，生态环境建设要求提升，上海在城市生活垃圾处理方面形势严峻。如近5年来，浦东新区常住人口以每年2%～3%的速度增长，生活垃圾处置量以每年5%～10%的速度增长，居民生活垃圾处置量约为4 479.5吨/日。

（一）生活垃圾处置现状与问题

1. 垃圾分类减量成效不显著

该项工作是一项系统工程，必须具备的条件有3个：

（1）全民思想上的共识和行动。要通过持久的宣传、发动、组织，提高全民文明素质，内化为自觉的行动。

（2）垃圾分类产业化运行，即分类出来的各类垃圾有处置渠

道,有资金和机制保证其长期运作。

（3）相应的法律法规和政策配套。明确生产者责任、居民责任、单位责任、政府责任,有激励和惩罚机制。目前,这三方面条件都尚未完全成熟,垃圾分类仍依靠"二次分拣"得以实现。

2. 垃圾中转、处置能力不足

生活垃圾中转站、末端处置设施等项目由于土地使用收紧缘故,选址困难、规划落实难度大。中转、处置能力未得到相应配置,使得垃圾无法有序处理,堆积情况越发严重。如宝山区无生活垃圾末端处置设施,全部依赖市级生活垃圾处理系统。

3. 收运系统作业单价多样,不利于日常管理和垃圾物流调度

浦东新区垃圾综合治理报告反映,各镇自行负责垃圾收运工作的价格各异,如区内12座生活垃圾中转站中有8座实行一站一价。垃圾收运作业单价不一,不利于日常管理和垃圾物流应急调度,还增加了预算和结算难度。

（二）生活垃圾处置对策和建议

1. 加强生活垃圾分流处理

可借鉴宝山区经验,实行"大分流,小分类",如生活垃圾通过市属虎林路码头和区属泰和路码头外运至浦东老港填埋场处置,餐厨垃圾进入宝山科林处置厂,菜场垃圾进入泰和路码头菜场垃圾处理设备,绿化垃圾进入江杨北路绿化处理站,废弃食用油脂、有毒有害垃圾、废玻璃等进入市绿化市容局指定处理场所。

2. 推进"两网"有机融合

金山区拟统筹社会网点、居委、物业等有关单位或部门,结合可

回收物的分类收集,合理设置规范性回收网点,可与换为设施兼容共享设施网点,打造"1+3+1"资源回收及垃圾清运网络模式。

3. 探索推进以综合服务单价为基础的垃圾收运处一体化管理模式

浦东新区拟探索推进垃圾收运处一体化管理模式:

(1) 规范环卫作业市场,形成环卫企业作业规范有序、管理部门全程监管的有序格局。

(2) 规范生活垃圾收运处精细化预算编制、优化结算流程,推进垃圾处理领域财政支付体系的改革。

二、建筑垃圾存在的主要问题与对策建议

上海作为超大型城市,面对日益增多的建筑垃圾要在"源头减量、全程分类、进一步提高末端无害化处置和资源化利用能力"上下更大功夫。从长远看,上海绝不能走垃圾填埋的老路,必须合理规划布局和加快建设垃圾处置场所和设施,持续推进现有设施提标改造。如闵行区不断加大城市基础设施建设力度,建筑垃圾产生量逐年增加,2016 年全区产生约 1 600 万吨建筑垃圾,全区共有建筑垃圾运输服务企业 22 家,运输车辆 700 余台,规模和数量比较大。2017 年,宝山区建筑垃圾产生量约为 870 万吨,外区每年有约 300 万吨建筑垃圾进入宝山消纳或者中转。2017 年有市级重大工程 9 个、区级重大工程约 20 个,全区有约 130 个建筑工地产生建筑垃圾需外运处置。

(一) 建筑垃圾处置现状与问题

1. 垃圾生产量持续增长

由于居住小区装修,垃圾生产量日益增长,每天产生居民装修垃圾约5 000吨，每年居民装修垃圾总量可达180万吨。随着"三违"整治力度不断加大，大量产生拆房垃圾，装修垃圾和拆房垃圾存量接近饱和。闵行区在实际操作过程中发现，管理、执法资源相对短缺，难以形成有效合力，特别是对产生建筑垃圾的源头、中转码头、卸点的查处，制约手段少，客观上助长了违规运输建筑垃圾、影响市容环境的现象。

2. 垃圾处置能力不足

产生量持续增长与处置能力不足之间的矛盾尤为突出，一段时期内集中爆发了"垃圾围城"的困境。导致困境的原因在于，各区处置点容量不足或不规范。区级装修垃圾处置点处置容量严重不足，各镇、临时处置点存在建设不规范和处置容量小的问题。垃圾处置能力跟不上每日不断产生的建筑垃圾，积压情况严重。

3. 再生资源循环利用能力较低且工作导向不明

部分建筑垃圾未充分循环使用，或有些能被循环利用的建筑垃圾，却产生了利用成本高、容易造成二次污染等问题。而且目前本市建筑垃圾资源化利用工作的导向尚不清晰，技术路径、模式缺乏统一的指导意见，对资源化利用的成果等缺乏扶持政策等，不利于资源化利用工作快速推进。

（二）建筑垃圾处置对策和建议

1. 培育循环经济技术

通过政府引导，加大固废垃圾循环处理技术研发，并对研发成果进行复制推广，实现资源综合循环利用。垃圾回收利用是发展循环经济的重要一环，政府应积极培育扶持相关企业，发挥市场机制作用,切实提高资源化利用水平,如政府工程优先选择建筑垃圾资源化产品,并对资源化利用的企业进行补贴,再如制定工程建设中再生建材强制使用标准和比例、建立价格补贴等措施,促使建筑垃圾再生产品循环利用链有效闭合。发挥政府、市场、社会各自作用,形成合力。

2. 推行渣土闭环管理

闵行区在整治建筑和工程渣土问题上采取的措施如下:

(1)通过加大对渣土运输(中转)环节执法检查,由区城管执法局将立案信息以告知单的形式告知区网格化中心,由区网格化中心按照区管理部门的工作职责纳入网格化案件管理体系,并派单至区建管委、区交通委、区绿化市容局、区房管局、区房屋征收中心等管理部门,建立区城管执法部门向源头管理部门反向告知制度,从而实现执法撬动管理,执法和管理无缝对接,最终形成渣土闭环管理。

(2)根据渣土闭环管理的"2+1+5"处置流程,区城管执法局在2个工作日内将立案信息以告知单的形式告知区网格化中心,区网格化中心在1个工作日内按管理部门的工作职责纳入网格化案件管理体系,并派单至管理部门,管理部门要在5个工作日内反馈对管理对象的处置结果,申请结案,如未在规定时限内反馈对管理对象处置结果的,区网格化中心将启动催办、问责等程序。

3. 加强建筑垃圾运输处置管理

本市偷倒渣土情况严重,为遏制该类情况,必须严格筛选符合资质的渣土运输单位,并对运输过程实行严格监督,严厉打击乱倒渣土情况再次发生。具体而言:

（1）推广区域渣土运输制度。在工地建筑垃圾实行区域渣土运输制度的基础上，将居住区和企事业单位装修垃圾纳入。各街镇（园区）通过公开招投标确定装修垃圾专营单位。

（2）强化运输处置全过程监控。实行行政审批前置，建筑垃圾行政许可前置于工地报监和拆房许可手续之前。

（3）完善联合执法机制。建立由交警、城管、绿化市容、建交、环保等部门组成的建筑垃圾专项整治小组，重点整治建筑垃圾运输车辆超载、无证营运、偷倒渣土等违法违规行为。

4. 落实属地管理责任

（1）实行就地消纳原则。各街镇（园区）作为建筑垃圾综合治理的责任主体，负责各自区域范围内建筑垃圾的就近就地消纳工作。

（2）建立对口协助机制。由建筑垃圾消纳能力较强的区域对口协助消纳能力较弱的区域。被协助区域按照市场化消纳价格承担处置费。

5. 提升末端处置能力

（1）加快建设工程渣土、拆房垃圾、装修垃圾末端处置设施，建议市级层面制定末端处置设施建设总体规划，调节各类垃圾末端处置建设土地指标。配套建设收集贮存、转移处置、应急预案等管理制度。

（2）建议在各区内建设多个区级永久分拣中心，主要用于全区装修垃圾、大件垃圾临时堆放、分拣利用和运输中转，提升区内垃圾处理能力。

第五章　城管执法领域社会治理机制研究①

习近平总书记一直要求上海走出一条符合超大城市特点和规律的社会治理新路子。在 2018 年 11 月首届中国国际进口博览会期间，习近平考察上海工作时又特别强调：城市治理是国家治理体系和治理能力现代化的重要内容。一流城市要有一流治理，要注重在科学化、精细化、智能化上下功夫……深化社会治理创新，要提高社会治理社会化、法治化、智能化、专业化水平，更加注重在细微处下功夫、见成效。这都为上海城市管理执法与社会治理相结合指明了发展的方向。

如何通过创新城市管理执法体制机制，形成城管执法与社会治理之间互相对接的有效载体；如何通过加强社会治理进一步提高城

---

① 2018 年报告。

管执法水平,包括不断增强市民自我管理意识,从传统自上而下、单一的、以行政化手段为主要特征和运行方式的管理模式,转变为政府、企事业单位、社会团体与个人等"多元共治"的社会治理格局,政府与各社会主体通过协同协商、互动联动,以及政府与公民对公共事务的合作管理,共同参与社会管理和提供公共产品与服务等,这将成为新形势下加强上海城市管理执法的新课题。

自 20 世纪末以来,上海市委、市政府高度重视城市管理执法工作。1997 年,在国务院统一领导下,上海就开始了城市管理综合执法的试点,率先明确了城市管理执法分街道、区县和市"三步走"的方针,同年,市人大常委会修订了《上海城市街道办事处条例》,并在全市 99 个街道办事处成立了街道监察队,对辖区内违反市容、环卫、环保、市政设施、绿化以及违法建筑、设摊占路等行为实施综合执法,迄今上海城市管理执法已经历了 20 多年的发展历程。在这一发展进程中,上海城市管理执法始终伴随着上海城市的发展而发展,随着上海城市现代化、国际化、信息化、社会化发展进程而不断完善推进,在上海城市建设与管理中发挥着越来越重要的作用。

2014 年,市委将"创新社会治理加强基层建设"列为年度 1 号课题,并成立了由市委主要领导担任组长的推进领导小组,明确组织要求由民政部门积极发挥在城乡社区治理中的牵头作用,系统谋划、整体推进,并形成了"1+6"系列文件成果。同年,上海在全国较早地出台了《上海城市管理行政执法条例实施意见》,由此也启动了新一轮城市管理综合执法体制机制改革,为全国城市管理执法改革提供了有益的探索。2015 年 12 月,《中共中央国务院关于深入推进城市执法体制改革改进城市管理工作的指导意见》文件出台,进一步明确了城管执法的地位、发展方向和目标任务,也为上海城市管理执法指明了改革与发展的方向。按照中央和市委、市政府的要求,在各有关部门的协同配合下,经过多年努力,目前上海城管执法体制改革已经取得了重大突破,不仅基本确立了市、区、街镇三级综合执法体制,形成了横向到底、纵向到边的网络化与网格化管理经验做法,并在全国得到了普遍推广,形成了上海经验。

党的十八大以来,以基层党建为抓手促进社会治理成为全市工作的重中之重。2016 年底,市委市政府发布《上海市社会治理"十三五"规划》,进一步明确了"十三五"期间创新社会治理、加强基层建设、推进社会建设的发展蓝图和行动纲领。2018 年 1 月,上海发布了加强城市管理精细化"三年行动计划"(2018—2020 年),明确13 项重点任务和 42 个实施项目,为上海城市管理执法向社会治理领域拓展打下了坚实的基础。2018 年 6 月,为深入贯彻习近平总书记对上海发展的重要指示要求,进一步推动中央赋予上海的战略定位和战略任务落地落实,市委进一步颁发了《中共上海市委关于面向全球面向未来,提升上海城市能级和核心竞争力的意见》,明确和细化了上海建设卓越的全球城市和具有世界影响力的社会主义现代化国际大都市的实施路径,不仅提出了"全面推进依法治市,大力推进法治上海建设,努力把上海建成法治环境最好的全球城市,使法治成为上海核心竞争力的重要标志",通过"强化城市运行安全保障,增创最安全国际大都市新优势",明确了今后一段时期上海城市管理与社会治理重点目标和任务,而且进一步提出了要提升城市法治化、社会化、智能化、标准化管理水平，"加强党建引领下的基层自治和社区共治，建设符合超大城市特点和规律的社会治理体系"的工作要求，为做好未来上海城市管理执法与社会治理指明了工作遵循。

　　本报告旨在立足本市实践，对照上海打造卓越的全球城市发展目标，通过研究城管执法领域社会治理机制的内在含义，总结党的十八大以来上海城管执法领域社会治理的实践经验，从上海城市管理执法的现状出发，立足城市管理执法领域面临的难点问题，在借鉴国内外特大型城市管理执法以及社会治理经验基础上，从培育和形成城市管理执法良性运行机制的视角，通过研究城市管理与社会治理之间的边界与功能，城市管理执法的新领域、新机制等重点框架内容，为探索和提出适合上海超大城市特点的城管执法领域与社会治理融合互动的新模式，进一步提高上海城市执法的精细化管理水平，提供可操作的对策建议。

一、城管执法与社会治理的逻辑关系

（一）城管执法与城管执法领域

1. 城管执法

　　城市管理是一个内涵非常复杂的概念，既可以是对一切城市活动进行管理，也可以指狭义上的市政管理。而广义的行政执法概念是相对于行政立法和行政司法而言，即国家行政机关做出的一切行

政行为。但在特定的情况下,行政执法概念只包括行政处罚和行政
监督行为。

城管执法(城市管理行政执法),又称城市管理综合执法,是指
法律、法规确立的城市管理行政执法部门("城管执法部门"),依据
授权,在城市管理领域相对集中行使行政处罚权及相关的行政检查
权、行政强制权的行为。城管执法是我国行政管理体制改革探索和
推进依法行政的产物,是依法治市的重要标志。城管的产生与发
展,紧随着依法治国的步伐。推行综合执法是依法行政、行政执法
体制改革的内在要求和发展趋势,是改革行政执法体制的重要制
度,是政府管理创新的重要内容。

城管执法的目的是努力提高全社会公民的综合素质,在平时的
生活工作中依法高效开展有益于社会单位、家庭和个人的活动,从
而避免各类行政违法、违章的情况出现。共同营造良好的环境和市
容,为广大群众提供一个安居乐业和殷实、富康的生活氛围,为社会
经济发展营造一个良好的社会环境。

2. 城管执法领域

2015 年 12 月,《中共中央国务院关于深入推进城市执法体制
改革改进城市管理工作的指导意见》指出,"重点在与群众生产生活
密切相关、执法频率高、多头执法扰民问题突出、专业技术要求适
宜、与城市管理密切相关且需要集中行使行政处罚权的领域推行综
合执法"。2017 年 1 月,建设部发布《城市管理执法办法》则进一步
明确了城市管理执法的范围和领域,即城市管理执法的行政处罚权
范围依照法律法规和国务院有关规定确定,包括住房城乡建设领域

法律法规规章规定的行政处罚权，以及环境保护管理、工商管理、交通管理、水务管理、食品药品监管方面与城市管理相关部分的行政处罚权。具体包括以下几大执法领域：

住房城乡建设领域：法律法规规章规定的全部行政处罚权。

环境保护管理方面：社会生活噪声污染、建筑施工噪声扬尘污染、餐饮服务业油烟污染、露天烧烤污染、焚烧沥青塑料垃圾等烟尘和恶臭污染、露天焚烧秸秆落叶等烟尘污染、燃放烟花爆竹污染等的行政处罚权。

工商管理方面：户外公共场所无照经营、违规设置户外广告的行政处罚权。

交通管理方面：在城市道路上违法停放机动车辆的行政处罚权。

水务管理方面：向城市河道倾倒废弃物和垃圾、违规取土、城市河道违法建筑物拆除等的行政处罚权。

食品药品监管方面：户外公共场所的食品销售和餐饮摊点无证经营、违法回收贩卖药品等的行政处罚权。

显然，城管执法涉及的内容领域相当广泛，主要包括了市容环卫、城市绿化、工商管理、城市规划、城市道路等诸多方面，特大城市巨大的城市人口数量和繁杂的公共事务，使得城市管理执法工作具有复杂性、高难度的性质。而且，随着城市的发展，城管执法的任务只会越来越繁重；要想彻底解决城市管理行政执法过程中出现的一系列问题，需要我们不断改革创新、探索前进，需要"公众参与"和"社会共治"。

（二）社会治理概念的提出和核心要义

党的十九大报告指出，社会主要矛盾已经由"人民日益增长的物质文化需要同落后的社会生产之间的矛盾"转化为"人民日益增长的美好生活需要和不平衡不充分的发展之间的矛盾"，并且指出，人民群众对美好生活的需要日益广泛，不仅对物质文化生活提出了更高要求，而且在民主、法治、公平、正义、安全、环境等方面的要求日益增长。为了有效回应这些新需要，解决社会的新矛盾，党的十九大报告在十八届三中全会首次提出社会治理概念之后，要求在"创新社会治理体制"的基础上建立共建共治共享的社会治理格局。

作为一种全新的改革理念，社会治理是指政府、社会组织、企事业单位、社区以及个人等多种主体通过平等合作、对话协商、沟通等方式，依法对社会事务、社会组织和社会生活进行引导和规范，最终实现公共利益最大化的过程。社会治理有着自身的内在逻辑和价值追求，主要表现在以下几个方面：

1. 在参与主体关系上，社会治理具有多元参与的特征

从传统的社会管理来看，政府掌控社会，是社会公共事务管理的主导者，习惯于对社会进行管控。"社会治理"除了国家和政府之外还强调社会力量，在多元主体间形成密切平等的网络关系，比如"两新"社会组织、新社会阶层、志愿团体等。社会治理既要发挥政府基本社会管理的作用，也要注重社会多元参与和发挥基层自治功能。

2. 在权力运行方向上，社会治理具有多向度的特征

传统的社会管理更多是单向度的，更多强调政府对社会进行

自上而下的单向管控;社会治理强调的则是双向的互动,以党政部门为代表的公权力机构在制定公共政策时,需要与不同的社会群体进行沟通协商,进行自上而下与自下而上双向的互动;非公权力机构彼此之间也需要进行横向沟通交流,共同对社会公共事务进行治理。

3. 在治理价值取向上,社会治理具有天然的自治倾向

传统的社会管理更多强调政府对社会公共事务的行政化管理,主体与客体之间呈现管理与被管理状态,社会治理并不排斥政府对社会进行基本的管理,但在此之外,社会治理强调社会主体对公共事务进行参与,强化个体自治,强调政府与社会的合作共治。

传统的社会管理更多使用自上而下的单一规制方式,偏向于依靠具有法律性或行政强制性的政策文件与规章制度进行静态的行政管理,是一种以国家权威为基础的控制性治理;而社会治理除了采取具有强制性的制度治理方式,还有非强制性的道德文化治理手段,更有通过互利共赢、协商合作等方式达到治理的目的。传统的社会管理实践主要是政府凭借公权力进行发号施令,社会治理则在法定权力之外,更多与借助培育以社会信任为核心的社会资本的柔性力量。

4. 在呈现效果上,社会治理具有精确动态的特征

传统的社会管理目标设定上多有刚性、静态、强制性的特点,常以单一性的"一刀切"的规章制度进行临时性的"运动式"管理,呈现出固化、粗糙的效果特征,而社会治理则需要对具体社会需求进行更细致的分析,因地制宜采用动态、柔性的治理过程,最终呈现出精

确治理的效果。

（三）城管执法与社会治理的关系

城管执法作为城市管理的一种具体手段，其目标是提供较好的公共资源服务，改善城市人民的生产生活环境，促进生产力的发展。社会治理的目标是实现"善治"，是以实现和维护群众权利为核心，完善社会福利、保障改善民生，化解社会矛盾，促进社会公平，推动社会有序和谐发展的过程。可见，城管执法与社会治理具有目标的一致性，都是为了维护和达成社会秩序，对社会组织、社会事务和社会活动进行规范和协调等的管理过程。两者目标的一致性也为我们探索城管执法与社会治理的内在关系提供了分析基础，对于破解当前城管执法困境和构建城管执法领域的社会治理机制也有着重要启发。

1. 城管执法与社会治理的区别

（1）在主体上，城管执法更强调一方主体对对方客体的管理和控制；而社会治理强调一方主体与另一方主体的平等合作。城管执法将政府视为管理主体，将社会视为被管理的客体，偏重于作为管理主体的政府对作为管理客体的社会进行管理和控制；而社会治理则强调多元主体，政府和公民社会都是一方治理主体，两者平等合作对公共事务进行共同治理。

（2）在过程上，城管执法是单向度的，强调政府对社会单方面的自上而下的管控；而社会治理强调多元主体之间的多向度的协商与合作，从而达成对公共社会事务的有效治理。

（3）在内容上，城管执法更多强调政府对社会公共事务的管理；而社会治理首先强调公民对社会公共事务的自我管理与自治，同时也并不排斥政府对社会公共事务的管理，并强调政府与社会的合作共治。

（4）在结果上，城管执法体现为刚性的、静态的、被动的管控，是主体与客体之间的管理与被管理状态；而社会治理则体现为柔性的、动态的、主动的治理，是多元主体之间的平等和谐状态。

2. 城管执法是社会治理的重要内容

城市管理是社会管理的重要组成部分，在社会管理走向社会治理进程中，城管执法在社会治理中的地位和作用越来越重要。

城管执法是社会治理的主力军。城管行政执法就是城市治理的一个重要领域。城管拥有多项处罚权，其任务之重、难度之大、影响之广超过了其他专业执法。"天大的小事"，看起来具体而细微，但事关群众的日常生活，不仅当事人感受深切，而且还关系到一个区域、一个城市的整体形象，作用至关重要。

城管执法是社会治理的先锋队。城管在维护城市环境秩序中发挥着不可替代的作用。而城管执法的首要任务在于维护城市环境秩序，促进经济社会的可持续发展。随着上海 2040 年卓越全球城市目标的提出，城管执法工作的水平是否与国际化大都市要求匹配，能否和市民群众的期望相吻合，能否让城市基础设施和安全运行体系充分发挥效应等重担，能否攻克城市管理难题顽症，重担落在了城市管理的一线力量——城管执法系统上。

城管执法是社会治理的晴雨表。城管在建设人民满意的服务型政府中发挥着非常关键的作用。作为工作在一线和前沿的执法队伍，城管与社会联系最紧密、最受社会关注，其执法行为直接影响着公民法人的权利和义务，群众往往将其执法行为与政府行政能力挂钩，并作为评价政府行政水平的尺度。

城管执法是社会治理的播种机。城管部门在执法过程中，经常会直接面对广大的市民老百姓，故执法的过程也是普及党和国家的政策法规、引导广大老百姓转变落后观念、树立社会主义核心价值观的过程。

3. 城管执法与社会治理融合互动的必然性

城管执法是城市管理执法机关执行法律规范、实施行政管理的公务活动过程，在城市管理中处于决策、执行的末端环节。城市管理是社会管理的重要组成部分，在社会管理走向社会治理进程中，城管执法与社会治理存在着融合互动的现实需要。

综合执法性质决定了需要从"小城管"理念转变到"大城管"理念。目前，城管执法部门行使的是其他政府职能部门的部分或者全部行政处罚权，在执法工作中会跟原来的职能部门有联系，有的职能部门会认为城管工作是城管部门一家的事，这就是"小城管"的狭隘理念。其实很多城管工作需要多个部门共同完成，需要城市政府统筹协调、多部门会同城管部门协同完成，这就是社会治理中"大城管"之必然。

城市生活共同体有序运转决定市民和社会齐参与、共谋划的内在必然。城管执法的目的是维护城市秩序，受益的是城市市民和社会组织，而且所有城市管理立法中都要求市民、组织有遵守法律规则的义务和投诉举报他人违法行为的权利。因此,城市生活共同体有序运行,需要发挥市民和社会组织的作用,调动其参与城市治理,成为城市管理执法部门的伙伴、助手。

解决当前城管执法中凸显的诸多矛盾需要转变治理模式。党的十八届三中全会决定把社会治理体制创新概括为改进社会治理方式、激发社会组织活力、创新有效预防和化解社会矛盾体制、健全公共安全体系等四个方面,这几个方面对城管执法领域来讲,很有战略指导性和问题针对性。转变目前城管执法部门惯用的"行政权力—公民权利"这种单一权力导向型向"行政权力—公民权利"互动型转变,充分依靠城市中企业、群体、组织、家庭、个人等多元共同参与城市治理的作用和积极性,是顺应国家推进社会治理体制建设和实现党的十九大提出的"打造共建共治共享的社会治理格局"发展的要求。

二、城管执法领域社会治理的现状与经验成效

(一)城管执法领域社会治理的现状

改革开放以来,上海经济社会发展持续推进,城管执法也呈现出显著的阶段性特征。一般来说,城管执法经过了行政管理阶段——街道监察阶段(1978—1997 年);社会辅助阶段——区级执法阶段(1998—2004 年);社会协同阶段——市区联动执法(2005—2014 年);全社会参与阶段——执法力量下沉阶段(2015—　)四个

阶段。目前,城管执法领域社会治理表现为五个方面。

1. 城管执法领域社会治理网络基本形成

2014 年,"创新社会治理加强基层建设"列为市委市政府年度 1 号调研课题,并形成了"1＋6"系列文件成果,成立推进领导小组,系统谋划、整体推进。2014 年,本市启动了新一轮城市管理综合执法体制机制改革,并出台了《上海城市管理行政执法条例实施意见》。2015 年底,国务院颁布了《关于深入推进城市执法体制改革改进城市管理工作的指导意见》,明确提出"构建权责明晰、服务为先、管理优化、执法规范、安全有序的城市管理体制"。同时,上海社会领域发展在加速推进,社会治理能力不断提高。2016 年底,市委市政府印发《上海市社会治理"十三五"规划》,明确了"十三五"期间创新社会治理、加强基层建设、推进社会建设的发展蓝图和行动纲领。作为下沉的城市管理力量,城管执法与社会治理之间开始无缝对接,基层平台不断建立,并且形成了网络体系。

2. 形成"大平台＋小载体"的基层平台体系

城管执法力量直接下沉到街道、镇、社区、园区、楼宇、企业、社会组织等基本单元后,逐步形成了一系列基层平台,城管执法与社会力量面对面的交流更加广泛、深入和及时。最突出的是以社区为平台,以党建为引领,积极发挥社区居委会、业主委员会、物业公司、居民、志愿者等多方积极性,共同参与城市管理,"楼长制""河长制""网格员"、社区例会等一系列管理机制逐步推广。城管执法与基层社会共治大平台的结合,进一步促进了基层自治组织的发展,村(居)民自治小组、弄管会、民管会、大楼自管小组、民情恳谈会、村

（居）民议事中心、堂客汇、睦邻点、群众团队等自治小载体的建设也赋予了城市管理新的内涵，进一步丰富了社会共治的手段，理顺了社会共治的渠道，优化了社会共治的效率。

3. 引进市场专业化力量参与公共区域城管执法工作

为贯彻落实《关于进一步创新社会治理加强基层建设的意见》中坚持政府直接提供与政府购买服务相结合，将适合社会组织提供的服务和承接的公共事项交由社会组织承担，支持社会组织积极、有序地参与基层治理。建立政府购买服务平台，加大政府购买服务力度，完善购买服务机制、流程和绩效评估办法，鼓励和引导社会组织跨区域承接政府购买服务项目。在城管力量下沉后，街镇层面城管力量仍显不足的情况下，充分发挥社会力量对于城市管理的辅助作用。创新城市管理手段，采用多种手段、多方力量完成好城市管理工作。

引入第三方管理公司，有效补充街面管控力量。执法力量下沉之后，虽然充实了基层执法力量，但是城管力量仍显不足。通过购买第三方社会管理力量，用社会资源来实现城市管理，弥补日常管理不足。创新管理机制，推进政府购买服务改革，特保队员协助巡查、管控市容，全天候"网格化"对辖区各主要道路、示范点开展巡查整治，形成责任单位自律、管理执法联动、社会齐抓共管的良好氛围。

4. 社会自治力量在融入城管执法中得到壮大

以城管"进门店、进单位、进学校、进工地、进社区"活动为载体，践行"依法行政、执法为民"的理念，从切实解决市民群众关心的热点难点问题入手，坚持执法、宣传和服务并举，有力提升城管执法效能。通过建立工作室,实现了由原来"问题找上门"到现在"上门找问题",由原来的被动处理转变为现在的主动服务,畅通了更快速、更便捷地为居民服务的通道,收集社情民意,改进工作作风,营造共建共管的良好局面。

城管执法进小区工作,为小区自治组织发展提供支撑。居(村)委会建立城管执法工作室,将城管执法与小区治理连成一线,由原来的被动处理到现在的主动服务转变。通过不断深化"城管进社区"活动,健全"一人一居""定时联系"等机制,畅通为民服务通道,提供更加主动便捷的服务,及时地发现和查处各类违法行为。按照"一人一居"原则,全面建立城管执法队员联系居(村)委会制度;加强与居(村)委会、业委会、物业服务公司等部门的联系协调,落实其对违法行为的发现、劝阻制止和上报的责任和义务;借助于业委会、业主大会等自治和议事平台作用,推动业主自行整改违法行为;加强对住宅小区的执法巡查,提高对违法行为的发现能力。80%以上的居(村)委会建立城管执法工作室。创建整治示范小区,全面建立城管执法队员联系居(村)委会制度,对住宅小区加大集中整治力度。

5. 城管执法宣传机制不断完善

城管执法部门为方便群众投诉和联络,各中队在居委会将联络员照片、姓名、联系电话、服务承诺公开上墙。积极参与社区干部、社区居民的工作例会,了解实际情况和需要帮助解决的困难和问题。推广街道设城管执法工作室,居委建立城管执法联络点,做到执法联络点全覆盖。定期召开城管执法进社区专题会议,与市民满意度测评和文明指数测评工作相结合;联络员定期参加居委召开社区民情工作会,认真听取社区干部建议和意见。

加强对城管执法工作的宣传,提高居民的认知度,扩大影响力。执法中队充分利用社区资源优势,采取多种形式,加强宣传教育活动。如利用社区宣传栏建立城管执法园地,并发放宣传画等宣传资料,向市民介绍城管执法的职能和知识。选择部分社区开展现场法律咨询,现场接受居民投诉,当场解答群众有关城管法律法规方面的问题。通过上述形式多样的宣传方法,营造"城管执法进社区"活动氛围,并让居民了解城管执法的相关流程规范和法律知识,增强法制意识和法制观念,收到了良好的社会效果。

专栏:松江普法宣教"零距离"

松江城管社区工作室成了面向居民最好的法宣阵地。居民有诉求、有问题不用走远,社区工作室就在家门口。城管执法依托社区工作室能最迅速、最直接地受理和反馈居民反映的诉求,最广泛、最细致地倾听居民对城市管理工作的真实想法和意见建议,最有效、最便捷地畅通执法部门与基层社区的沟通渠道。

松江城管注重特性,有的放矢。为破解以往法宣范围局限、针对性不强等问题,松江城管依托执法巡查、社区共建等信息收集和反馈,梳理小区特性,分析了解居民实际需求。以老城住宅小区为例,居民年龄层偏高,小区内占用小区公共部位、破墙开门等违法行为较为多见。而新城区域别墅类住宅小区较多,违法搭建、占绿毁绿等现象较为普遍。针对不同小区特性、受众年龄层、受教育程度,甚至是日常作息规律,松江城管制定具有针对性的普法宣讲和社区服务活动方案,确保普法精准高效。与此同时,进一步扩大普法覆盖面,重点对于小区业委会、物业公司、居委会等部门工作人员开展专项普法宣讲。

(二) 城管执法领域社会治理经验

1. 党建引领发挥着核心作用

经过多年的实践证明,党建引领是城管执法与社会治理对接的核心,也是推进城管执法领域社会治理的润滑剂,对消除城管执法与社会治理之间的障碍起到了关键的作用。上海在全面推行社区大党委党建工作体制的过程中,形成了社区党委、社区委员会、社区(管理)中心的"两委一中心"共治"镇管社区"模式。城管执法积极与基层党建对接,通过发挥基层党组织整合资源的能力,加速城管执法与社会治理的融合。城管进社区与党员进社区互动,也促进了城管与居委会、业委会与物业企业互动,搭建志愿服务对接平台,完善志愿服务工作体系,建立常态化的社区志愿服务机制。

2. 城管力量下沉为城管执法领域社会治理奠定了基础

上海城市管理力量下沉主要形成了"区属街管街用"和"镇属镇管镇用"两种模式,将城管执法力量全面充实到基层一线,将各种管理资源与执法力量向基层聚焦倾斜,夯实基层组织的社会治理责任与能力。

城管执法力量是上海城市管理力量下沉的第一支队伍,也是下沉最彻底的执法队伍之一。通过落实城管中队"区属街管街用"和"镇属镇管镇用"模式,实现执法力量下沉、重心下移。城管执法力量的下沉促使城管职能和人员直接面对社会公众,在管理、执法职能向服务职能转变的同时,也能够更好地与社会治理模式对接,更好地发挥社会力量参与城市管理的优势,助推基层多元协商、共同治理格局的形成。

3. 根据区域不同特点因地制宜

上海各区、街镇的区位交通条件、要素资源差异化程度较高,经济社会发展状况不同,面临的执法问题不同,面对的重点区域、重点领域、重点顽疾也各不相同。对此,在市城管执法大方向下,各区积极采取适合各区实际的模式和推进方式,取得了较好的效果。

专栏:社会共治,黄浦区推进共享单车"和谐共享"

黄浦区作为中心城区,重要景区多、人口密度和客流大,是共享单车企业在中心城区发展的必争之地。随着共享单车井喷式的发展,其在为市民提供极大便利的同时,引发的城市管理和运行的矛盾也逐渐显现。

对此,黄浦区各职能部门主动加强与市交通委、市路政局、

> 市公安局、市城管执法局、市自行车行业协会等的沟通,争取上级部门、社会各方在政策、法规等方面的指导和支持。借助于行业协会、社会力量以及互联网技术,探索建立多方参与的举报机制、社会评价机制。区市政办牵头,探索建立政府主导、部门监管、行业自律、市民参与、社会监督的有效共管模式,促进黄浦区共享单车健康发展。

4. 基层社会治理平台成为城管执法融入社会治理的基本单元

在党建引领下,上海基层社会治理平台建设持续推进。城管执法力量下沉,进入基本单元,与"大平台＋小载体"的基层平台体系对接,融入社会治理的渠道更加明确,机制更加顺畅。城管执法更加依靠这些平台来开展工作,共享信息,优化配置资源,从而提高了执法的效率和效果。

5. 顺畅的协调融合机制是城管执法领域社会治理的保障

城管执法领域社会治理的顺畅是以有效的机制为保障的。顺畅的机制包括两个方面:

一是城管执法与城市管理相关部门相互协调。目前,城管作为主要执法部门,与住房、绿化、市容等技术性部门形成了相互分工合作的格局。

二是城管执法与社会治理的融合。城管执法与社会治理相互融合,根据社会治理的需求,把单一的执法职能向管理、执法和服务综合职能转变,提高城管执法水平,提升城管执法效率,提高城管执法效果。

6. 社会力量共同参与形成合力

在传统上，城管执法是政府部门的工作。在社会治理大背景下，城管执法是社会的工作，是政府与社会力量相互分工合作，共同治理的结果。社会多方参与可以减少违法事件的发生率，及时预警预报违法事件，共同处理违法事件，从而降低城管执法成本，优化城管执法资源，提升城管执法水平。

专栏：鼓励市民参与，依法处置损坏房屋承重结构问题

由于广大人民群众对损坏房屋承重结构的危害度认识不深，有的碍于邻里关系，错过最佳投诉时机；有的认为该处房屋承重结构的破坏没有直接妨害到自身利益而无动于衷；有的区域甚至存在整个社区都损坏承重结构改变房型，不改就吃亏的扭曲心态，对此，市城管执法部门积极树立正确的舆论导向，扩大新闻媒体和社会大众宣传影响。

通过典型案件在市级媒体的报道，将典型案例的警示教育和相关处置流程向市民介绍，提升市民对于此类违法行为查处的认知水平，避免重复投诉、无理诉求的发生；通过邀请媒体记者、社区居民观摩损坏房屋承重结构处罚听证会等形式，引起社会关注；通过在新建小区内挂横幅、张贴公告、发放宣传单、设立咨询点等方式，宣传装修管理的法律法规，使装修户能自觉

遵守、互相监督；通过城管进社区加强宣传教育，逐步建立市民群众举报奖励制度，调动市民群众举报的积极性，拓宽市民群众参与城管工作的渠道；通过组织有觉悟、有空闲、热情高的业主组成志愿服务队，向居民现身说法，宣传装饰装修法律法规等，实时监督，真正做到业主自治。最终形成对损坏行为的不容姑息，对违法者必须付出代价的正确舆论导向。

7. 充分发挥"智慧城管"的作用

2005 年，上海率先在卢湾区、长宁区两区试运行城市网格化管理，随后逐步形成全市 1（市级平台）＋17（区级平台）城市网格化管理平台。网格化管理，通过单元网格将"块"和"条"的职能整合，形成多部门联动体系，并不断向社会治理领域拓展，构建了"一条热线、一个平台、一支队伍、X 个行政管理部门"的"1＋1＋1＋X"城市综合管理工作体系，推动城管执法与社区治理的结合更加紧密。

专栏：虹口区智慧城管促常态

2015 年，虹口区城管局"智慧城管"立项，推进勤务通现工作，包含勤务日志、勤务巡查、社区工作、投诉管理、勤务数据库共五大块 35 个小项模块，以及涵盖全区 8 个街道 174 千米道路、1.2 万余家经营门店的各类勤务数据库信息近 30 万条，基本实现执法执勤、督察督办、法制办案、诉件处置等业务项目 24

小时全天候痕迹化管理。在"智慧城管"系统中,违法建筑信息共录入 37 879 条,为进一步做好破墙开店整治工作奠定了坚实的数据基础。在整治行动中,执法队员首先通过勤务通终端查询一店一档信息,了解店面情况,掌握第一手资料。然后及时与市场监督、房管等部门沟通,进一步确定门店和房屋属性,为具体展开行动做好扎实准备。在日常工作中,执法队员定期对系统内一店一档基础信息进行更新和完善,确保辖区街面门店始终处在管控之中。

(三) 城管执法领域社会治理的模式总结

城管执法在与社会治理相衔接的过程中,逐步形成了涵盖社区、商圈、园区、楼宇等 7 种可推广、可复制的典型模式(见表 1)。不论哪种模式,都是城管执法在与社会治理相互磨合、相互联动、相互融合的过程中形成的,两者之间也相互学习、相互促进、共同成长,也是对城管执法的培养和社会力量的培育过程,未来也将会形成更多的创新模式。

表 1　上海城管执法领域社会治理的典型模式

	模式名称	模式特点	模式内容
1	耀江模式	依法自治	形成了偏重社区治理的"耀江版"《住户守则》

续　表

	模式名称	模式特点	模式内容
2	江川模式	组团治理	形成了以居民区"团队党建"为依托的基层社会治理的新模式
3	淮海中路模式	楼宇社区化治理	以在标志性楼宇成立联合党委为引领,成立"企业发展促进会"
4	南东模式	大联动治理	借力"外脑",人防、物防、技防相结合
5	空港模式	跨界治理	成立上海空港社区党建联建文明共治委员会,形成了党委领导、政府主导、社会协同、公众参与的空港社区跨界治理新机制、新路径
6	奉城模式	城乡共治	推进以区域党建为核心,城市管理、群众工作、群防群治等融合互动的"四网合一"管理模式
7	凉城新村模式	智慧化治理	构建社区物联网平台,形成智慧大脑,打通社区治理"神经末梢"

1. 社区的耀江模式——依法自治

黄浦区耀江花园居民区坚持党建引领、依法自治、民主协商、创新有为。按照自治、共治、德治、法治"四治一体"的社区治理理念,正在积极开展"全国民主法治示范社区"创建工作,其主要的标志就是制定"耀江版"《住户守则》。

耀江居民区由 10 个商品房小区组成,有 3 116 户居民、1 万余人。人口众多、结构复杂、诉求多样,物业管理水平参差不齐。4 年前,为了破解这么大体量居民区的物业管理困局,在耀江居民区党总支引领下,首先着重进行治理主体的培育工作,建立了业委会主任联谊会,并以联谊会为依托,调动更多资源,共同解决难题。乱停车、群租、高空抛物、不文明养宠物等小区"顽疾"在耀江居民区被逐个攻克。为了固化治理成果,形成了"耀江版"《住户守则》。以往社区治理以文明倡导居多,《住户守则》更偏重社区治理,贯彻依法自治原则,合理界定适用对象,具有清晰的问题导向,主要围绕小区治理的高发矛盾,还明确了分级制裁处置违约行为。在此基础上,耀江居民区形成全市首个业委会法治评估体系,成功创建成为全国民主法治示范社区,成功升级为耀江 2.0 版。

在依法自治下,社区治理能力不断提升,治理难题大大减少,也大大减少了执法案件,形成了良好的城管执法与社会治理的互动"生态系统"。

2. 江川模式——组团治理

江川街道整体上是以机电工业为基础发展起来的大型社区,基层社区治理面临着基层社区治理结构中"单位"的缺失、基层社区居民"业缘"关系的淡化、互联网的便利化所造成的社区居民间联系的弱化、基层社区治理转型的制度供给不足等四大难题。针对这些难题,江川街道在党建引领下,以社会组织培育为抓手,形成了以居民区"团队党建"为依托的基层社会治理的江川新模式。

江川模式按照"支部领导团队、党员融入团队、团队凝聚群众"的工作要求,以"趣缘"为基础大力发展社区团队,以文艺团队、公益团队、志愿者团队等社区团队作为基层社区治理的基础和重心,在社区团队中建立党支部,把社区团队纳入基层社区治理结构中来,并形成制度化。在城管执法过程中,使城管执法与社区团体之间通过街道更好地凝聚在一起,也形成了一套响应、处置和化解了深层次的衔接机制,不仅提升了城管执法效率,而且提升了社会的调节能力和居民的自治能力,提高了基层社区治理的成效。团队党建模式已经成为闵行区乃至上海市创新党建的一张亮丽名片。

3. 淮海中路模式——楼宇社区化治理

淮海路商圈是上海商务商业企业的集聚地,高端商务楼宇林立;淮海路周边尚存大量老里弄、老公房。为了促进高端商务楼内与老弄堂融合发展,淮海中路街道党工委发布了《淮海中路街道推进新时代楼宇社区党建行动方案 20 条》,提出探索在党建片区和标志性楼宇分别成立联合党委、在片区推动成立"企业发展促进会"等一套楼宇社区党建工作体系,促进党建融合共生。

淮海中路街道的楼宇社区党建,不是着眼于单幢商务楼宇,而是商务楼宇集群。"行动方案 20 条"提出,在标志性楼宇成立联合党委,在其他楼宇推动成立楼宇党建促进会,楼宇内独立党组织参与联合党委开展的活动。街道还注重各领域党建融合。街道辖区被划分为三个片区,分别成立三个片区联合党委,接受街道社区党委领导。联合党委班子成员由片区内驻区单位党组织、"两新"党组织以及居民区党组织负责人组成。

4. 南东模式——大联动治理

黄浦区南京东路是上海的政治、文化中心,是闻名全国的繁华商业区,同时也还有市政府及委办局、上海博物馆、上海城市规划展示馆、上海大剧院等众多文化标志性建筑。商户多,人口密度大,城管执法的重要性和难度并存。南京东路街道按照"党委领导、政府牵头、社会协同、群众参与、城管为主、公安保障"的要求,重点以整合执法力量,优化联勤联动为核心,推动联勤联动常态化,通过大包围、小分割的模式,整合现有的执法力量,提高城市顽症综合治理水平。通过人防、物防、技防相结合,集中整治与日常管理相结合,进一步优化勤务模式,提高勤务效率。

联勤联动中最核心的环节是"零距离家园理事会"。"零距离家园理事会"由居委会、物业、派出所、"两代表一委员"、律师等多个条块部门及专业人员所构成,定期召开理事会议,将居民反映的问题分解、分工,以各单位联勤联动的形式,及时解决居民急难愁盼的问题。在"零距离家园理事会"的运作下,2018 年,南东街道居民信访率下降 63%,大大缓解了城管执法的紧张局面。

在此基础上,南京东路街道积极探索街校合作、街企合作等新模式。南京东路街道党工委与复旦大学外文学院党委、上海社会科学院城市与人口发展研究所党总支进行党建联建。南京东路街道将作为复旦大学的社会实践基地,供学生实习、社会实践等,开展城市基层党建、社会管理创新研究项目,实行"街校合作"。复旦大学外文学院和上海社会科学院城市与人口发展研究所将发挥专业优势,利用知识资源,组建师生项目团队,为南京东路街道建设多语国际社区、人文社区提供咨询意见与建议,为街道干部队伍建设和社区公共教育贡献力量。南京东路街道与洲际酒店集团启动"友爱友邻"社区建设合作项目,集聚人才和资金,发掘、培育社区组织和社区志愿者,调动社区居民关心、参与社区事务的热情,建立、完善自下而上的自治、协商、参与机制,激发社区活力,培育社区多元社会治理主体。

5. 空港模式——跨界治理

上海空港社区包括浦东、虹桥两大机场区域,并向周边浦东新区祝桥镇、长宁区新泾镇、程家桥街道和闵行区新虹街道等区域扩展与延伸。社区内不仅有属地方政府部门、航空领域的相关企业,还包括行业协会、旅客、货主、职工和社区居民等诸多社会要素。在加强和创新社会治理的背景下,根据 2014 年上海市委"一号课题"的精神,2014 年 7 月 28 日,由市文明办、民航华东管理局、市城乡建设交通工作党委、市交通委、上海机场集团、东方航空公司 6 家单位发起,45 家成员单位组建成立了上海空港社区,成立了上海空港社区党建联建文明共治委员会。形成了党委领导、政府主导、社会协同、公众参与的空港社区跨界治理新机制、新路径。跨界治理机制提升了机场管理能力和水平,也对城管执法提供了非常便利的条件。

6. 奉城模式——城乡共治

奉贤区奉城镇处于城乡结合部,撤制镇多,社区人口多,城市人口与城乡人口混居,管理难点和治理顽疾多,但城管资源是按照城市部分来分配,城管资源少,城管人员较少,管理和执法难度大的问题就更加突出。

2012 年,上海下发了《关于开展"镇管社区"创新试点工作的意见》,在全市郊区县的 11 个镇开展了为期 2 年的"镇管社区"的试点,并分阶段、分类别加以推进。奉城镇依照市社会管理的相关要求,形成了"镇管社区"和"镇管村"两种基本模式。"镇管社区"模式按照管理空间的不同,又分为直接管理或分片管理两种模式。直接管理模式是由镇对镇域内的城市化社区进行归口统一管理和直接执法;分片管理模式是在镇和居委会之间设置若干个平行的"片区",以"片"为单元实施社区共治和自治。

对此,奉城镇积极集聚城管资源,形成了以镇区为单元的"一个整体",以头桥、洪庙、塘外社区为责任区的"三个片区"的管理大单元。同时,推进以区域党建为核心,城市管理、群众工作、群防群治等融合互动的"四网合一"管理模式,细化网格定边界。全镇上下设置4级党建网格,同步配备社区党建服务中心、社区党建服务分中心、党建服务站,并在网格上设立党建微家,共设立667个网格,其中村组、楼组、路段、企业网格632个,特色网格35个。在镇级层面、社区层面建立社会治理暨区域党建联席会议平台,在村居层面建立村居社会治理联盟,在基础网格中组建快速处置联合小分队,明确各联盟成员的职责分工和服务内容。统筹协调机关事业单位、驻区单位、双管单位、"两新"组织、高校及城乡结对帮扶党组织等力量共同参与网格化治理,形成"1＋W"组织联动体系,实现资源联享、力量联动、党建联建。将在职党员、离退休党员、下岗党员、流动党员等全部纳入网格管理体系,挖掘"乡贤"骨干和有"政治"身份的居民参与网格化管理工作。共配备4类网格管理员4 500多名,实现服务管理全覆盖。在街面推行"十户一协管"模式,即每10户商户中推选1名骨干作为志愿者,协助社区做好矛盾协调、治安联防等工作。

7. 凉城新村模式——智慧化治理

虹口区凉城新村街道积极构建社区物联网平台,形成智慧大脑,打通社区治理"神经末梢"。社区物联网中的传感器能对社区进行全方位感知、全天候实施数据监测,而最终这些数据在"社区综合管理执法指挥平台"汇总。平台通过数据汇总、分析,实时了解社区管理现状,并及时发现和处置问题。

社区物联网推动街道实现公共安全、公共管理、公共服务"三公融合",提高精细化管理水平,为居民营造更安全文明的生活环境。同时,社区物联网的运作使居民参与社区治理成为一种习惯。未来凉城新村街道将致力于打造一个企业能参与、公众可评价、政府便监管的共治平台,真正实现全域覆盖,全民参与。

凉城新村街道以社区物联网为平台的智慧化管理模式对城管执法的便利性和高效性有巨大的推动作用。

三、城管执法领域社会治理面临的问题瓶颈

自 2015 年 12 月中共中央国务院《关于深入推进城市执法体制改革改进城市管理工作的指导意见》出台以来,上海城管执法体制改革取得重大突破,市、区、街镇三级综合执法体制基本确立。同时,上海城管执法领域社会治理能力不断提高,在解决城市管理面临的突出矛盾和问题、消除城市管理工作中的短板、进一步提高执法效能等方面均取得了显著的成效。然而,由于城管执法领域的社会治理仍处于起步阶段,而"改革永远在路上",未来上海市城管执法领域社会治理机制创新仍然面临以下几方面问题需要破解。

（一）城管执法领域社会治理基础的欠缺

1. 民众参与城市管理的意识相对淡薄

居民是城管执法乃至社会治理的服务对象和直接受益对象，也是城管执法乃至社会治理的出发点和最终归宿。由于居民是城市的最基本组成细胞；与之相当的民众更应该成为城市管理的实践者，城市管理如果没有民众的主动积极参与，那城市管理也只能是一句空谈。所以民众不仅应是城市管理中的被管理者，更应该是城市管理的带动者、践行者，城市管理实质上是民众管理，民众是城市管理不可缺少的个体。

"城市是我家，城市管理靠大家"，这样熟悉的口号我们随处可见，但由于历史、习俗等方面的原因，大部分民众还是会把城市管理的责任甩在城管头上（事实上很多政府部门也是这种想法），认为政府是万能的，城市管理和自己风马牛不相及，潜意识中认为城市管理是政府的事情，自己只是旁观的个体，民众明显还是思维惯性，有事找政府，不愿意主动参与城市管理，有的甚至唱反调。同时，目前一些政府组织的民众参与城市管理的活动流于形式，一般都只是摆几张桌子开展宣传活动，宣传一些民众不甚感兴趣老旧死板的法律法规，邀请民众全程旁观执法行动过程，更是政府计划好全程民众只要跟着走，民众普遍认为个人意见对决策影响力甚微，参与积极性不高。

虽然伴随着经济发展、民主建设进程，公民素质日益提高，其法律、权利、民主意识不断增强，对政治生活和社会生活的参与诉求越发强烈。但除了为数不多的代表活跃在城市管理的平台上，其余很多居民则对城市管理参与表现的颇为被动消极。

2. 社会组织参与城市管理的能力不足

根据西方主要国家的实践经验，有组织地参与城市管理往往能取得比个体市民参与更大的参与效果，因此通过日益壮大的社会组织来参与城市管理应该成为社会治理的主要形式之一。然而在现阶段，我国公众参与的组织化程度还偏低：

（1）社会组织的制度准入门槛高。1988年以来，我国相继出台了《社会团体登记管理条例》《民办非企业单位登记管理条例》和《中华人民共和国公益事业捐赠法》，这些条例和法规在为很好管理社会组织定下规范的同时也带来了门槛高、限制多、监管不力等弊端。根据这些法律法规的规定，许多的社会组织就可能因为不符合条件而无法完成合法、有效的登记，因此也就不能称之为合法的社会组织，也当然谈不上合法的以社团的身份参与城市管理了。即使合法成立的社会组织面临的却是政府本该撤退却未彻底撤退而留下的异常狭窄的社会公共空间，起步与发展就非常艰难。

（2）城市中的社会组织功能定位还不准确。一直以来，社会组织的发展多依附于政府，它们作为政府管理的辅助者，官方色彩较浓。社团登记相关法律法规要求"社会团体的登记注册都必须有一个党政机关作为其主管部门"就是最好的证明。因此，一些社会组织，基本无独立性可言，在对内的社区事务上无发言权，仅能表达基本利益诉求，而不能担负关系社区居民利益决策作出的责任。

所以，不论是何种方式衍生的非政府组织，在一定程度上都依附着当地的政府，这种依附所带来的干预与制约问题往往是不利于非政府组织正常发展的。因此，公众依靠社会组织表达诉求的希望往往难以实现。

3. 城管执法目标导向的压力

（1）在现有"压力型体制"之下，各基层政府部门为顺利完成上级部门逐级分派下来的任务，普遍采取了目标管理责任制的办法。具体到城管工作上，就是将城市管理任务层层分解，甚至分摊到每个城管队员的头上，并明确与其工作表现、绩效考核等联系起来。身处此体制背景下，作为"管理者"的城管执法部门自然而然地对城市的市容市貌、环境秩序等负起了全部责任。每个城管队员不得不围绕自己的具体任务开展工作，所有城管执法工作都围绕执法者个人的工作任务和工作需要而展开，执法过程的合法性与合理性被任务的个体性所消解，庞大的执法对象群体及更大的社会公众群体彻底从管理主体队伍中脱离出来，因此，相应的执法工作就成为城管部门单方面为政绩考核而不得不完成的任务。城管执法主体的孤立使得执法工作缺乏了执法对象，甚至社会大众的理解、配合与支持，而管理主体孤立所带来的后果突出表现为城管执法者、执法对象和社会公众由于沟通不善而导致的各方身份错位及彼此负向认同，以及由此产生的各方利益与认知的不可通约性。

（2）"以具体任务为中心"的工作模式使得城管执法者时刻忙于贯彻自上而下的指令与指示，只能以事后强制性管控为主，忽视或无力顾及源头治理；以完成己方任务为工作指向，执法方式简单粗暴，与处于弱势地位的执法对象的交往互动缺乏平等关系及应有的尊重。同时,基于上述各种因素而致使的城管执法部门与执法对象及社会力量双向沟通渠道堵塞,更大范围内的社会公共利益、民众需求等严重缺乏表达机制。

因此,从社会治理视角审视,当前城管执法所遇到的困境,实质上是传统社会管理模式固有问题之集中表现。要走出执法困境,就必须改变传统社会管理模式,以全新的社会治理理念来破解当前城管执法遇到的难题。

(二) 城管执法与社会治理融合机制的不畅

1. 城管执法引入市场机制能力的不足

中共中央国务院《关于深入推进城市执法体制改革改进城市管理工作的指导意见》要求发挥市场作用,吸引社会力量和社会资本参与城市管理。具体是鼓励地方通过政府和社会资本合作等方式,推进城市市政基础设施、市政公用事业、公共交通、便民服务设施等的市场化运营。推行环卫保洁、园林绿化管养作业、公共交通等由政府向社会购买服务,逐步加大购买服务力度。然而,在实践中发现,一方面,由于各区、街镇财政实力不同,引入市场机制或政府购买服务的能力不同;另一方面,即使有着引入市场机制的财力和意愿,也会常常受到财政体制繁杂规定要求的制约。

2. 社会力量参与城市管理的渠道不畅

当前社会群众虽然自行建立了一些与城市管理相关的社会组织,但由于体制机制的原因,这些组织往往各自为政,没有形成与政府、社会的城市管理合力。城市管理工作需要政府的牵头引领作用,特别是要充分发挥街道办事处、居委会在城市管理活动中居民组织发动的作用。但目前可以发挥社区"五老"(老干部、老战士、老教师、老专家、老模范)和有威望热心市民的影响力的参与渠道却没有有效建立起来。另外,城市管理志愿者队伍建设一直是城市管理的短板,政府要为城管志愿者队伍提供政策、资金等方面的支持,不能寒了志愿者一颗主动服务的心,同时拓宽志愿者招募渠道和范围,尤其是要为大学生志愿者提供参与城市管理的平台,发挥大学生志愿者的独特优势,志愿者活动内容和形式要丰富、要接地气,在慢慢摸索中建立志愿者参与城市管理的长效机制。

3. 公众参与的反馈机制缺乏

虽然公众参与城市管理行政执法不管在主体上还是形式上都有了一定的发展,但是公众在参与主体上不均衡,仅仅是个人参与,热情度不高,在参与形式上让许多新颖的形式被搁置,都与公众参与的效果反馈上不尽如人意相联系。公众参与更应该注重的是公众参与的实际效果,而不是走马观花,流于形式。但是现阶段,公众参与中却缺乏相应的反馈机制来了解参与的效果与作用。如前文说的,公众向城管部门的微博或微信,或者利用邮件等方式反映了自己的意见与诉求,但是很多时候可能得不到回复或者很长时间才回复或者回复有误等;城市市民参与城管相关政策或立法的听证会所提的意见是否被采纳无从得知,没有建立书面反馈,没有被采纳的意见也没有相应的说明理由制度等;又如公众向城管部门进行投诉,大多数的投诉并没有及时向公众说明处理的结果。这些都是现阶段我国城管行政执法公众参与过程中缺乏反馈机制的体现。这就要求在公众参与城管行政执法的过程中应该建立相应的反馈机制,对所有公众参与的事务或项目进行详细的登记备案,对公众的意见、建议以及诉求要及时受理、处理以及回复,对没有及时处理以及处理不到位的行为要明确规定相应的处罚与责任追究机制,让城管部门的工作人员能够明晰自己的责任,更有效率以及更依法依规地对待公众参与的事务,让公众燃起对城市管理事务的参与热情,从而才能让公众参与起到实际的效果,切实缓解城管部门与城市市民之间可能出现的矛盾。

（三）城管执法领域社会治理保障机制的滞后

近年来,我国的城市管理部门纷纷引入公众参与机制,这为城市开放性管理创造了更多的机会。但是我国的公众参与相对而言还是比较浅层次的,尚处于象征性参与阶段,无论是参与主体、参与程度、参与方式,还是法律保障等都存在一些亟须重视的问题。

1. 相关立法规定过于抽象化

我国宪法从根本上肯定了公民参与城市管理的权利,但是宪法赋予我们的实体性权利在实践中却没有具体的规定去落实。从我国现有的立法规定来看,无论是对于参与的主体、参与的形式,还是参与的范围等都没有一套完整的机制和体系,而仅有的一些规定也是零零散散地混在各类规范性文件中。如《行政处罚法》虽然肯定了行政相对于可以在事前、事中、事后都参与进行政执法中,行使其知情权、表达权、申诉权以及救济等权利,但是只限于行政相对人参与行政处罚等具体行政行为。《信访条例》也仅是从原则上对公民的参与权进行了肯定,并没有对参与主体的界定、如何参与以及参与的效果等内容。而具体到城管行政执法的公民参与中,《中华人民共和国城乡规划法》《环境影响评价法》《中华人民共和国环境保护法》等法律虽也有条文对公众参与城市管理的一些领域进行了肯定,但显然没有太多的可操作性意义。各地政府或城管部门根据实际所发布的地方性法律法规,如《城管相对集中行使行政处罚权办法》,对公众参与城管行政执法仅仅是一笔带过。

因此,在我国对公众参与城管行政执法的立法过于原则与抽象化,既没有对参与的主体、参与的范围、参与的形式等实体性内容进行具体规定,也缺少对如何具体操作、参与等程序性内容的规定。那么这就意味着是否引进公众参与,如何引进公众参与,公众参与达到何种程度等,实质上就由城管部门说了算,那么城管部门站在部门的角度,或者因为部门利益的考量,或者因为想简单省事,对于一些认为费时费力或他们认为不适宜参与的事务就可能不吸纳公众进行参与了。即使有时候让公众参与进来了,也可能仅仅是走个过场,没有参与的效果。长此下去,公众对城管行政执法的参与热情就会降低,公众参与就会成为形式。

2. 相对集中行政处罚权范围划分不够明确

一方面,部门之间职责界定不清。虽然《国务院关于进一步推进相对集中行政处罚权工作的决定》对城管行政处罚权相对集中的标准作了原则规定,但对相对集中行政处罚权的范围和标准规定不明确,相对集中行政处罚权究竟应在什么领域和事项范围内集中,尚无统一定论。另一方面,城管执法部门管理与市民自主决定范围界定不清。例如搭建雨阳篷的问题并不在规划审批范围之内,根据"法无规定不可为,法无禁止即自由"的原则,此类搭建行为理论上应该属于市民自主决定范围,但在实际操作中往往将其作为违法建设予以查处,不但无助于提高执法效能,反而易引发执法冲突。因而亟须进一步界定城市管理相对集中行政处罚权的范围。

3. 部分保障制度实施不到位

公众能够参与城管执法并取得实效要基于许多权利的保障,这些权利包括:

1. 知情权。知情权是宪法赋予公民的基本权利,但是在基本的法律层面并没有过多地进行规定。2007 年,我国颁布了《中华人民共和国政府信息公开条例》,这是公民知情权保障的一大进步。然而在实际中,政府掌握着绝大多数的社会信息,但这些信息的公开也掌握在政府的手中,城市公民对此毫无主动权。而即使《政府信息公开条例》颁布实施后,政府还是选择性公开,在城管行政执法中亦是如此。城管部门根据部门需要以及利益的考量,往往是有选择性的公开,公众对于城市管理相关的信息获取无疑受到了阻碍。在信息获取不能或者不正确的情况下,公众的参与度也是大打折扣的。

2. 表达权。对于表达,我国并不是没有表达机制,听证就是表达机制最好的代表。但是我国现阶段的听证制度却存在着很多问题,如多数听证会听而不证,搞形式主义,走走过场;听证代表选取存在猫腻,往往选取有利于政府部门的代表;听证代表在人身以及财产权无法得到保障的情况下不敢讲真话;听证程序不公开或者事后公开,监督成为虚设等。这些问题在实践中有很多的事例,如电价、水价等听证会逢听必涨,听证专业户等。听证制度存在的这些问题反映的是公众表达权的保障缺失。那么在城管行政执法领域,如前文所说,听证会、座谈会、专家论证会等多样的形式已经在运用了,但是参与过后真实表达了民意的又有多少。而在这些理性表达无法符合民众利益时,非理性的表达就会上演,就会导致公众与城管部门以及政府之间的矛盾。

3. 监督权。公众参与城管行政执法有利于政策的科学性,有利于民众的利益保护,但是公众参与城管行政执法作为监督权的体现却并没有得到真正的落实。城管部门多是自行监督,保障公民监督权的机制缺乏。如听证会召开,可是听证代表的意见是否被采纳不是由公众说了算,公众也没法监督。这就可能导致城管部门在听取民众意见后即使简单、草率地进行处理也无法被发现,从而就会形成公众参与城管行政执法只参与无结果的状况。

四、城管执法领域社会治理机制建设的政策建议

经过近年来的创新实践,上海城管执法领域社会治理能力不断提高,并形成了若干可复制推广的成功经验模式。今后,持续推进城管执法领域社会治理水平的不断提升,要根据习近平总书记提出的"城市管理应该像绣花一样精细"的总体要求,把握好我国新时代社会主要矛盾的变化,紧紧围绕满足人民对美好生活的需要

这一核心任务,通过城管执法部门本身的职能转变、资源配置的市场对接和城管力量进社区等 3 个方面,构建"党建引领、政府负责、社会协同、群众参与、法治保障"的城管执法领域社会治理创新机制,实现管理向治理、行政向市场和社会融合的工作转向,使多元社会利益和社会资源得到合理配置,社会矛盾和社会纠纷得到有效化解,社会整体利益和社会和谐秩序得到切实维护,实现"善治"目标。

(一) 发挥城管执法领域社会治理的党建引领作用

正如党的十九大报告所提出的,中国特色社会主义最本质的特征是党的领导,中国特色社会主义制度的最大优势是党的领导。因此,城管执法领域社会治理能力的提升要以提升组织力为重点,把基层党组织建成推动改革发展的坚强战斗堡垒,引导广大党员在城市执法领域社会治理中发挥先锋模范作用。及时把握新时代城市执法领域社会治理中的新问题,坚持问题导向,构建"党建＋互联网"的城市管理模式,完善"城管执法""智慧党建"等智慧平台。深入总结梳理上海楼宇党建、单位党建、行业党建、平台党建、区域化党建、社区党建等新模式新经验,及时推广复制。围绕高质量发展、高质量党建的要求,继续夯实党建基础,推动党建工作再上新台阶。加快以点带面,进一步促进党建示范带、示范街镇建设,实现从量变到质变的转化;深化党建规范化建设,阵地建设扩面提质,主题党日活动提质增效;进一步打响"楼宇党建""两新组织"党建等党建特色品牌。

（二）推进城管执法领域社会治理的组织基础建设

1. 完善居委会、业委会、商管会等社会主体的培育。正确处理执法部门与社会组织以及各相关主体之间的关系，明确各方主体在城市管理和社会治理中的定位。完善社会和社会治理的一系列政策和法规，重视对优秀的管理者、优秀的专业人员和优秀的社会组织的培养和培育，通过对社会管理领域进行过程引导和规范，实现执法部门对创新活动和创新行为的有意识引导、调控和激励，同时健全和完善社会自治、自律和自我发展的新机制，充分发挥各种社会组织和群众个人在城市管理和社会治理上的主体性及其对执法部门的监督制约作用。借助于城管执法力量下沉的契机，提升城管执法队伍与居委会、业委会、商管会的对接和合作，把社区、园区、商区、楼宇、企事业单位等基本社区平台融入城管执法，在加强基层管理与服务、执法宣传、培训和演练方面加强合作，共同推进基层治理工作。

2. 积极推动社会力量的发挥，推进相关社会组织建设的完善。社区各方力量的广泛参与，能够弥补政府单方面供给和社区需求脱节的问题。在优化社会治理的过程中，深入分析不同社会组织的性质、职责范围，并利用一定的规范引导社会组织发挥自身的优势，体现分类治理的优势。对共青团、妇联等全国性人民团体，确保其在机构设置、职能履行、财产管理、人员培训、制度建设等方面独立于行政机关，并以项目立项的形式实现公共服务的让渡，政府部门对其工作效果进行全面监督。对于青年志愿者协会、儿童少年基金会等专业类服务型社会组织,可以加强合作,利用市场手段购买服务,并鼓励其开展经营性活动,扩大资金来源、提高运行能力。对于一些"草根"社会组织,可以积极支持,利用法律法规明确其社会治理权利,促使其不断成长、成熟。另外,坚持平台化运作和项目化推进,整合单元内各类资源,优化自下而上的共治议题并形成实施机制,着力为社区各方提供精准有效的服务。高度重视楼组长、党小组长、居民小组长等社区骨干力量,通过教育培训、设岗定责、评优表彰等机制,激活他们参与治理、服务群众的热情,成为称职的政策宣传员、诉求收集员、纠纷调解员、群众服务员和网格巡查员。

3. 努力推进自治—共治—管理—执法一体化的平台建设。加强社区治理,既要发挥基层党组织的领导作用,也要发挥居民自治功能,把社区居民积极性、主动性调动起来,做到人人参与、人人负责、人人奉献、人人共享。坚持"条块结合、以块为主、属地管理"的基本原则,落实街道属地管理责任和部门主体责任,充分发挥和依托街道平台的作用,实施依法治理、综合治理、源头治理。健全联席会议制度,将单元内所有居民区、下沉机构、社会组织等纳入联席会议成员单位,每月召开不少于一次例会,研究单元的重大事项,审议共治项目。配套建立健全社区居民、驻区单位、社会组织互为融合、自下而上的项目运作机制,对项目形成、审议、实施、监督、评价进行全过程管理。借鉴闵行"2+2+3"的模式,把社会自治、共治与管理、执法相互衔接,构筑信息共享平台,凝聚共管合力,提高执法成效,强化源头管理,充分发挥执法和管理的联动作用,建立"黄金7天"循环模式,形成长效治理体系。

（三）深化城管执法领域社会治理的衔接机制建设

1. 社会参与机制。城市管理部门制定相关标准时，注重听取相关部门和社会公众意见建议，标准出台后，向社会公示，接受群众监督。

2. 协商管理机制。引入体现相对人与执法主体双方合意的执法前端介入环节，尽可能通过社会参与和多元协商，以指导、引导、协商、教育等方式化解城市管理中遇到的问题，从源头上更有效地预防和减少违法行为的发生，同时也保证了执法效率。

3. 宣传教育机制。城市执法部门建立与公众共管、联管、协管的互动机制，组织群众志愿者担任信息员、劝导员、监督员、参谋员、宣传员，参与公共设施和环境卫生等日常维护活动。

4. 社会参与治理机制。充分发挥基层社会治理平台的作用，努力融入城市管理，发挥基层党建的引领作用，发挥网格员、楼长、河长等社会志愿者，以及社会组织、园区、企事业单位的作用，积极引导城市管理和执法部门与上述主体对接。努力实现上海城市管理与执法在条块结合、部门机构衔接、政府与个人、社会的协调等方面统筹，激发基层社会的积极性和创造性。

（四）加快城管执法领域社会治理的典型模式推广

1. 因地制宜加快典型模式的推广。当前，上海城管执法在与社会治理相衔接的过程中，逐步形成了涵盖社区、商圈、园区、楼宇等7种可推广、可复制的典型模式。这些成功模式改变了以往单一简单粗暴的执法方式,扭转了城管执法的负面形象,较好地达到了市容环境整治和提升的目的。这是理念的转变和创新,符合依法治国、依法治市的精神,值得各区、街镇认真学习和大力推广。

鉴于上海各区、街镇的区位、交通条件、经济社会发展状况不同,社会治理要素资源差异化程度较高,面临的执法问题不同,面对的重点区域、重点领域、重点顽疾也各不相同。对此,全市各区、各街道执法队、委托执法队要以这些典型模式为借鉴,认真学习,积极探索,勇于创新,发展属于自己的城管执法社会治理新机制,全力开创法治城管、智慧城管、品质城管和人文城管的城管工作新局面。

2. 在重点领域率先先行先试。紧紧围绕市委市府关于公共安全整治的目标,结合街镇公共安全重点整治任务,针对执法任务重的重点领域、重点区域,选择基础较好、条件成熟的地区,可以每个区确定1~2个区域,推进城管执法与社会治理的合作大平台建设,如中心城区商业街,通过先行先试,逐步推广。加强对突出路段、特定区域、重点问题的整治,特别对示范道路、学校、菜场、轨交、商业广场等重点区域的市容环境、各类违法建筑、无资质渣土运输车辆等问题,定期组织或参与配合相关部门的集中整治,消除安全隐患,守牢安全底线。坚持精准"补短板",推进城市管理难题顽症专项执法整治。重点推进违法建筑、街面环境秩序、住宅小区、无序设摊、违法户外广告和建筑垃圾等领域的执法整治工作,完成突出存量违法行为的整治,加快消除历史存量,落实常态长效管控机制。

（五）完善城管执法领域社会治理的保障机制建设

1. 提高城管执法领域引入市场机制的能力。鼓励区和街镇推进招标机制，引进第三方管理机构，积极参与城管执法工作，政府部门的职能转变为监督管理。在运作模式上，可根据街镇的不同特点，采取不同的市场化模式。有条件的地区，可采用完全市场化的模式，采取招标，完全引进第三方，具体管理和服务由第三方全包；条件不成熟地区，可适当采取市场化与行政手段相结合，政府在基础设施和配套设施建设方面部分托底，第三方实施具体的管理；条件较差地区，以政府托底为主，重点以镇属相关企业为主体实施外包。

2. 构建城管执法领域社会治理的标准体系。按照中共中央、国务院在《关于深入推进城市执法体制改革、改进城市管理工作的指导意见》(2015)和上海市委办公厅、上海市人民政府办公厅印发《关于进一步完善本市区县城市管理综合执法体制机制的实施意见》(2015)中的要求，进一步健全考核制度，推广绩效管理和服务承诺制度，加快建立城市管理行政问责制度，将城市管理执法工作纳入经济社会发展综合评价体系和领导干部政绩考核体系并适时进行更新完善。贯彻落实住房城乡建设部新近印发的《城市管理执法行为规范》(2018 年 10 月 1 日起实施)，加快与上海社会科学院、上海市高校等科学研究机构深度合作，探索构建社会治理与城管执法相互融合的地方行为规范和相应的评估体系，运用制定的指标体系定期展开评估。在此基础上，建立相应的培训系统，对城管执法人员和社会自治组织人员进行定期培训。经过几年运作之后,尝试建立相应的地方标准和认证系统。

五、国内外城市治理案例与经验借鉴

(一)国外城市案例

1. 纽约社区治理的经验

纽约市全市共 59 个社区,分布在曼哈顿、布鲁克林、布朗克斯、皇后及斯泰顿岛等 5 个行政区中。纽约社区治理的主体主要有政府、社区委员会、非营利性组织。

政府在纽约社区建设中职责明确。在纽约社区治理中,市、区两级政府都承担着社区建设的一些行政职能,并且分工明确。政府每年对社区建设工作都要制订相应的工作计划和发展规划,每项计划或规划包括工作内容、目标要求和组织措施等,且大多都有数量指标和具体要求。政府在社区建设中的职能规定很具体,比如,市政府中的城市规划委员会、社区协助处,区政府中的服务委员会、行政委员会等在社区建设发展中都起着指导和促进作用。纽约社区协助处设在市长办公厅内,其主要职能是帮助全市 59 个社区委员会履行职责,协调市政府与各社区之间的关系,帮助社区委员会主任或社区经理开展工作。此外,市长和区长在纽约社区建设中也有明确职责。纽约市长的社区职责主要包括:

(1)保证市政府职能部门与社区委员会在处理涉及社区事务

和市民所反映问题时进行合作。

（2）审核社区委员会对资金的预算和使用并建议拨款数额。

（3）确保城市各专业职能部门指派官员参加社区服务工作，为社区中的各种问题提出解决方案。

（4）总体帮助社区委员会解决各种问题和困难。区长与社区建设相关的行政职责主要包括：①任命社区委员会成员；②担任区服务委员会和区行政委员会的主任；③负责对社区委员会成员进行培训并对其工作提供必要的技术帮助。

社区委员会是纽约社区治理的主要机构。在纽约，社区委员会是一个半官方的机构，为纽约居民服务。每个社区都有一个社区委员会，委员不得超过 50 人，每个委员任期 2 年，每年有一半委员进行换届，委员可以连任。社区委员会成员可由政府部门指定，也可以志愿服务，但政府部门都不负责发放工资。社区委员会每月至少举行一次听证会、一次委员会会议，7 月、8 月除外。委员会实行多数人决定制度。社区委员会的具体职责在《纽约城市宪章》中作出了明确规定，其主要职责可以概括为 6 个方面：

（1）关注社区需求。社区委员会根据社区需要确定其工作方向，定期发布社区需求分析与优先处理事务建议。

（2）负责沟通协调。在社区、居民与政府之间发挥沟通作用，并就居民福利等问题与行政部门进行具体协商。

（3）制定社区规划。包括本社区发展的总体规划和专项规划，对整个城市发展规划中涉及本区域的问题也可以提出意见或建议。

（4）提交各类报告。需向各级行政部门提交年度报告、社区需求报告以及其他需要的报告。

（5）编制年度预算。制订并向市长提交下一年度社区发展所需资金和支出预算。

（6）进行评估监督。对由政府负责的在本社区提供服务的数量和质量进行评估，对所有本社区的资金项目进行评估，并监督项目的进展与实施。

非营利性组织和志愿者在纽约社区建设中发挥着重要作用。纽约社区中活跃着各种区域性非营利性组织，它们数量多、分布广、服务领域广泛。非营利性组织是志愿者的组织载体，它广泛吸纳社区居民参与社区的各项活动。政府一般不干预非营利性组织的运行与决定，赋予其最大的自治权；只有在特殊需要的情况下，政府给予该组织行政上的支持和实践中的协助。该组织具有强烈的志愿色彩。志愿者队伍是纽约社区服务的主力军，承担着社区互助和公益性服务等职能。在纽约，每个社区的网站上和分发给居民的社区宣传品中，都会定期公布社区需要招募志愿者的信息，每位社区居民可以通过这种方式了解相关情况并申请参加志愿者活动。特别值得一提的是，在纽约，从事专职社区工作的人员，无论是在社区管理组织中，还是非营利性组织或志愿机构中，都要经过专业培训，一般要修完"社会工作学"课程。这些专职工作人员都能熟练掌握从社区治理理论、社区政策到社区活动的组织、动员、宣传等技巧。其收入和待遇与政府工作人员大体相同。

总体来看，纽约社区建设形成了一种市、区两级政府行政参与、社区委员会自主治理、社区居民广泛参与的完整而规范的制度体系。政府、社会和公民之间进行合理分工，明确权责，社区建设的各方参与者的职责皆以《纽约城市宪章》形式予以法制化。

2. 伦敦社区治理的经验

政府部门提供资金支持和社区发展指导。政府相关职能部门成为伦敦社区建设最强有力的支持者和资助者，政府的作用主要体现在两个方面：

（1）直接进行资金资助，政府相关部门通过购买非营利性组织和专业机构的服务等方式，吸引社区服务组织参与社区建设，政府部门的资助日益成为社区建设的重要资金来源。

（2）以政府部门的声望和公信力吸引社会资金，如企业、基金会和个人等，拓宽资金来源渠道，并以制定税收优惠政策，对社区建设和社会服务进行投资的企业进行税收减免，建立起可持续的社区发展模式。实际上，政府部门在社区建设的发展思路、资金来源、完善机制、评估监督等各个环节均发挥了重要作用，起到了统筹规划、政策支持和协调社会单位等所不可替代的作用。

充分发挥社区委员会的"主人翁"角色。社区委员会是社区建设的权力机构，与我国的社区居民委员会的功能类似，是英国政府在基层社区的重要工作抓手，实际上起到了基层政府作用。其职能主要包括：

（1）代表社区居民与社会单位和社区单位建立起合作关系，为增进社区居民的利益，提高社区公共服务水平，实现社区成员，尤其是弱势群体共同、平等发展的权利而开展工作。

（2）在基层社区层面践行英国政府和伦敦市政府的执政理念

和社区发展思路,在居民教育、医疗服务、社会治安、文化体育等公共服务领域内承担全面责任,在上述领域内与社区内外各单位开展各项活动。在伦敦社区中,社区委员会能否充分发挥职能是决定社区治理水平高低的决定性因素。

实现社区公共服务全覆盖。作为老牌发达国家,英国的社区公共服务经验值得借鉴和推广,经历了 20 世纪 80 年代的自由思潮影响之后,英国政府重新将国家在社区公共服务中的角色和重要性提升到了一个新的高度,在已有的工作基础上,迅速形成了完善的社区公共服务体系,使得全英市民充分实现了公共服务基层化和社区化等多层次社区服务体系。社区公共服务体系内容涵盖范围极广,包括文化体育、医疗卫生、社区保健、儿童看护、社区教育、信息共享等各个方面,社区居民不出社区就能享受到全方位的社区服务;从服务对象来看,除一般的社区居民外,重点包括老年人、残疾人、儿童和有犯罪记录的成年人、低收入人群等,这些人群除了享受完善的基本社区服务外,还能得到专业社会工作机构如专业社会工作事务所等的扶持和帮助。

建立起政府部门、社区和非营利性组织(企业)合作共赢的发展模式。与其他西方国家类似,非营利性组织和营利性企业等社会力量在社区事务中发挥了很大的作用,但与其他国家不同的是,在政府部门、社区和社会力量合作的模式中,伦敦市政府强调社区的独立性和自主性,在各方力量中,社区委员会既反映社区居民意愿,又得到伦敦市政府的政策支持,还天然地与社区组织和企业单位建立起密切关系,是这一合作模式的中心。非营利性组织和企业是伦敦社会发展和服务的执行者和操作者,政府部门将主要的精力放在制定社区发展政策和监督指导等工作上,而将具体的操作实施工作交给非营利性组织和企业来实施,因此,在伦敦市政府资助和支持下的社会服务体系中,非营利性组织和企业是承接各项社区服务的重要力量。其中,非营利性组织长期以来形成了成熟的工作机制,由策划、事业、社会和执行等部门组织,其成员工资由政府和基金会等劳务开支直接支持,并接收由政府资助的第三方监理组织的监督。数量庞大、门类众多的非营利性组织参加政府购买服务项目,将政府的发展理念直接在社区层面进行实施,这些服务项目涵盖社区服务的各个方面。企业也是社区发展的重要参与者,按伦敦市政府的政策规定,以资金支持、组织实施等方式直接参与社区发展的企业在税收、贷款等方面享受优待政策,企业的社会责任和税收、贷款等优惠政策都吸引着各类社会企业以各种方式投身社区发展和社区服务中。

3. 东京:治理户外广告的做法与经验

在日本,由于土地狭小,户外广告可利用的地点有限,因此户外广告称得上是寸土必争、毫不相让,相同的面积中,东京户外广告数量之多、密度之大、更新之快,堪称世界之最。这样的特点为管理带来了难题。日本东京在户外广告管理方面的一些做法与经验值得借鉴。

政府许可、自律管理。"许可"亦注重"登记"。在东京,广告公司若要设置户外广告,除了得到政府相关部门的许可外,还必须进行"户外广告登记",其有效期为5年。需要登记的内容包括经营者的商号、法人代表、董事姓名及住址、经营场所的名称及地址等。登记申请由东京都知事审批,市民可以自由对广告业主的信息进行查询。从维护景观出发,广告协会担当重任。东京都下属的各知事部局中,负责户外广告管理的是城市发展局城建政策部绿化景观科。在实际操作中,户外广告管理更多实行由广告协会自律管理的制度。在东京,承担各类户外广告管理责任的机构是东京户外广告协会,其机构性质为公益社团法人。

禁设区域、分类细致、罚则明确。广告管理专门法律体系健全、标准严格。在自律管理之外,各种相关的法律、条例、规则、标准中,对设置户外广告的行为也都有严格规定。东京早在 1949 年即开始施行《东京都户外广告条例》,1957 年进一步推出该条例的实施细则。其后,经过数次补充与更新,不断完善条例的内容,最近的一次修改是在 2012 年。条例详细规定了禁止设置广告的区域、部件以及允许设置广告的区域。若违反相关规定,将被处以高额罚款。景观特殊地区的户外广告管理严上加严。针对特殊地区,户外广告设置的要求更为严格,对如何与景观规划的要求保持一致、广告设置的允许及禁止位置、广告的色彩与光源使用等都作出了详细的规定。

景观立法、协会细化,全民参与。"景观"立法,进一步推动塑造优美城市环境。户外广告是景观规划中的重要因素,东京的户外广告十分注重城市环境与艺术的结合,设置户外广告则必须符合景观特色。近年来,随着城市化进程的加快,与环境问题共同浮现的城市景观问题频发,日本自 2005 年起实施《景观法》,由各地方自治体负责制定具体的景观条例。《景观法》更加强调从景观的角度考量户外广告设置，以实现"丰富、有个性、有活力"的城市环境。东京都政府也通过颁布《东京城市景观条例》，集中力量塑造城市景观。广告协会设定细则，广告公司严格遵守。依据上述法律、条例，东京户外广告协会从街道美学的视点出发，强调户外广告与城市环境、建筑立面的整体协调性，通过控制和引导，有重点、有目的地设置户外广告精品，促进户外广告、城市环境、社会经济的持续协调发展和良性增值循环。协会拥有一套从整体到个体的专业分析思路，对户外广告的类型、价值、尺度、形式、内容等的标准拥有高度的话语权，要求户外广告业主严格遵守。

社会各界高度关注，积极参与维护城市景观。户外广告的设置不能仅仅依靠行政部门的把关，全体广告业相关的主体乃至市民的意识及专业素养的提高也至关重要。因此，东京为了普及广告设置的知识，专门开设了"户外广告讲习会"，每年召开 1 次，每次持续 2 天左右。在讲习会召开前，会通过一系列的媒体宣传来告知市民开会的时间与地点。如今，即使是普通市民也逐渐意识到景观的重要性，积极响应并参加保护景观的活动。从 1997 年起，东京每年举行一次"非法电线杆广告清除活动"，管理部门、警察及市民都参与其中。此外，从 2007 年起，为配合"东京马拉松大赛"，还实施了清除赛道沿线违法广告的措施。

（二）国内城市案例

1. 北京：互联网＋垃圾分类，打造智慧垃圾分类模式

北京作为首都，城市管理的一举一动都牵动着全国的脉络。

"互联网＋垃圾分类"的智慧垃圾分类模式在北京朝阳区劲松中社区推广,12万户居民开始实行垃圾分类刷卡积分制度。

劲松中社区抓住创新技术和鼓励政策相结合的要义,运用"互联网＋分类回收"思维,按照垃圾分类与再生资源回收"两网合一"的思路,联手首创环卫、苏州伏泰科技开启了区域垃圾分类建设工作。

垃圾桶有专属身份卡:分类流向随时查。劲松中社区对试点区域内378个垃圾收集点进行了设施信息化改造,为全部垃圾桶嵌上带有防水功能的NFC电子标签,让垃圾桶有了专属的身份卡。管理人员在后台可以浏览区域内垃圾桶的实时情况,包括地图所在位置、垃圾桶基本信息(编号、所属类别、所属社区等)、垃圾收集时间、收集重量、对应收集车辆。通过对垃圾桶信息的实时采集,可以随时查看分类垃圾流向,掌握资源回收量,进行有效的溯源管理工作。

积分换大米:提升居民刷卡热情。在劲松中社区的可回收资源回收点(绿馨小屋)内,社区居民将提前分类好的垃圾带到这里,工作人员将垃圾过秤计量,居民刷卡记录此次回收行为,包括资源品类、重量、数量,积分自动累积并上传至垃圾分类管理后台。通过积分的累积,居民可以兑换大米、卷纸、香皂等生活用品,"有借有还"的方式极大增强了居民的参与热情。此外,居民也可通过微信公众平台一键预约,由工作人员亲自上门回收并计量。

车辆安装一体机:收运效率最大化。区域内20辆收运车都装上了伏泰车载一体机,实时采集车辆的位置、作业里程、收运桶数和收运量,工作人员从后台能够查看每一辆车的实时收运情况,进行每日的收运量管理,并借助于理论收运量进行收运效率评估。结合垃圾桶产生量、收运频率、地理位置和历史状况等,系统会给出最优收运路线建议,帮助驾驶员在最短时间和最短路程内将垃圾收集到位。

垃圾分类网站:宣传监督齐步走。劲松中社区建立了垃圾分类网站和微信平台,通过网站向居民宣传垃圾分类知识,发布环保新闻,进行活动通知。市民既可以通过垃圾分类网站了解最新的垃圾分类资讯,还能查询垃圾分类设施分布,实现就近投放。分类网站和微信平台还为居民提供了监督反馈渠道,居民可以为垃圾分类建言献策,看到垃圾分类不规范的行为时还可拍照上传并留言,实现宣传和监管齐步走。通过技术＋鼓励的模式,产生了一加一远大于二的结果,并形成了区域影响力强劲的"劲松中社区效应",其智慧垃圾分类模式有望在朝阳区其他区域进一步推广。

2. 杭州:互联网＋城市治理,打造有特色的社区治理模式

杭州从市民的切实需求出发,充分运用新技术、新手段,使城市治理更加智能高效,使人民更有获得感和参与感,共享社会发展的成果。

探索基层社会治理体制改革,激发社区活力。杭州积极探索基层社会治理体制改革,出台《杭州市推进城乡社区治理和服务创新工作实施方案》,打造升级版"实验区",推动了"大社区"体制改革、社区居委会本土化建设、"全能社工"等新实践,创新推出"e家全能"综合岗、流动公共服务工作站、楼宇社区服务站、新杭州人服务

站等新模式,使社区工作由"静"向"动"变化,由"被动服务"向"主动服务"转变,形成了具有杭州特色的社区治理模式。2015 年,上城区上羊市街社区一个全新的社区治理创新园成立,设置了公共服务站。居民的各种办事需求,一个窗口受理,解决不了的还会通过365 平台、民情 E 点通等信息化平台上传,交由相关部门办理。上羊市街社区以项目制为载体,让居民"有兴趣"参与公共事务,激发社区活力。比如,社区"邻里食堂"项目,从提议、筹划到建设、管理等各个环节都集聚了居民的智慧和力量,是社区将居民需求进行项目化运作的成功案例。这种充分发挥社区、社会组织、社会工作者"三社联动"作用的模式,在杭州已经推广开来,先后建成了"小营红巷""左邻右舍""湖滨家园""潮邻益家"等广受居民欢迎的社区公共空间。

"互联网＋城市治理",提升社会治理智能化水平。"互联网＋"成为杭州社会治理的利器。为了让杭州更安全,杭州警方在集中整治行动的基础上,以新应新、以智取胜,以大数据、云计算、人工智能为代表的现代科技发展大势,全面推进信息化条件下的警务实战体系建设,着力提升社会治理的智能化水平,不断推进立体化、信息化社会治安防控体系建设。杭州市公安局交警局指挥中心,城市"数据大脑"交通平台上的实时动态信息,事故、违停、拥堵状况一目了然。以大数据交通治堵为突破口建设城市"数据大脑",是杭州市推进城市治理体系和治理能力现代化的重要探索。

城管部门研发了贴心城管手机 APP,利用数字城管问题交办、处置、监督平台,加强对城市管理大数据挖掘,对于反复发生、反复投诉问题,注重建立长效管理机制,加大考核力度,提升了服务效率,热线投诉满意度达到97%以上。

"互联网+社会治理"还不断深入城市的毛细血管之中。"网格化管理、组团式服务"模式不断深化推进,已经形成覆盖到户、触角灵敏、反馈有力的社区服务工作网络,以网格小平安实现全市大平安。上城区社联网整合了社区、社工、社会组织、社会企业、社区基金等5种资源,解决社区治理难题。居民也可在平台上发起行动,招募志愿者响应公益活动,并且对有争议事件,居民或者其他人员都可在圈子中发起投票,民主决策社区事务。

探索基层治理平台建设:下城区天水街道正在试点基层治理体系"四个平台"建设。目前,以后台指挥和处理为主的"智慧天水"系统,网格管理和服务为主的"网格通"APP应用,面向公众的"天水街道"微信服务号等3个主要的智能平台已基本成型。网格是所有居民的网格,网格员在开展网格巡查过程中,当有居民反映问题时,在网格员了解情况后,在微信群里@同是网格员的相关人员,问题可以很快解决。

3. 广州:群防群治,营造共建共治共享社会治理格局

在如何营造共建共治共享社会治理格局方面,近年来,广州在打造群防群治模式方面形成了一系列"广州经验",取得了相当的成效,群众的安全感和治安满意度稳步上升。

广州通过努力完善"党委领导、政府负责、社会协同、公众参与、法治保障"的社会治理体制,通过全面加强党的领导,把群防群治工作作为营造共建共治共享社会治理格局的重要内容来落实,建立起

了一套具有广州特色的社会群体利益平衡机制、矛盾纠纷多元化解决机制。

党建带社建,让"外来人"成"自家人"。面对急速城市化,外来人口较多,一些村的"两委"提出了党建联席会议制度。发挥党组织的纽带作用,把党员,特别是来广州的流动党员召集起来,有什么需求和问题,都摆到桌面上来讨论。党建联席会议,每年召开不少于3次,除了让来广州人员成立的商会或协会党员代表参会外,辖区内的院校、企业代表,以及服务站、村"两委"、经济社代表都参与其中。通过让来广州人员,特别是党员参与公共事务决策管理,让他们有参与感,进而把"外来人"变成"自家人",既可以发挥"同源自治"的优势,让"老乡管好老乡",还可以依托地缘亲缘优势,调解来广州人员之间的矛盾和纠纷,把矛盾消灭在萌芽状态。通过群防群治网络的搭建,治安警情连年下降,环境卫生状况连年好转。

通过党建引领小区华丽转身。凤馨苑社区位于增城区永宁街,常住居民有7 000多户3万余人,其中本地户籍居民仅3 470人,非本地户籍人员占了82%。2008年,该社区第一批业主入住,由于生活习惯迥异,邻里交流欠缺,加上早期公共配套滞后、学位车位等公共配套不足等问题,导致业主之间纠纷不断,业主与物业之间关系紧张,业主拉横幅抗议、聚集占领管理处、堵塞道路等过激行为在2013年前成为该小区的常态。2013年,永宁街在凤馨苑社区成立了居民委员会,并设立了党支部,在街道党工委的领导下,党支部协调物管公司,挨家挨户走访居民,了解其需求和诉求,推动成立了由居民代表和志愿者所组成的志愿协会,协助管理小区具体事务,包括社区活动场所管理、开展各类义工活动、开展群防群治、来穗人员融合社区创建等管理,初步实现了民事民议、民事民办和民事民管。凤馨苑社区之所以能够华丽转身,最根本的原因是把加强党的领导优势转化为了社区治理优势。将社区里的200多名党员和流动党员都纳入社区群防群治力量中,通过发挥党支部和党员的先锋模范作用,引领打造一个服务型的居民自治组织。利用党员活动室和民主议事厅等平台,社区党员和群众代表参与议事,党组织在民意党情收集、传达方面发挥了积极作用。

"广州街坊"参与群防群治。一边夜跑一边巡防,一边骑单车一边巡防……在广州,"红棉侠""如意平安骑队"等群防群治力量正在为大多数人所熟知。这些群防群治队伍被统称为"广州街坊",是广州近年来营造共建共治共享社会治理格局的重要力量。"红棉侠"是一支根植于群众的平安志愿者队伍,以20至30多岁年轻人为主,大多数是附近居民,也有热心大学生、"跑团"成员等。他们一边休闲散步;一边参与志愿巡防。只要在手机上下载"红棉防线"APP,上传身份证信息注册申请,通过审核就可成为"红棉侠"。"如意平安骑队"由如意社区民警刘少廷发起,以四五十岁年龄段的大叔、大妈骑友为主力,在每周一、三、五定期组织护街巡防活动,自2014年5月组建以来,已从80多人扩展至300多人。

第六章　城市管理力量下沉改革后评估研究[①]

2014年以来,上海启动了新一轮城市管理综合执法体制机制改革,出台了《上海城市管理行政执法条例实施意见》。2015年初,为推进上海城管执法体制改革,提高城管执法和服务水平,上海市委、市政府下发《关于进一步完善本市区县城市管理综合执法体制机制的实施意见》,对上海市城市综合执法管理体制机制进行了重大调整,其中改革的核心就是城市管理力量下沉。随后,城管综合执法体制机制改革在全市各区县及下属街镇逐步推开,一套"1+1+1+X"区县城市综合管理工作体系逐步建构起来。2015年底,中共中央、国务院颁布了《关于深入推进城市执法体制改革改进城市管理工作的指导意见》,明确提出"构建权责明晰、服务为先、管理

优化、执法规范、安全有序的城市管理体制"。2016年，上海市《城市管理行政执法条例实施办法》正式实施，为上海城市管理力量下沉改革提供了明确的规范指导。

3年来，上海城市管理力量下沉后，解决了很多实际问题，取得了明显社会效益。习近平总书记在参加全国人民代表大会上海代表团会议时明确提出："城市管理应该像绣花一样精细。城市精细化管理，必须适应城市发展。要持续用力、不断深化，提升社会治理能力，增强社会发展活力。"在上海推进卓越的全球城市目标下，市委市政府提出全覆盖、全过程、全天候，法治化、社会化、智能化、标准化"三全四化"目标要求，这对上海城市管理力量下沉改革提出了新的要求。但与此同时，城市管理力量下沉的过程中仍面临很多困难，遇到很多障碍，存在诸多问题。

本章旨在客观分析2014年以来上海城市管理力量下沉改革的工作效果和社会效益，对改革进展、相关做法和发展动向进行评估，总结经验和教训，准确认识当前城管管理力量下沉改革推进过程中存在的突出矛盾和主要短板问题，结合新时代上海打造卓越全球城市背景下面临的新机遇新挑战，按照党的十九大的精神要求，明确下一步推进和深化本市城管执法改革的方向路径，研究提出具有针对性、指导性的对策举措，对推进上海超大城市治理体系现代化建设、提升上海城市精细化管理水平起到更大的支撑作用。

一、后评估的总体思路

（一）评估范围

2014 年，上海市委、市政府发布《关于进一步创新社会治理加强基层建设的意见》和 6 个配套文件。2015 年初，上海市委、市政府下发《关于进一步完善本市区县城市管理综合执法体制机制的实施意见》。随后，城管综合执法体制机制改革在全市各区县及下属街镇逐步推开，一套"1＋1＋1＋X"区县城市综合管理工作体系逐步建构起来。城市管理力量下沉改革后评估的范围重点是围绕"1＋6"文件中的要求，以及《关于进一步完善本市区县城市管理综合执法体制机制的实施意见》中所规定的城管、住房、绿化、市容等四项城市管理力量下沉的具体指标展开。

（二）评估目的

总结城市管理力量下沉改革取得的经验和成就；评估城市管理力量下沉改革后取得的社会效益；找到城市管理力量下沉过程中存在的短板；对标城市精细化管理标准，找到城市管理力量下沉需要提升的空间和着力点；在国家治理现代化的治国方略指导下，针对建设卓越的全球城市目标，提出相应的对策建议，为相关部门提供决策参考，为提升上海城市治理水平做好基础性工作。

（三）评估内容

进行本课题重点聚焦体制机制，同时兼顾成果评估。

1. 对上海城市管理力量下沉改革推进的体制机制评估。市、区、街镇及基层单位在搭建管理框架过程中的工作成效进行评估，包括组织领导机制、资源优化配置、部门联动机制、社会联动机制、网格化管理机制等方面。在评估过程中，重点参照"1＋6"文件中的具体要求，对照文件落实和工作实施情况，以及达到的效果。

2. 对上海城市管理力量下沉改革的成果评估。对上海城市管理力量下沉改革带来的经济社会效益进行评估，特别对惠及民生、提升文化品牌、促进企业发展等方面的效果进行总体评估。

（四）评估方法

1. 资料分析

每年市区、街镇城市管理力量下沉改革相关总结报告，以及对城市管理力量下沉改革的跟踪研究，是本评估报告的基础材料，也是丰富的实践总结。本评估报告从这些文献材料中找到主线，发现存在的问题。

2. 深度访谈法

课题组与市住建委、城管大队、城管中队等职能部门调研访谈，了解管理和执法的基本情况，城市管理力量下沉改革对工作带来的影响，城市管理与社会治理之间的衔接情况，工作中遇到的实际问题，等等。

3. 实地调研

赴黄浦区、徐汇区、闵行区、嘉定区、奉贤区等区的街镇进行实地调研。深入街面、社区，了解城市管理力量下沉改革后基层治理的情况，包括对重点顽疾、重点区域采取的必要措施；城市管理与社区治理体系对接的平台建设和工作机制情况；基层治理过程中人、财、物等硬件条件的情况和问题。

4. 量化评估

构建指标体系进行量化评估。问卷分为 2 个部分：

（1）针对职能部门的内部评价问卷。重点对城市管理力量下沉改革体制机制舒畅程度、对城市管理工作带来的效果进行评估。

（2）针对市民的外部评价问卷。重点针对城市管理力量下沉改革对社会的效果，市民对城市管理的认同程度。同时，在两部分问卷中都设计了城市管理与社会治理机制相衔接的相关问题，目的是从职能部门和社会两个不同角度对城市管理与社会治理的对接进行评估。

二、三年来城管力量下沉的成效和主要做法

为了深入贯彻落实党的十八大、十八届三中、四中全会与十九大会议精神，深入贯彻落实习近平总书记系列重要讲话精神，促进上海城市治理体系和治理能力现代化，提高城市管理法治化，创新城市管理手段。2014 年 12 月 31 日，中共上海市委、上海市人民政府发布了《关于进一步创新社会治理加强基层建设的意见》，开启了

上海市城市管理改革的序幕。之后,市委、市政府下发了《进一步完善本市区县城市管理综合执法体制机制的实施意见》。

在全市城市管理改革过程中,以街道、乡镇为城市管理的主阵地,把街道、乡镇的管理作为基础性工作进行推进。目前,全市109个乡镇城管执法中队人、财、物已全部交由乡镇管理,顺利完成了执法主体资格变更、执法文书样式变更、案件审批流程变更等工作;全市107个街道城管执法中队人、财、物已实际交由街道管理,各区城管执法局会同街道建立了中队干部双重管理、重大案件联合会审、行政复议诉讼共同应诉等管理新模式。

在理顺体制的基础上,创新社会治理手段,建立了常态化、多部门的工作协同机制。顺利完成了行政执法类公务员改革,保障行政执法类公务员职级晋升和职务晋升,打破了城管执法人员职业发展的"天花板",解决城管执法人员职业发展的后顾之忧。改革充分体现以人为本,主要聚焦在人民群众关注的城市管理难点、热点问题,解决群众需要。创新社会治理手段,充分发挥社会力量对城市管理的支持作用。充分运用法治思维,城市管理与执法过程中以法律、法规作为执法规范,规范管理与执法行为。总体而言,城市管理改革后运作机制顺畅、人员队伍规范、部门配合协调,有效解决了多头执法、执法推诿、执法效率不高等问题,初步实现了城管综合执法体制改革的初衷。

(一)城市管理力量下沉改革的主要成效

城市管理力量下沉是响应习近平总书记对上海城市管理精细

化要求的具体体现,在盘活资源、整合资源、利用资源方面取得了突出的成效,是上海建设卓越的全球城市进程中的重要路径探索。

1. 城市管理资源得到统筹优化

城市管理力量下沉改革的目的是通过挖掘、整合、优化城市管理资源,提高城市管理的效率和水平。按照城市治理现代化的要求,城市管理资源的边界也向城市治理扩大,相应的资源范围包括3个部分:

(1) 城市管理力量的整合。2015 年,上海市新修订实施了《上海市城市管理行政执法条例》,给了城管执法工作以法规支持,城管执法部门被赋予了市容环卫、绿化、市政工程、水务、环保、工商、建设、规划、房管、交通和其他等"10+X"领域执法权限,共 428 项执法事项。《关于进一步完善本市区县城市管理综合执法体制机制的实施意见》中,城管、住房、绿化、市容作为四项城市管理的基本力量下沉。四项管理职能中,住房、绿化、市容以技术性、管理性、服务性职能为主,城管以执法为主,这样形成了各职能部门分工明确的管理体系。

(2) 城市管理与市场力量的整合。在城市管理力量下沉后,街镇的决策权明显增强,在购买服务方面的自主权也明显增强,有利于更有效地利用社会资本提供公共服务的空间、方式和标准,通过市场机制提升城市管理水平。

(3) 城市管理与社会力量的对接。城市管理力量下沉改革将促使城市管理职能和人员直接面对社会公众,在管理职能向服务职能转变的同时,也能够更好地与社会治理模式相对接,更好地发挥社会力量参与城市管理的优势,助推基层多元协商、共同治理格局的形成。

2. 城市管理体制机制得到优化

城市管理力量下沉改革首先是针对城市管理中此前的几次调整和改革中仍未解决的顽疾。这些顽疾归纳起来主要有以下一些方面：职能交叉、分工模糊,管理空白区;街镇对城管执法队伍的指挥协调能力参差不齐;城管执法缺乏权威及公安支撑;区城管执法部门机构和职能虚化;行业管理与城市管理综合执法缺乏联动;基层城市管理综合执法力量严重不足,等等。

城市管理下沉在城市管理体制机制上实现了突破,明确了条块职能,理顺在各层级责任,清晰了管理部门的分工,减少了推诿现象,推动了一些"顽疾"的有效解决。比如破坏房屋承重结构案件,以往相关部门长期居于区级层面,缺少基层执法操作,城管部门接手后,将其作为办案任务,重点考核,治理方面取得了较大突破。

3. 基层管理积极性得到进一步调动

从多年城市管理的经验和改革看,基层管理力量是直接面对基层公众,了解基层实际,及时运用管理手段来加强管理和执法的基本单元。城市管理力量下沉改革总体思路是充分调动基层管理力量的积极性,重心下移、属地管理。针对街道和乡镇的区别,从合法性角度出发,《实施意见》提出了两类体制模式：

(1) 乡镇实行"镇属、镇管、镇用"。由乡镇政府依法相对集中行使区县有关行政管理部门的行政处罚权。

（2）街道实行"区属、街管、街用"。因此，城市管理力量下沉改革就是要改变以条为主的体制框架，赋予街镇基层更大的执法管理权，形成以块为主，条块结合灵活、高效的城市管理框架体系。

4. 与基层治理平台的融合度日益提高

城市管理力量下沉改革的力度非常大，突出的表现就是下沉深度较大。城市管理力量直接下沉到街道、镇、社区、园区、楼宇、企业、社会组织等基本单元。最突出的是以社区为平台，以党建为引领，积极发挥社区居委会、业主委员会、物业公司、居民、志愿者等多方积极性，共同参与城市管理中，"楼长制""河长制""网格员"、社区例会等一系列管理机制逐步推广。

（二）城市管理力量下沉的主要模式

按照《关于进一步创新社会治理加强基层建设的意见》的要求，以及在实际推进过程中，城市管理下沉按照属地化管理的原则进行运作，形成了"区属街管街用""镇属镇管镇用"两大基本模式，在两大模式基础上，又形成了3个小模式，最后形成"2+3"体系，其基本内容和关系如表1和图1所示。

表1　上海城市管理下沉的主要模式

序号	名称	关键字	特点	优势	缺点	适用范围
1	区属街管街用	区属、街管、街用	条块结合	人、财、物配置灵活	区级层面虚化	中心城区及郊区中心区

续　表

序号	名称	关键字	特点	优势	缺点	适用范围
2	镇属镇管镇用	镇属、镇管、镇用	块状为主、下沉更深	人、财、物配置灵活	区级层面虚化、镇级部分能力不足	郊区镇
3	镇管社区	镇管、社区直接	线性管理，管理层级少	管理效率高	规模化管理不够	城市化社区
		镇管、社区、分片	片状管理，管理层级多	管理规模大	容易条块分割	城乡结合部、大型居住社区和部分撤制镇
4	镇管村	镇管、村	统筹管理	以城市管理带动农村	资源集聚度困难	城乡结合部、农村
5	单位化	单位	两个管理体系	管理效率较高	对接难度较大	中心城区和郊区

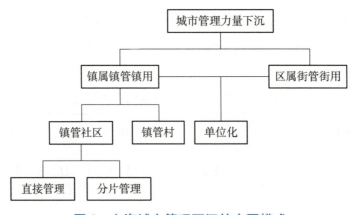

图1　上海城市管理下沉的主要模式

1. "区属街管街用"模式

坚持重心下移、资源下放、权力下放,赋予街道规划参与权和综合管理权。城市管理与执法改革开始之后,将城管执法力量全面充实到基层一线,将管理资源与执法力量向基层倾斜,充分加强基层组织管理执法力量。街道城管中队由区城管执法局派驻,以区城管执法局名义执法。在人、财、物管理和具体行政事务办理事项上由街道负责,包括相关行政复议和诉讼的具体事务也由街道负责办理,城管执法中队负责人由街道商区城管执法局同意后共同任命,执法力量由单打独斗向多方力量整合转变。

目前,中心城区以及郊区中心区采用此模式较多。静安区为深入贯彻市、区两级城管体制机制改革的工作部署,扎实推进执法中队下沉,按照"区属、街管、街用,镇属、镇管、镇用"的原则,厘清管理权限,建立职责清单,确保人财物下沉街镇。目前 14 个基层党支部、170 名党员的组织关系均下沉至街镇党工委,经费和固定资产已划拨至街镇,确保执法重心下沉到位。配合区人保局完成城管执法队员专场招录工作,重点充实加强街镇一线执法力量。

2. "镇属镇管镇用"模式

将区城管执法局派驻在乡镇的城管执法中队调整为乡镇政府直属的行政执法机构,以乡镇政府名义执法,人、财、物全部交由乡镇管理。目前,郊区各镇均采用此模式。目前,奉贤、嘉定、松江等郊区均采用此类模式。

3. "镇管社区"模式

"镇管社区"模式是"镇属镇管镇用"模式的特殊形式。2012

年,上海下发了《关于开展"镇管社区"创新试点工作的意见》,在全市郊区县的 11 个镇开展了为期两年的"镇管社区"的试点,并分阶段、分类别加以推进。在城市管理力量下沉的过程中,城市管理职能与"镇管社区"的治理模式相互融合,形成了"镇管社区"的城市管理模式。

"镇管社区"模式按照管理空间的不同,又分为直接管理或分片管理两种模式。直接管理模式,即由镇对镇域内的城市化社区进行归口统一管理和直接执法,这种模式主要适用于镇域内渐进化推进的城市化社区;分片管理模式,即在镇和居委会之间设置若干个平行的"片区",设置社区党委、社区委员会、社区中心,承接镇授权的社区管理和服务职能,实施社区共治和自治。城市管理与社区共治平台相互衔接,进一步实现共同治理,这种模式主要适用于城乡结合部、大型居住社区和部分撤制镇等城市化地区。

4. "镇管村"模式

"镇管村"模式是"镇属镇管镇用"模式的特殊形式,是一种以郊区为主城乡结合部,涉及城市和农村的管理模式。农村的管理不属于城市管理的范畴,但城乡结合部又是城市与农村人口集聚和融合的地区。各区针对这一地区实行了城乡统筹的管理模式,把农村社区、村居等的管理统筹在镇级,与城市管理统一实施,从而带动村级管理水平。奉贤区奉城镇围绕南奉公路(奉城段)、大叶公路(奉城段)、新奉公路等老百姓反映强烈的地段进行城乡统筹治理,主动为小贩提供场地、照明、供水、供电、垃圾处理等配套服务,使摆摊市场从无序走向科学有序。

5. "单位化"管理模式

对于楼宇、园区、商区、学校、研究机构等有管理主体的企事业单位,城市管理力量与主管部门和管理主体相互对接,利用网格化管理手段,充分利用单位内基层党建、社会以及志愿者的力量,打开单位的"黑匣子",实现共治。例如,上海空港社区包括浦东、虹桥两大机场区域,并向周边浦东新区祝桥镇、长宁区新泾镇、程家桥街道和闵行区新虹街道等区域扩展与延伸。社区内不仅有属地方政府部门、航空领域的相关企业,还包括行业协会、旅客、货主、职工和社区居民等诸多社会要素。上海空港社区党建联建文明共治委员会的成立,形成了党委领导、政府主导、社会协同、公众参与的空港社区跨界治理新机制、新路径。在机场管理过程中,城市管理与空港社区党建联建文明共治委员会形成了联动共治的格局。

(三) 城市管理力量下沉的主要做法

城市管理力量下沉是在优化提升自身职能的基础上,以人为核心,以街道、社区作为工作重点,运用新的治理思路,进行城市管理体制创新,将传统社会管理向现代社会治理转化。充分运用法治思维、法治方式解决城市管理问题,利用现代化、智能化的技术作为城市管理的重要平台,在城市管理过程中充分体现法治化与现代化。城市管理职责由"条"向"块"转移,街镇层面通过改革整合多方力量,极大地提高了城市管理水平和执法效率。

1. 明确职能分工,构建责权体系

(1) 转变管理职能。城市管理力量下沉首先是要转变政府管

理职能,厘清政府与市场、政府与社会、政府纵向上下级及横向各部门之间的权责关系,积极打造服务型、法治型政府。2016 年 8 月,住建部首次倡导了城市管理"721 工作法",即 70％的问题用服务手段解决、20％的问题用管理手段解决、10％的问题用执法手段解决,要求各地改进工作方法,变被动管理为主动服务。

(2)明确分工权限。《实施意见》进一步明确了城市管理综合执法的事项范围和职责界限。将街面常见的、不用专业技术即可直接认定的简单执法事项和群众诉求迫切、矛盾突出的、需要及时快速查处的等执法事项相对集中交由城管执法部门承担,提高城管执法的效率。市局指导区和镇制定权力清单和责任清单,明晰各级城管执法部门职责权限;制定违法建筑执法主体确定、住宅物业法律适用等专门文件,强化对区局和街镇中队在新增执法事项、下沉后勤务安排等方面的指导。提请市政府重新启动并有效运转市城市管理综合执法联席会议制度,搭建了综合协调平台;会同市公安、规土、环保、交通、水务、绿化市容、通管等部门联合发文,明确执法协作制度性安排,分类推进联合执法整治行动。青浦区、松江区、虹口区、徐汇区、长宁区等区局着力加强与相关部门的执法协作、联勤联动,提高了难题顽症治理效能。

(3)调整区县城管执法机构。①单独设立区县城管执法局,明确其作为区县政府工作部门的角色定位;②理顺区县城管执法局和执法大队的关系,明确城管执法局作为执法主体,执法大队为其所属的行政执法机构,区县城管执法局局长兼任执法大队大队长;③区县层面原则保留一支机动执法队伍,并保留对街镇执法队伍必要的调动指挥权。以上调整是为了做实做强区县城管执法局,强化其行业监督指导、重大执法活动协调和履行城市管理综合执法职能的行政主体职责,避免机构和职能虚化。

（4）建立督查考核机制。落实执法责任,推动依法行政。①建立督察考核工作机制。制定对各街镇执法队伍的督察工作考核工作制度和管理办法,每月定期将督察考核情况通报街镇执法中队和区政府,切实推动队伍依法履职和严格规范公正文明执法。②建立区级层面督察网络架构。督促检查街镇执法队伍开展“市—区—中队”三级层面督察,增强督察频率和覆盖率。强化区、街镇两级督察机制,各街镇中队建立专职督察队伍,实现“区级城管督察部门定期督察,街镇城管中队每日自查自纠”的督察工作模式,统一街镇督察工作台账和报表。③开展执法实效、行为规范和专项督察。聚焦媒体关注、市民关心、领导关切的区域或地点开展专项实效督查行动,根据上级任务部署及重要活动、节假日节点,开展专项督查工作,完善问题派遣、跟踪督办、实效考核流程。

闵行区围绕巡查督办建立两级督查机制,突出后端固守。

（1）制定了《闵行区城市综合管理“大联动”工作巡查督查实施意见》,发挥区监察局、区委督查室、区政府督查室、区网格化中心“四位一体”督查功能,建立日常巡查和专项督查相结合的巡查督办机制,增强前端管理的有效性。

（2）区级层面,组织各街镇开展常规巡查,将 14 个街镇划分为东、南、中和北 4 个片区,并确定了巡查人员、巡查时间、巡查频率、巡查重点路段和类型等内容。

（3）街镇层面，七宝、虹桥、梅陇、浦江、江川、古美、浦锦等街镇采取抽调人员或专人专职等方式，由网格化中心组建日常巡逻督查队伍，了解居村网格化管理运转情况；各类信息排查是否全面、准确、及时；执法管理部门处置各类问题的时效与实效情况等进行分工督查，建立日常督查机制，确保前端责任落地。

2. 加强基层执法力量，深化基层队伍建设

（1）充实基层执法力量。针对基层城市管理综合执法力量严重不足这一城市管理工作中存在的普遍问题，充实了基层城管执法力量。其中，中心城区城管执法人员编制按照 3‰～5‰核定；郊区县按照 3‰核定，可上浮至 3.3‰。根据这一目标，上海加大了招录力度，优化配置，逐步提高郊区县，特别是城乡结合部乡镇执法力量配置比例，适度调高部分特殊区域街镇的执法力量配置比例。同时，针对执法权下沉和城管队伍属地管理后可能产生的负面效应，《实施意见》对城管执法队伍的建设和管理提出了更加严格的要求。例如，街镇城市管理综合执法人员由区县城管执法局配合公务员局统一招录；实行基层执法干部和人员定期定量异地交流轮岗和任职回避制度等。此外还将切实加强对辅助人员管理，明确要求规范城管执法辅助人员的招录、使用和管理。

（2）提高城市管理基层队伍素质。城市管理基层队伍素质的提高也是加强基层执法力量的重要手段。在市城管执法局的指导督促下，浦东新区、嘉定区、徐汇区等 3 个试点区推进职级套改和首次职务晋升，顺利完成了分类管理改革试点任务，为全市推行分类管理改革奠定了基础。浦东新区城管执法局率先完成行政执法类

公务员改革。随着 2016 年 4 月 11 日近 100 名城管执法队员代表在国旗下庄严宣誓,标志着浦东新区城管执法人员分类综合执法改革又迈出了关键的一步,顺利推进打破城管执法人员职业发展的"天花板",增强城管职业的"尊荣感"。同时,市城管执法局组织开展城管执法队伍全员培训。严格"逢晋级必训、不合格不升"的培训管理规定。制定城管执法三年培训规划和教育大纲,统一编制培训教材,探索远程教育、在线考试和积分制等培训方式,每 3 年对全体城管执法人员轮训一遍。会同市公务员局研究制定执法队员绩效考核、晋升办法等指导意见,探索建立适合城管执法行业特点的正规化、职业化、专业化管理体系。会同交通、水务、环保等部门,开展城管执法条例和实施办法专项培训,重点加强对新增执法事项的集中培训和宣传贯彻;开展市城管执法局机关"大讨论大培训大走访"活动,加强机关队伍建设。

3. 搭建网格化管理平台,推进部门联勤联动

(1) 建立城市网格化综合管理机制。城市管理部门积极搭建网格化管理平台,建立全市相对规范统一的城市网格化综合管理机制。依托城市网格化综合管理平台推动重心下移、力量下沉、权力下放,促进条块联动、条条协作。强化街道、乡镇在城市综合管理中统筹协调作用,做实街道、乡镇城市网格化综合管理中心,建立以城管为骨干,公安为保障,市场监管、房管等相关职能部门派出机构、执法单位共同参与的联动工作机制和相对稳定的联勤队伍。

(2) 建立联席会议制度。城市管理力量下沉后,属地化管理的趋势更加明确,城市管理部门在局、大队、中队等 3 个层面构建了统

一的指挥体系,建立了联席会议制度,健全相关勤务制度、联动制度、会商机制和情况通报制度,形成"纵向到底、横向到边、纵横结合"的区域执法一体化机制。

杨浦区建立完善区城市管理综合执法工作联席会议制度,根据区委、区政府要求,落实筹建联席会议制度的具体事宜。密切条块、部门间联系、协作,加强协调沟通、信息共享,主动与绿化市容局、交警支队对接工地出土、交通大整治相关事项,积极参与烟花爆竹安全管控、道路交通违法大整治等活动,研究制订"一点一方案";深化内外联勤、联动,积极开展联合检查、联合整治等活动,配合开展扫黄打非等执法工作,协调落实户外广告、建筑渣土移送案件办理。协调机动中队支持属地中队开展整治、固守。

青浦区根据上海市城市管理综合执法工作联席会议精神,协调各相关职能部门,成立由 25 家成员单位组成的青浦区城市管理综合执法工作联席会议,建立健全成员单位之间的信息共享、情况通报、热点调研、联勤联动以及案件移送机制,形成工作合力,进一步加强城市管理综合执法工作。

4. 创新城市管理方式,调动社会力量

(1) 发挥社会组织的力量。为贯彻落实《关于进一步创新社会治理加强基层建设的意见》中坚持政府直接提供与政府购买服务相结合,将适合社会组织提供的服务和承接的公共事项交由社会组织承担,支持社会组织积极、有序的参与基层治理。建立政府购买服务平台,加大政府购买服务力度,完善购买服务机制、流程和绩效评估办法,鼓励和引导社会组织跨区域承接政府购买服务项目。在城管力量下沉后,街镇层面城管力量仍显不足的情况下,充分发挥社会力量对于城市管理的辅助作用。创新城市管理手段,采用多种手段、多方力量完成好城市管理工作。

(2) 引入第三方管理公司。执法力量下沉之后,虽然充实了基层执法力量,但是城管力量仍显不足。通过购买第三方社会管理力量,用社会资源来实现城市管理,弥补日常管理不足。创新管理机制,推进政府购买服务改革,将市容管理服务工作实施外包、城管中队管理,第三方管理公司实施市容市貌管理、渣土及建筑垃圾管理及其他各项管理服务工作。特保队员协助巡查、管控市容,全天候"网格化"对辖区各主要道路、示范点开展巡查整治,形成责任单位自律、管理执法联动、社会齐抓共管的良好氛围。

5. 融入社区自治平台,完善共治体系

(1) 推进基层社会平台建设。居(村)委会建立城管执法工作室,将城管执法与小区治理连成一线,由原来的被动处理到现在的主动服务的转变。通过不断深化"城管进社区"活动,健全"一人一居""定时联系"等机制,畅通为民服务通道,提供更加主动便捷的服务,及时地发现和查处各类违法行为。按照"一人一居"原则,全面建立城管执法队员联系居(村)委会制度;加强与居(村)委会、业委会、物业服务公司等部门的联系协调,落实其对违法行为的发现、劝阻制止和上报的责任和义务;借助于业委会、业主大会等自治和议事平台作用,推动业主自行整改违法行为;加强对住宅小区的执法巡查,提高对违法行为的发现能力。80%以上的居(村)委会建立城管执法工作室。创建整治示范小区,全面建立城管执法队员联系居

（村）委会制度，对住宅小区加大集中整治力度。

（2）加强城市管理宣传工作。以城管"进门店、进单位、进学校、进工地、进社区"活动为载体，践行"依法行政、执法为民"的理念，从切实解决市民群众关心的热点难点问题入手，坚持执法、宣传和服务并举，有力提升城管执法效能。利用社区宣传栏建立城管执法园地，并发放宣传画等宣传资料，向市民介绍城管执法的职能和知识。通过建立工作室，实现了由原来"问题找上门"到现在"上门找问题"，由原来的被动处理转变为现在的主动服务，畅通了更快速、更便捷地为居民服务的通道，收集社情民意，改进工作作风，营造共建共管的良好局面。

黄浦区为方便群众投诉和联络，各中队在居委会将联络员照片、姓名、联系电话、服务承诺公开上墙。积极参与社区干部、社区居民的工作例会，了解实际情况和需要帮助解决的困难和问题。全区 10 个街道 182 个居委，每一个街道设一个城管执法工作室，所有居委建立城管执法联络点，做到执法联络点全覆盖。2016 年中，半淞园路街道、豫园街道等召开城管执法进社区专题会议，并与市民满意度测评和文明指数测评工作相结合；联络员每月参加居委召开社区民情工作会，认真听取社区干部建议和意见。截至目前，共接听 900 多个热线电话，化解协调城市管理各类矛盾 78 多次，劝阻乱设摊 400 次。

6. 夯实基础，推进智能化管理

（1）充分发挥城市管理平台的作用。上海市在城市管理过程中有意识地推进城市管理的智能化，以实现智慧城管为目标改进执法方式,充分运用科技手段,对传统的城管执法方式进行变革。加强物联网、北斗导航、移动互联、新媒体、微信、12345市民热线等技术在城市管理中的应用,逐步整合各专业网格,健全社会力量广泛参与机制。更多运用智能化手段,完善城市基础数据库,启动建设综合管理信息平台,推动城市运行实时感知、智能管理。目前,综合执法信息化已达到428项,2018年推进180多项,2019年可达600余项。

(2)完善城市网格化管理体系。推进基层城管执法队伍融入街镇、融入社区、融入网格,充实基层执法力量,健全城管执法队伍融入网格化平台。开展综合执法工作的有效机制,完善"问题发现、行政执法、后续管理"3个环节相互衔接,形成了网格(第三方)巡查队员第一时间发现并报送、城管执法队员第一时间出勤并执法的城市管理新模式。以网格化全覆盖为基础,利用网格化综合管理平台,通过群众反映和前端网格巡查发现问题,强化源头治理。充分发挥网格化信息平台的作用,建立环境整治基础数据库,对区域单位、领域部门确定的整治区域、整治地块、整治项目形成任务清单,实行项目化推进、销项式管理。

闵行区城管执法局依托大联动平台,建立了全区违法建筑信息系统,为推进"止新"和"拆旧"工作提供信息保障;充分利用区网格化"大联动+"管理机制,城管执法人员直接参与网格化管理,协助村居、街镇夯实村居网格、街面网格的前端管理,主动发现、解决问题,实现由以往被动式执法向前端预防转变;同时,依托大联动平台,整合信访投诉平台,将多条信访投诉热线统一归口至区大联动平台进行分转,对城管执法类的信访投诉案件进行汇总,以"大数据分析"的方式,将投诉热点、投诉难点分区域、分地块进行梳理,明确工作重点,合理调整勤务模式,实现了简单执法向信息化管控转变,有效提升了解决群众投诉的工作效率,提高了城管执法服务水平。

三、量化评估分析

3年来,城市管理力量下沉持续推进,效果非常显著。2016年和2017年,拆除重点区域违法建筑分别达到1 992.43万平方米和3 402万平方米。在专项执法行动中,2016年和2017年分别立案查处破坏承重墙案件459件和705起;拆除违法户外广告1 125块和2 015块,依法查处无序设摊案件5.1万和4.9万余起。

同时,城市管理力量下沉还需要在工作规范和效果方面得到管理部门和公众的认可,对此我们设计了问卷,开展了量化评估分析。管理力量下沉改革评估重点分为内部评价(条块职能部门自评)与外部评价(居民满意度评价)。内部评价是评价上海城市管理力量下沉改革推进,是自身工作推进的评价,属于条块职能部门的自评(占比40%);外部评价主要是上海城市管理力量下沉改革成果的工作成效,是外部公众对该领域工作效果进行评价,属于居民满意度评价(占比60%)。

（一）量化评估调查问卷的设计

1. 设计原则

（1）方便操作原则。本次量化评估着眼于城管力量下沉的核心问题，删除冗余，提炼核心指标 20 项，将最能体现本研究宗旨的指标提炼出来，方便操作。

（2）数据易获得原则。利用最新的信息化前沿技术，通过网络推送、微信朋友圈推送等技术手段，使被访者在手机上就可以填答，即时获得问卷数据。

（3）内容全面原则。在内容设计上，既考虑到城管力量下沉的各个业务部门和职能范围，也考虑到积极评价和消极评价的各种因素，力争最全面地收集民意、体现真实民情。

2. 内容板块

条块职能部门自评评估指标体系的内容板块大致分为：管理体制、运行机制和监督机制三项一级指标，管理体制又分为体制健全、权力授予、职能边界、规范执法队伍四项二级指标；运行机制又分为执法过程法治化、合理化、管理和执法效率、执法衔接四项二级指标，监督机制有一项监管效果二级指标。居民满意度评价分为知晓程度（认知度）、认同度等，主要从总体评价和分工情况评价设置可操作的测评指标，共 20 项指标，每项 5 分。

3. 分值设定

除了被访者基本信息之外，条块职能部门自评问卷共 20 项，每项 5 分，共 100 分；居民满意度问卷共 20 项，每项 5 分，共 100 分。综合分值为两项问卷分值的加权加总，自评占比 40％，居民评价占比 60％。

表 2　条块职能部门自评指标体系内容及分值表

类别	一级指标	二级指标	三级指标（每项 5 分）
条块职能部门自评（占比 40％）	管理体制	体制健全	执法力量下沉总体状况
			衔接机制规范文件是否齐全
		权力授予	授权的规范程度
			权力与执法后果承担匹配度
		职能边界	权力清单
			部门合作清单
			执法边界
		规范执法队伍	执法人员来源
			执法人员素质
	运行机制	执法过程法治化	衔接机制规范化
			执法过程合法
		执法过程合理化	文明执法
			以罚代管
		管理与执法效率	发现违法现象的通报
			违法现象处理
		衔接顺畅度	积极配合度
			部门之间支持程度
	监督机制	监管	城市管理工作的监管
			房屋管理工作的监管
			市容绿化管理的监管

表 3　居民满意度指标体系内容及分值表

类别	一级指标	二级指标（每项 5 分）
居民满意度 （占比 60%）	总体情况	总体满意度
		执法方式和执法态度
		解决问题的效率
	分工情况	"居改非、非改居"
		小区内垃圾分类
		小区内群租问题
		施工围墙的管理
		违法建筑的拆除
		果皮箱和垃圾容器的管理
		道路及公共场所的清扫保洁质量
		道路洒水车的工作情况
		行道树的修剪情况
		小区绿化状况
		对粘贴、散发小广告的治理效果
		居住街道总体卫生状况
		居住街道噪声扰民的治理状况
		居住街道附近的街头标识牌设置
		居住街道的临时摊贩的治理
		居住街道占道经营治理状况
		居住街道各类车辆的停车秩序

（二）量化评估调查发现

1. 条块职能部门自评分数总体不高，综合得分 77.03 分

本次条块职能部门自评共发放调查问卷 1 050 份，收回有效调查问卷 1 015 份，填答率 96.67%。因为是网上微信推送填答，故填答率较高。统计汇总显示：

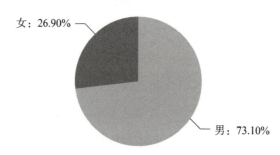

您的性别是
答题人数 1 015

女：26.90%

男：73.10%

图 2　性别分布图

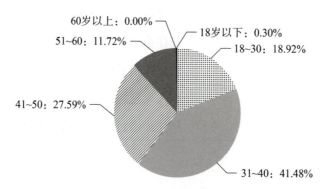

您的年龄段是
答题人数 1 015

60岁以上：0.00%
51~60：11.72%
18岁以下：0.30%
18~30：18.92%
41~50：27.59%
31~40：41.48%

图 3　年龄分布图

（1）在性别方面，中年男性居多。男性 742 人，占 73.10%；女性 273 人，占 26.90%。在年龄方面，18 岁以下的 3 人，占 0.3%；18—30 岁的 192 人，占 18.92%；31—40 岁的 421 人，占 41.48%；41—50 岁的 280 人，占 27.59%；51—60 岁的 119 人，占 11.72%；60 岁以上的 0 人。

您的学历是

答题人数1 015

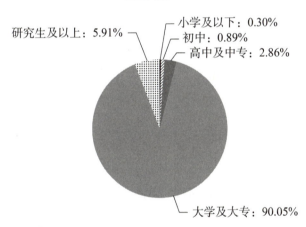

研究生及以上：5.91%   小学及以下：0.30%
初中：0.89%
高中及中专：2.86%

大学及大专：90.05%

图 4　学历分布图

（2）就文化程度来看，大部分问卷填答者具有较高学历。小学及以下学历的 3 人，占 0.3%；初中学历的 9 人，占 0.89%；高中或中专学历的 29 人，占 2.86%；大专或本科学历的 914 人，占 90.05%；研究生及以上学历的 60 人，占 5.91%。

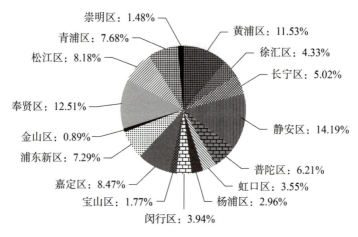

您在上海哪个区工作?
答题人数1 015

崇明区：1.48%
青浦区：7.68%
松江区：8.18%
奉贤区：12.51%
金山区：0.89%
浦东新区：7.29%
嘉定区：8.47%
宝山区：1.77%
闵行区：3.94%
黄浦区：11.53%
徐汇区：4.33%
长宁区：5.02%
静安区：14.19%
普陀区：6.21%
虹口区：3.55%
杨浦区：2.96%

图5　工作区域分布图

（3）从工作区域来看，工作区域较为分散，各个区域均有受访者。在所有受访区域中，以静安区受访者最多，占所有受访者的14.19%（144人），其次是奉贤区，占12.51%（127人），黄浦区，

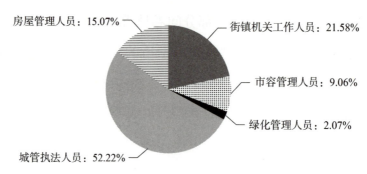

您的工作身份是
答题人数1 015

房屋管理人员：15.07%
街镇机关工作人员：21.58%
市容管理人员：9.06%
绿化管理人员：2.07%
城管执法人员：52.22%

图6　工作身份分布图

占 11.53%（117 人）。排在后 3 位的受访区域则是金山区，占 0.89%（9 人），崇明区，占 1.48%（15 人），宝山区，占 1.77%（18 人）。

（4）从工作身份来看，城管执法人员超过半数。房屋管理人员为 153 人，占 15.07%；街镇机关工作人员为 219 人，占 21.58%；市容管理人员为 92 人，占 9.06%；绿化管理人员为 21 人，占 2.07%；城管执法人员为 530 人，占 52.22%，即本次受访者一半以上为城管执法人员。

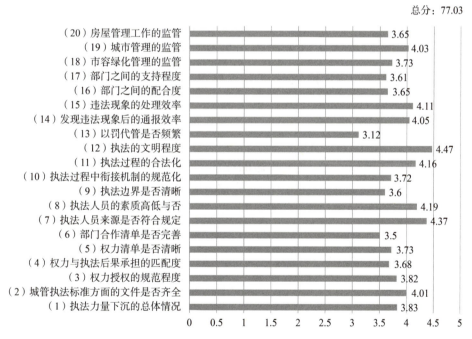

图 7　城管力量下沉情况评价图

（5）对城管力量下沉情况的自评量表显示，20 个题目的打分普遍在 3 分以上，综合得分为 77.03 分，其中：

执法力量下沉的总体情况打分为 3.83 分。总体来看，自评量表中执法文明程度打分最高（4.47）；执法人员来源是否符合规定紧随其后（4.37）；执法人员素质高低与否排名第三（4.19）；打分最低的 3 项依次为以罚代管是否频繁（3.12）、部门合作清单是否完善（3.50）、执法边界是否清晰（3.6）。这说明在条块职能部门工作人员自己看来，城管力量下沉改革后，执法文明程度、执法人员素质和来源符合规定等方面有了大幅度提高。

2. 居民满意度总体偏低，综合得分 66.74 分

本次居民满意度调查向全市发放，共发放 450 份问卷，收回有效调查问卷 414 份，填答率 92%。统计汇总显示：

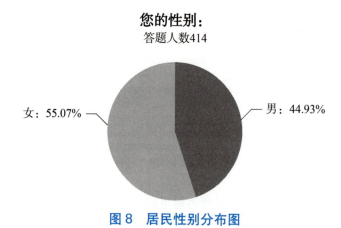

您的性别：
答题人数414

女：55.07%   男：44.93%

图 8   居民性别分布图

您的年龄段：

答题人数414

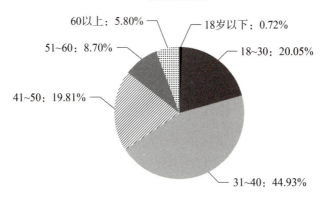

图 9　居民年龄分布图

（1）被访者的性别分布较为均衡。男性 186 人，占 44.93％；女性 228 人，占 55.07％，填答的性别比例较为均衡。在年龄方面，18 岁以下的 3 人，占 0.72％；18—30 岁的 83 人，占 20.05％；31—40 岁的 186 人，占 44.93％；41—50 岁的 82 人，占 19.81％；51—60 岁

您的学历是

答题人数414

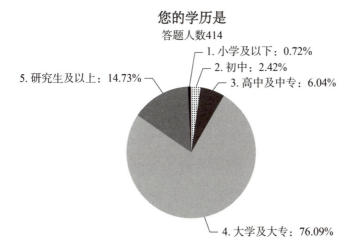

图 10　居民学历分布图

的 36 人,占 8.7%;60 岁以上的 24 人,占 5.80%。结合来看,受访者年龄结构较为均衡。

(2) 被访者的学历分布集中在大专以上,总体学历较高。小学及以下学历的 3 人,占 0.72%;初中学历的 10 人,占 2.42%;高中或中专学历的 25 人,占 6.04%;大专或本科学历的 315 人,占 76.09%;研究生及以上学历的 61 人,占 14.73%,因此大部分问卷填答者具有较高学历。

您住在上海哪个区:

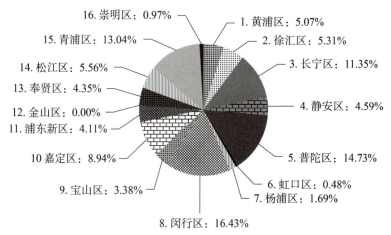

答题人数414

图 11　居民居住区域分布图

(3) 就居住区域来看,分布较为零散。工作区域排在前 3 位的分别是闵行区(68 人,占 16.43%)、普陀区(61 人,占 14.73%)、青浦区(54 人,占 13.04%)。最少的为金山区(0)和虹口区(2 人,占比 0.48%)。这与各区相关部门组织发动的付出息息相关。

您的户籍身份是
答题人数414

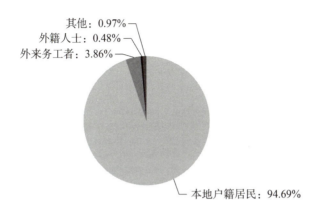

图 12　居民户籍身份分布图

（4）就户籍身份而言，接受调查的绝大部分居民为本地户籍居民。本地户籍居民为 392 人，占 94.69％；外来务工者为 16 人，占 3.86％；外籍人士为 2 人，占 0.48％；其他为 4 人，占 0.97％。这说明在参与社区公共事务、表达自身诉求方面，户籍人口比外来务工者具有更高的积极性。

您的职业（或退休前从事的职业）是
答题人数414

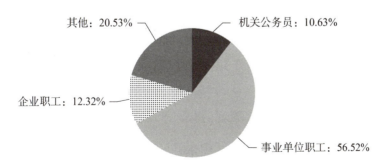

图 13　居民职业状况分布图

（5）从职业状况来看，事业单位职工占比超过一半。机关公务员44人，占10.63%；事业单位职工234人，占56.52%；企业职工51人，占12.32%；其他85人，占20.53%。

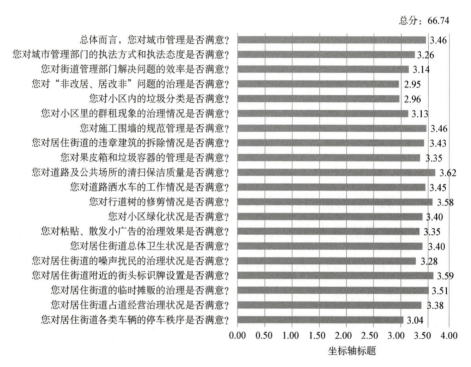

图14 居民满意度评价

（6）居民满意度调查的20个题目显示，20个题目的打分大部分在3分以上，综合得分为66.74分，其中：满意度量表中对道路及公共场所的清扫保洁满意度打分最高（3.62）；对居住街道附近的街头标识牌设置满意度紧随其后（3.59）；行道树的修剪情况满意度排名第三（3.58）。满意度打分最低的3项依次为对"非改居、居改非"问题的治理（2.95）、小区内的垃圾分类（2.96）、居住街道各类车辆的停车秩序(3.04)。

综合得分＝自评 77.03×40％＋居民满意度 66.74×60％＝33.812＋40.044＝73.856,总体成绩不算很高,这说明城管力量下沉的改革任重而道远。

与条块职能部门自评得分(77.03)相比,居民满意度(66.74)仍有一定进步空间。这要求城管力量各职能部门需要更多关注居民不满意的地方,认真对待居民在生活中遇到的问题,如及时解决对"非改居、居改非"问题的治理、小区内的垃圾分类、居住街道各类车辆的停车秩序等问题,提高居民满意度,因为只有居民真正满意,才是城管力量下沉改革的最终目的。

(三) 量化评估调查结论

1. 城管力量下沉改革的成绩和问题并存

改革取得的成绩是显著的。综合得分(73.856)不算太低,不像媒体和舆论评价的那么不堪和负面,从一个侧面说明城管力量下沉改革的成效不容忽视。正如调查问卷结果显示的一样,上海城管力量下沉的改革在管理体制、运行机制和监督机制各方面取得的成绩是有目共睹的,在道路及公共场所的清扫保洁、居住街道附近的街头标识牌设置、行道树的修剪情况等方面的工作是深受广大居民称赞的。

其中自评得分 77.03 分,这是一个不高不低的分数,一方面表明条线执法人员对此次改革的成效是持肯定态度的;另一方面也表明执法人员对存在问题的认识是相当清醒的。包括执法文明程度打分(4.47)、执法人员来源是否符合规定(4.37)、执法人员素质高低与否(4.19)在内的 3 项事项得分最高,居民满意度量表中对道路及公共场所的清扫保洁满意度(3.62)、居住街道附近的街头标识牌设置(3.59)、行道树的修剪情况(3.58)得分最高,表明城管力量下沉改革的最大成效就是提高了执法的文明程度,解决了群众最关心、事关民生民意的现实问题,迈出了提升群众幸福感、获得感和满意度的坚实一步。

反过来讲,存在的问题也是较多的。73.856 的分数总体不高,这说明城管力量下沉的改革任重而道远,还有很长的路要走。条块执法人员也清醒地认识到城管执法体制机制中存在的一些深层次问题,比如执法各部门之间的有效协作、执法目标与街镇行政目标之间的冲突、事权过多而财权人事任免权不足造成的不匹配等,这也是导致自评分数仅为 77.03 分的原因。

另外,"民生无小事,小事关民生",居民满意度较低,固然与相关部门对城管理力量下沉改革的宣传不够有关,但更为重要的是,在"非改居、居改非"问题、垃圾分类、停车秩序等民生问题方面仍然存在相当大的短板,居民群众还没有切实感受到城管力量下沉带来的方方面面的改善和执法水平的提升。从参与回答问卷的人数来看,居民群众参与满意度调查这一事件本身也表明,公众参与社区公共事务的积极性也没有被完全调动起来,这可能与城管执法的工作机制和工作方法有极大的关系,城管执法如何有效调动社会力量、整合社会资源,如何运用购买社会服务和市场招投标的方法进行多元共治,是一项迫切需要解决的课题。

2. 内部评价与外部评价还存在一定程度的偏差

自评量表中相关职能部门对执法文明程度、执法人员来源是否符合规定、执法人员素质打分最高,对以罚代管是否频繁(3.12)、部门合作清单是否完善(3.50)、执法边界是否清晰(3.6)3项打分最低。而居民满意度量表中对道路及公共场所的清扫保洁满意度打分最高(3.62);对居住街道附近的街头标识牌设置满意度紧随其后(3.59);行道树的修剪情况满意度排名第三(3.58);满意度打分最低的3项依次为对"非改居、居改非"问题的治理(2.95)、小区内的垃圾分类(2.96)、居住街道各类车辆的停车秩序(3.04)。这说明相关部门关注的是城管力量下沉的体制机制是否理顺等深层次问题,而居民最关心的往往是从最能体现城市是否美丽、是否整洁的细节问题。这从一定程度上体现了城市"精细化治理"深厚的社会基础,期待城市管理人员进一步深化实施和实现。城市的精细化治理如何与民生实事项目相结合,如何在构建社会治理新格局的大目标下不断增强群众的获得感和幸福感,是摆在城管部门面前的一项重要课题。

3. 城管力量下沉改革应着重在具体机制和部门合作上下功夫

问卷分析结果显示,自评打分最低的3项依次为以罚代管是否频繁(3.12)、部门合作清单是否完善(3.50)、执法边界是否清晰(3.6)。在最清楚其中利弊得失的城管相关职能部门看来,以罚代管是民众对城管恶劣印象的重要原因之一,城管执法部门之间的边界是否清晰、部门之间的合作等,也是关系到城管力量下沉改革能否成功的重要因素。下一步的城管力量下沉改革,应着重在执法的具体手段和机制、划清部门执法边界、实现部门合作等方面用力。

四、上海城管力量下沉改革后面临的主要问题

3年来，上海城管综合执法改革在破解管理碎片化、多头交叉执法和解决基层执法中权责不对称等问题上均取得了重要进展，逐步形成资源整合、职责清晰、权责一致、运作高效的城管执法体制机制，提高了执法效率水平，有效遏制了城市管理领域违法违规现象，市民群众关注的城市管理难点顽疾得到明显治理。然而，上海城管力量下沉仍然存在条块分割、基层承接机制不完善、保障机制不健全等问题，突出表现出 4 个"错位"、4 个"不匹配"和 3 个"滞后"。具体如表 4 所示：

表4　城管力量下沉改革后面临的主要问题及其表现

	问题		表　现
一	条块分割现象仍然存在	4 个错位	1. "条"职能错位； 2. "块"职能错位； 3. 执法与管理错位； 4. 工作目标重心错位
二	基层承接机制尚需优化	4 个不匹配	1. 执法能力与部分专业执法要求不匹配； 2. 综合执法能力与移交事项不匹配； 3. 管理与执法间的信息不匹配； 4. 基层执法素质与规范性执法要求不匹配

续 表

	问题		表 现
三	保障机制 仍需完善	3个 滞后	1. 队伍建设滞后； 2. 政策保障滞后； 3. 法规保障滞后

（一）条块分割现象仍然存在

城市管理力量下沉后，相应的条块关系，特别是区级层面城管执法部门与各街镇之间的条块关系发生了变化，"条"的职能进行了收缩，"块"的职能则因之得到强化，城管执法局与各街镇之间的条块关系呈现出一种新的制度安排，为今后加强基层治理指明了依据和方向。但通过实地调研和问卷调查发现，当前执法力量下沉后在条块关系上仍然存在一些不顺之处，主要表现在四个"错位"现象。

1. "条"职能错位

职能部门派出机构的人、财、物及工作人员的党、工、团关系逐步下放街道，其实质是通过纵向结构上的权力下放，使基层街镇拥有更多的指挥权，为更直接、精准、有效的公共服务提供保障。调研发现，在推进实施中，也存在着区有关职能部门的职能一定程度的虚化和"空心化"倾向，使其在行业监督指导、重大执法活动协调、执法职责履行及执法建设上缺少有力的抓手。各区有关人事调配和干部任免方面的操作口径也不尽相同，有些区是街道为主的体制，即街道商区职能部门；有些区是区有关职能部门为主的体制，即区职能部门商区街道。人、财、物(包括党工团的组织关系)向基层转移后,区的职能部门管辖的事权、人权、财权紧缩,造成其履职的作用收窄,客观上造成区执法大队职能虚化、监管不力,街镇则既做"运动员",又做"裁判员",影响行政执法的有效性、及时性和权威性。

2."块"职能错位

城市管理是一项复杂的社会系统工程,它涉及百姓生活的各个方面和千家万户,也包含着纷繁复杂的社会矛盾,范围之广,责任之大,是政府各部门必须直接面对的,所以它是一个综合管理工作。而根据《关于进一步完善本市区县城市管理综合执法体制机制的实施意见》的要求,开展重大执法活动时,区县城管执法局对各街道乡镇管理的城市管理综合执法队伍具有跨区域的调动指挥权。但是,执法力量下沉后实行双重管理,街、镇执法中队之间互动性减弱,下沉中队与局之间执法联动性减弱,也制约了街镇对城市综合管理力量指挥的全覆盖,如遇区级重大整治行动时,在指挥部署、协调处置等方面会出现职能交叉和不顺畅现象,未能从根本上解决条与块、条与条之间的相互扯皮、推诿现象。

3.工作目标重心错位

调研发现,力量下沉后,区政府职能部门与街道办事处之间面临着业务沟通协调渠道不够通畅的新问题。这一问题在一些机构已经下沉街道的管理领域特别明显。在"块属块管"模式中,下沉街道的管理机构与区政府职能部门不存在直接的隶属关系,更倾向于优先服从街道办事处的安排,区政府职能部门在进行业务指导及统筹协调时存在一定难度。与之相对的是,在"条属块用"模式中,下沉街道的管理机构与区政府职能部门在人、财、物等方面存在一定程度的隶属关系,区政府职能部门在布置工作时相对比较顺利,而街道办事处在指挥管理机构时则可能有不顺的情况。

例如,调研发现,房管办事处下沉街镇后,面临着属地工作量激增、条线工作量不减的现实情况。有些房管办事处工作人员在观念上逐渐产生了"以块工作为主、条线工作为辅"的思想,房管专业性工作有所弱化,区房管局的工作难以有效落地。有些街镇认为房管办事处下沉后应当承担起住宅小区和房屋管理所的有些工作,尤其在业主委员会组建和换届改选工作方面,有的街镇弱化街道自治办和居委会的作用,让不擅长群众工作、不熟悉居民情况的房管工作人员牵头推进组建和换届工作,不利于把好业委会人选关。还有的房办人员调去拆违章,甚至去做其他与房屋管理无关的岗位。再如,目前考核机制中主要以"条管条,块管块"为主,条块考核分割,很多综合执法项目只计入牵头部门的考核指标,不计入参与部门的考核指标,不利于调动执法积极性。

4. 执法与管理错位

随着城管力量下沉,一方面是专业管理职能继续弱化的趋势没有改变。随着绿化、环卫、市政、环保、水务、工商、建设、规划房管等部门的全部或部分执法权限划归城管综合执法,在实际操作中,这些部门对这些行政管理领域的管理职能也在弱化。另一方面是专业管理与综合执法衔接力度依然不够:工作流程没有形成制度化,综合执法部门在违法、违规行为认定上必须通过案件移送方式,由专业管理部门处理,但是案件移送并未形成具体明细的制度化操作方式,容易存在工作疏失,并影响工作效率;违法行为认定环节易出现执法权限认定不清,特别是涉及违章建设的问题,房管、规划、建设部门在违规违法事件中难以划清边界,甚至各部门扯皮现象;公安对综合执法的支撑尚未制度化、明确化,根据改革要求,派出所应派驻干警支持城管综合执法行动,但是在实际操作中,这一项改革措施落实情况较差,许多暴力抗法事件正是由于公安干警缺席而无法加以及时制止。

（二）基层承接机制尚需优化

上海城市管理力量下沉过程中,基层需要有较好的渠道和路径与下沉力量对接。目前,基层在承接机制方面主要存在四个"不匹配"。

1. 街镇的执法能力与部分专业执法要求不匹配

这轮综合执法改革强调权力下放、重心下沉,很多与城市管理相关的职能部门将自身的管理事项"能放则放,一放到底",忽视放权是否匹配的问题。大量行政执法权下放到基层后,执法行为涉及环保、水务、劳动执法、安全监管等多个领域,这些领域专业性都很强,而基层执法的专业能力则相对较弱,很多事项难以对接得上,导致出现上级部门不再管了,基层又管不住的"权力真空"和"管理真空"的新问题。同时,作为区县政府派出机构的街道并不具备行使相对集中行政处罚权,仍以区城管执法局名义执法。所以,当街道执法于专业领域时,经常会因专业能力欠缺而引发违法行为和执法对象的不满,增加城管执法局被行政诉讼的风险。

2. 综合执法能力与移交事项不匹配

在将分散于各职能部门的涉及城市管理监督处罚的职能剥离出来进行集中的过程中,专业职能部门很多执法难的事项被移交给综合执法部门,但与其相匹配的执法权限和人员编制却并没有按照人随事转、费随事转的原则进行转移。这样导致的结果就是：执法权限方面,城管执法往往缺乏制约当事人的权限手段。如出租车管理的一些事项移交给城管,但城管根本不能像交警那样有拦车、扣留行车证的执法权限;人员编制方面,城管执法往往缺乏专业的技术人员。如房屋承重墙的管理,城管不仅不享有法律规定的对"承重墙"的认定权,而且也不具备看懂图纸的专业技术和人才。综合执法部门对专业职能部门移交过来的执法事项往往接不住。

3. 管理与执法间的信息不匹配

在职能部门将执法事项移交给城管的过程中,很多审批部门、行政管理单位的信息并没有移交给城管部门,而且在移交后,行政管理和行政执法部门间也并未建立信息共享和交流机制,造成城管无法对当事人的信息进行及时取证,实现综合执法的目标和效果。如房管局将"承重墙"的执法权移交给城管以后,城管在取证权上明显存在短板。要查当事人身份证信息和房产证信息,必需出具协调函到派出所弄清当事人身份信息,并到区房管局房产交易中心查实产权信息。但派出所和房管局并没有义务去协助,经常会出现不配合的情况,导致执法陷入僵局。即便配合,城管的公务行为凭借的也是良好的私人关系而非明确的制度规定,尤其是对非本辖区居民信息的查询,城管执法人员也只能以普通公民身份,而非执法单位和执法人的身份调取信息。

4. 基层执法素质与规范性执法要求不匹配

执法权下放后,执法的专业性明显弱化。原先条线部门关于法律的意识、环境和氛围都比较好,但属地管理以后,执法权下放到基层街镇,其执法工作成为"地方政府"中的一小块。街镇工作人员作为管理地方事务的"统帅",对综合管理类的事务往往驾轻就熟,而对行政执法类的事务则往往一知半解。在对接专业执法工作的过程中,一些基层工作人员存在着法律专业知识欠缺、法治观念意识薄弱、法治素质和能力不强以及规范性执法的意识和能力不够等问题,并习惯于用行政命令的思维来领导执法中队的执法工作,往往不能严格规范执法甚至违法。如有些街道扶持的企业违法了,城管去执法,却受到街道领导反对,导致执法行为半途夭折,执法公信力受损。

(三) 保障机制仍需完善

随着新时代下"高质量发展、高品质生活"的卓越全球城市建设目标的确立,上海超大城市精细化管理的工作标准进一步提高、工作事项进一步增多。然而,奋战在上海城市管理一线的城管执法力量经常面对现实的尴尬:一方面,工作量在不断增加;另一方面又缺少保障,感到力不从心。总体上看,保障机制存在着 3 个"滞后"现象。

1. 队伍建设滞后

执法力量缺口较大。基层普遍反映上海市每万人口中的执法人员数量低于全国平均水平，一些城郊结合部地区的执法力量不足问题更加突出。如浦东新区实施分类综合执法改革后，执法事项增长了 43%，达到了 1 200 多项，但人员编制仅增加了 4.7%。如徐汇天平街道执法中队在编队员 28 人（满编 30 人），管辖区域达 2.69 平方千米，导致执法人员超负荷工作现象较为普遍。奉贤区 8 个镇和 1 个街道的绿化市容所的编制总数仅为 62 个，且在编人员只有 33 人，而且专业管理能力参差不齐，完全无法管理各自辖区内的绿化市容事务。因此，基层为弥补执法人员不足，执法部门不得不通过购买社会服务来增加管理力量协助执法，但是由于辅助人员的管理与培训不足，执法过程中辅助人员的执法行为不够规范，造成与执法对象的冲突，对城管人员形象产生不良影响。

专业执法人才缺乏。新的执法职能划转后，专业跨度大，缺少精通业务的领导班子成员和专业人才，不利于新执法职能的行使。同时，市政、园林、环卫划归城管局后，由于业务性强、工作量大，缺少专业人员来更好地规划城市管理工作。

2. 政策保障滞后

根据"1+6"文件，管理职能和资源配置向基层的倾斜和下沉应是同步的。如《上海市街道办事处条例》规定，政府职能部门将职责范围内的行政事务委托或者交由街道办事处承担的，应当同时为街道办事处提供相应保障措施，并赋予街道办事处在工作履职、人事任免、资产资金等方面的管理权。

在实践中，一些政府职能部门在将工作和责任下沉街道办事处时，人员、经费等相应的资源并未随之下放。例如，街道执法联动、专项整治等经费由各街道报经区城管执法局审核后，纳入各街道预算管理。然而，当前由于执法项目多、范围广、设备配备购置费以及执法成本和购买服务成本高等因素，从经费需求额度和时效上，区财政经费有时候会难以及时匹配。

同时，区城管执法局作为区政府工作部门独立参加区年度目标管理绩效考核。各街道城管执法中队将每季度分别接受街道的目标任务完成、日常管理和区城管执法局的执法实效、规范办案的双重考核，街道对执法中队的年度目标任务完成和日常管理考核的综合评价将作为区城管执法局对各城管执法中队年度考核的重要依据。

另外，基层由于受编制级别限制，执法人员行政职务的提升空间，相比市、区层面空间大大缩小。执法力量下沉区后，执法人员靠工作表现，晋升职务的动力不可避免会减弱。另外，下沉后的执法人员由于受工资津贴规范和属地财政的制约，物质奖赏的激励作用更难以实行。对执法人员工作积极性影响较大，客观上影响了管理力量下沉改革的目标达成。

3. 法规保障滞后

我国现行行政法规对执法主体和责任主体有明确界定，按《行政处罚法》第三章第十五条规定，具有行政处罚权的行政机关在法定职权范围内实施行政处罚权。因此，城管行政执法局、房管局等部门是执法主体。但在发生复议、诉讼及国家赔偿行为时，作为被申请人、诉讼被告和赔偿义务机关，各区都将区的有关职能部门作为执法主体，其派出机构在履职过程中产生的相关行政复议和行政诉讼的具体事务由街道负责办理,街道派员出庭并承担败诉产生的赔偿金。

导致执法主体和责任主体分离,造成区的有关职能部门作为被告,实际上无法真正掌握其派出机构的具体行政行为;而街道在没有法律依据的情况下,承担复议、诉讼和赔偿责任,对行政职能的有效实现及定责、追责造成负面影响。相关的法规障碍亟须突破。

五、持续推进城市管理力量下沉改革的对策建议

通过以上分析,推进城市管理力量下沉改革需要从盘活资源、整合资源、优化资源的角度入手,用好用足城市管理内部资源,发挥城市管理外部资源优势,以优化渠道、优化平台、优化制度为着眼点,打造统筹发展的大格局。

(一)统筹规划布局城市管理要素资源

城市管理力量下沉改革后,人、财、物、事的变化明显,在资源配置方面仍然有很多不足之处。为此建议:

1. 区级层面统一布局区内城市管理要素资源。对人财物的管理权限、市场购买服务等工作分层分级管理。区级资源配置指标下到街镇,由街镇配置本地区资源,但须经区同意,由区实施监管。涉及区级基础设施与管理项目,委托街镇管理的,资金要按照区级管理标准拨付到位。对需要跨街镇资源配置的区域,由区按照区域特

征统一配置管理资源。

2. 市城市管理部门统一布局跨区域城市管理要素资源。对需要跨区资源配置的区域,由市城市管理部门按照区域情况统一配置管理资源。鼓励区、街道、镇、社区、园区基层管理单元跨区相互合作,共享城市管理资源,市城市管理部门予以指导和支持。

(二) 推进城市管理差异化下沉

城市管理下沉改革 3 年以来积累了大量经验,下沉后基层城市管理的效率更高,效果更好。"1+6"文件和《指导意见》规定下沉 4 项职能,在实际操作中,面对越来越多的管理执法需求,很多区往往下沉了更多项管理职能。同时,在城市管理下沉的过程中也出现了一些新的情况。各区情况不同,郊区与城区的管理重点不同。因此,城市管理职能下沉的范围不能"一刀切"。为此,建议:

1. 完善城市管理力量下沉的共性标准。在明确 4 项下沉职能的基础上,建议对于各地共性的职能,可以规定相对详细一些,作为全面实施的"规定动作"。如房管职能下沉,一些技术性的职能需要集中化的执法模式,下沉到区级层面比较好,下沉到街镇后,管理力量反而比较分散,需要在政策上更加明确。

2. 针对重点不同的共性职能提出指导性意见。对于个性化的职能,可以规定得原则一些,作为各地因地制宜的"自选动作"。如水务职能,郊区比市区的水务工作更加繁重,郊区的区基本下沉到了街镇,市区的区大多数还在区级层面,可以制订相关指导意见。

3. 支持个性化职能的下沉。对某些个性化更突出的职能,可以不做具体要求,支持各地因地制宜全面、有序、持续推进城市管理改革。如镇管村的职能可以不做具体要求,各区根据实际情况规划管理资源。

(三)完善城市管理的全过程链条

集聚全过程管理,加强规划、建设与管理的对接。在规划建设和改扩建过程中,要注重文化、科技、教育、体育、卫生等公共服务设施的规划建设。建议规划建设向后延伸与管理向前延伸相结合,形成规划—建设—管理—执法一体化的统筹管理体系。

1. 管理主体提前介入项目的规划建设过程。管理部门要按照以人为本的原则,立足未来管理和服务的便利性,提出相关的方案,协助规划建设主体形成总体方案。

2. 健全项目移交机制和制度。项目建成后,要明晰部门职责,明确移交条件、内容、程序,强化移交责任追究、整改措施,保证规划建设部门把信息完全移交给管理部门,尽量避免和消减后续城市管理环节的问题矛盾。同时,规划建设部门要在后续的一定时期内协助管理部门进行管理工作,由于规划原因导致管理不完善的设施,尽量通过进行施工建设来调整。

(四)完善城市管理下沉制度建设

城市治理需要各个相关的行政部门的共同努力,因此有必要建立健全联合各个部门联手开展整治的长效管理机制和制度,确保规土部门、房屋管理部门、城市管理综合执法机关等相关的行政主体能够按照职责分工和权限负责查处违法建设,做到既分工明确,又互相配合。

1. 建立健全城市管理下沉的标准制度。建议出台有关政策文件,明确部门、人员、工作要求,定期对分散化的行业和区域标准进行汇总梳理,按照"立改废释"的分类,编制出城市管理标准的目录清单、问题清单、清理清单。

2. 完善城市管理标准编制队伍建设的政策。健全考核机制,提升相关部门机构工作人员的城市管理标准知识水平。加大标准专家库建设力度,吸收各方面专家学者参与标准编制活动,为开展城镇管理标准化研究、推广应用标准化成果提供基础力量。

3. 加强各部门联合执法的管理制度。重点要建立完善综合管理与专业化管理的职责清单、责任清单、任务清单及项目清单,明确综合管理与专业管理之间的职能分工、边界、工作流程,以及紧急处置的预案程序,等等。探索建立考核分数分摊制度。根据执法效果,将考核分数按照一定比例在牵头单位和参与单位中进行分摊。

(五) 完善城市管理三大"衔接机制"

城市管理力量下沉必须要处理好城市管理与市场、社会的关系,找准衔接渠道,完善衔接路径,形成衔接系列机制。

1. 完善城市管理内部信息衔接机制。以网格化管理平台为基础,推进城市管理各职能部门之间信息的互联互通,通过信息互通优化数据信息。如加强城市管理与诚信系统的衔接,按照市征信办要求,完成了年度数据清单、应用清单、联合惩戒清单"三清单"的编制报送工作,做好日常城管管理信用数据管理和维护工作,督促各级管理部门做好信息公开的及时更新维护等。优化上海城市管理内部信息与兄弟省市、上级部门之间的外联互通。

2. 优化城市管理与市场的衔接机制。鼓励区和街镇推进招标机制,引进第三方管理机构,全面参与各领域管理工作,政府部门的职能转变为监督管理。在运作模式上,可根据街镇的不同特点,采取不同的市场化模式。有条件的地区,可采用完全市场化模式,采取招标,完全引进第三方,具体管理和服务由第三方全包;条件不成熟地区,可适当采取市场化与行政手段相结合,政府在基础设施和配套设施建设方面部分托底,第三方实施具体的管理;条件较差地区,以政府托底为主,重点以镇属相关企业为主体实施外包。

3. 深化城市管理与社会治理的衔接机制。重点完善"一平台四机制"建设。"一平台":基层治理平台。坚持以党建为引领,强化以社区平台为核心的基层治理平台建设。进一步把基层社会力量与管理力量集聚在统一的平台之上,推进信息发布、沟通交流、志愿者活动等的实施。"四机制":社会参与机制,城市管理部门制定相关标准时,注重听取相关部门和社会公众意见建议,标准出台后,向社会公示,接受群众监督。协商管理机制,引入体现相对人与执法主体双方合意的执法前端介入环节,尽可能通过社会参与和多元协商,以指导、引导、协商、教育等方式化解城市管理中遇到的问题,从源头上更有效地预防和减少违法行为的发生,同时也保证了执法效率。宣传教育机制,城市管理部门建立与公众共管、联管、协管的互动机制,组织群众志愿者担任信息员、劝导员、监督员、参谋员、宣传员,参与公共设施和环境卫生等日常维护活动。推进社会参与治理机制,充分发挥基层社会治理平台的作用,努力融入城市管理,发挥基层党建的引领作用,发挥网格员、楼长、河长等社会志愿者,以及社会组织、园区、企事业单位的作用,积极引导城市管理和执法部门与上述主体对接。努力实现上海城市管理与执法在条块结合、部门机构衔接、政府与个人、社会的协调等方面统筹,激发基层社会的积极性和创造性。

(六) 加强城市治理人才队伍建设

城市管理下沉必须要提升基层人才素质,包括城市管理人才和服务人才,发挥社会组织的积极性,完善城市治理人才培养体系。

1. 推进城市管理人才的培养。引进高学历、高技能专业化人才,丰富城市管理部门人才队伍。加强专业培训,提升专业管理部门人才素质。给优秀年轻干部展示的舞台和培养的平台,通过鼓励自我展示、毛遂自荐的方式挖掘和提拔一批年轻干部充实到城管一线岗位。要加大中层干部的交流轮岗和一般干部的挂职锻炼力度。

2. 推进社会专业化服务队伍建设。提高社区工作者的专业能力,在全国社会工作者职业水平考试的基础上,制定相应的专业社会技术人才标准,提高社会专业人才的水平。

3. 要充分发挥社会组织培养人才的作用。专业服务机构、行业协会等社会组织是城市管理不可或缺的重要角色,在培养专业人员、技术知识、服务能力方面具有独特的优势,在城市治理中也应发挥积极作用。

4. 努力解决城市管理人才的生活问题。在执行市人才政策的同时,鼓励各区把现有人才政策扩大到城市管理人才领域,构建吸引城市管理人才的户籍政策、社会保障政策、教育医疗政策等柔性政策体系。

(七) 提高智能化管理水平

目前,智能化在城市管理中的应用越来越广泛,未来要在完善基础设施的基础上,以精细化为统领,加强正规化、规范化、智能化和社会化建设,形成与超大城市相匹配的管理模式与管理手段。

1. 完善智慧化管理平台建设。城市管理智能化要以网格化为平台进行推进。在城市管理力量下沉过程中,街镇网格化综合管理平台的建设尤为重要。运用互联网、大数据等信息技术手段,构建各级部门、政府与社会公众之间共享与互联互通的信息支撑平台,形成网格化平台体系。

2. 完善智能化管理功能。实现信息多元化收集、重点区域实时监控、数据综合分析研判、问题高效处置、预警预报等多种功能的统一,做到发现问题、分析问题、解决问题、核实反馈等紧密相扣运行顺畅的工作流程,进一步改变政府部门之间信息孤岛林立、数据碎片化现象,促进社会公众参与和监督城市管理工作。

3. 建立执法和行业管理部门的信息双向沟通机制。执法时，由行业管理部门提供审批信息；执法后，执法部门将执法信息反馈给行业管理部门。通过信息双向沟通机制，找出问题的关键节点，形成执法和行业管理共同解决问题的方法和模式。

4. 大力推进"嵌入化"管理机制。将基层治理机制嵌入智能化平台中。城管下沉力量与公安、社保、第三方社会机构等多支队伍进行梳理、归并、整合，实行统一管理、统一调配，与"社区大脑"等智能化社会治理平台共同嵌入智能化平台中，实现资源共享、信息共享、成果共享的共享机制，加强横向联系与协作，提升管理实效。

附件：调查问卷

（一）条块职能部门自评问卷

我们正在做关于城市管理体制和运行机制状况的调查，请您根据实际情况填写问卷。本次问卷收集的所有信息都会进行匿名化处理，并且最后的问卷数据仅供学术评估之用，绝不会用于商业用途。请您放心填写。

1. 您的性别是（单选题＊必答）

　　○ 男

　　○ 女

2. 您的年龄段是（单选题＊必答）

　　○ 18 岁以下

　　○ 18—25 岁

　　○ 26—30 岁

　　○ 31—40 岁

　　○ 41—50 岁

　　○ 51—60 岁

　　○ 60 岁以上

3. 您的学历是（单选题＊必答）

　　○ 小学及以下

　　○ 初中

　　○ 高中及中专

○ 大学及大专

○ 研究生及以上

4. 您在上海哪个区工作?（单选题＊必答）

○ 黄浦区

○ 徐汇区

○ 长宁区

○ 静安区

○ 普陀区

○ 虹口区

○ 杨浦区

○ 闵行区

○ 宝山区

○ 嘉定区

○ 浦东新区

○ 金山区

○ 奉贤区

○ 松江区

○ 青浦区

○ 崇明区

5. 您的工作身份是（单选题＊必答）

○ 街镇机关工作人员

○ 市容管理

○ 绿化管理人员

○ 城管执法人员

○ 房屋管理人员

6. 以下为打分题,最符合为 5 颗星,最不符合为 1 颗星:(打分

题请填 1—5 数字打分 * 必答)

执法力量下沉的总体情况_____

城管执法标准方面的文件是否齐全_____

权力授权的规范程度_____

权力与执法后果承担的匹配度_____

权力清单是否清晰_____

部门合作清单是否完善_____

执法人员来源是否符合规定_____

执法人员的素质高低与否_____

执法边界是否清晰_____

执法过程中衔接机制的规范化_____

执法过程的合法化_____

执法的文明程度_____

以罚代管是否频繁_____

发现违法现象后的通报效率_____

违法现象的处理效率_____

部门之间的配合度_____

部门之间的支持程度_____

市容绿化管理的监管_____

水务治理的监管_____

房屋管理工作的监管_____

（二）居民满意度调查

我们正在做关于城市管理体制和运行机制状况的调查，请您根据实际情况填写问卷。本次问卷收集的所有信息都会进行匿名化处理，并且最后的问卷数据仅供学术评估之用，绝不会用于商业用途。请您放心填写。

1. 您的性别：（单选题＊必答）

　　○ 男

　　○ 女

2. 您的年龄段：（单选题＊必答）

　　○ 18 岁以下

　　○ 18—25 岁

　　○ 26—30 岁

　　○ 31—40 岁

　　○ 41—50 岁

　　○ 51—60 岁

　　○ 60 岁以上

3. 您的学历是（单选题＊必答）

　　○ 小学及以下

　　○ 初中

　　○ 高中及中专

　　○ 大学及大专

　　○ 研究生及以上

4. 您住在上海哪个区：（单选题＊必答）

　　○ 黄浦区

　　○ 徐汇区

　　○ 长宁区

　　○ 静安区

　　○ 普陀区

　　○ 虹口区

　　○ 杨浦区

　　○ 闵行区

　　○ 宝山区

　　○ 嘉定区

　　○ 浦东新区

　　○ 金山区

　　○ 奉贤区

　　○ 松江区

　　○ 青浦区

　　○ 崇明区

5. 您的户籍身份是（单选题＊必答）

　　○ 本地户籍居民

　　○ 外来务工者

　　○ 外籍人士

　　○ 其他

6. 您的职业(或退休前从事的职业)是(单选题 * 必答)

　　○ 机关公务员

　　○ 事业单位职工

　　○ 企业职工

　　○ 其他

7. 您对居住街道各类车辆的停车秩序是否满意? (单选题 * 必答)

　　○ 非常满意

　　○ 满意

　　○ 基本满意

　　○ 不满意

　　○ 没有关注

8. 您对居住街道占道经营治理状况是否满意? (单选题 * 必答)

　　○ 非常满意

　　○ 满意

　　○ 基本满意

　　○ 不满意

　　○ 没有关注

9. 您对居住街道的临时摊贩的治理是否满意? (单选题 * 必答)

　　○ 非常满意

　　○ 满意

○ 基本满意

○ 不满意

○ 没有关注

10. 您对居住街道附近的街头标识牌设置是否满意?（单选题 * 必答）

○ 非常满意

○ 满意

○ 基本满意

○ 不满意

○ 没有关注

11. 您对居住街道噪声扰民的治理状况是否满意?（单选题 * 必答）

○ 非常满意

○ 满意

○ 基本满意

○ 不满意

○ 没有关注

12. 您对居住街道总体卫生状况是否满意?（单选题 * 必答）

○ 非常满意

○ 满意

○ 基本满意

○ 不满意

○ 没有关注

13. 您对粘贴、散发小广告的治理效果是否满意?（单选题 *
    必答）

    ○ 非常满意

    ○ 满意

    ○ 基本满意

    ○ 不满意

    ○ 没有关注

14. 您对小区绿化状况是否满意?（单选题 * 必答）

    ○ 非常满意

    ○ 满意

    ○ 基本满意

    ○ 不满意

    ○ 没有关注

15. 您对行道树的修剪情况是否满意?（单选题 * 必答）

    ○ 非常满意

    ○ 满意

    ○ 基本满意

    ○ 不满意

    ○ 没有关注

16. 您对道路洒水车的工作情况是否满意?（单选题 * 必答）

    ○ 非常满意

    ○ 满意

    ○ 基本满意

○ 不满意

○ 没有关注

17. 您对道路及公共场所的清扫保洁质量是否满意？（单选
题＊必答）

○ 非常满意

○ 满意

○ 基本满意

○ 不满意

○ 没有关注

18. 您对果皮箱和垃圾容器的管理是否满意？（单选题＊
必答）

○ 非常满意

○ 满意

○ 基本满意

○ 不满意

○ 没有关注

19. 您对居住街道违章建筑的拆除情况是否满意？（单选题＊
必答）

○ 非常满意

○ 满意

○ 基本满意

○ 不满意

○ 没有关注

20. 您对施工围墙的规范管理是否满意?（单选题＊必答）

　　○ 非常满意

　　○ 满意

　　○ 基本满意

　　○ 不满意

　　○ 没有关注

21. 您对小区里群租现象的治理情况是否满意?（单选题＊必答）

　　○ 非常满意

　　○ 满意

　　○ 基本满意

　　○ 不满意

　　○ 没有关注

22. 您对小区内的垃圾分类是否满意?（单选题＊必答）

　　○ 非常满意

　　○ 满意

　　○ 基本满意

　　○ 不满意

　　○ 没有关注

23. 您对"非改居、居改非"问题的治理是否满意?（单选题＊必答）

　　○ 非常满意

　　○ 满意

○ 基本满意

○ 不满意

○ 没有关注

24. 您对街道管理部门解决问题的效率是否满意?（单选题 *
必答）

○ 非常满意

○ 满意

○ 基本满意

○ 不满意

○ 没有关注

25. 您对城市管理部门的执法方式和执法态度是否满意?（单
选题 * 必答）

○ 非常满意

○ 满意

○ 基本满意

○ 不满意

○ 没有关注

26. 总体而言,您对城市管理是否满意?（单选题 * 必答）

○ 非常满意

○ 满意

○ 基本满意

○ 不满意

○ 没有关注

图书在版编目(CIP)数据

上海城市管理综合执法改革决策咨询报告 / 杨亚琴
等编著 .— 上海 : 上海社会科学院出版社,2020
ISBN 978 - 7 - 5520 - 3101 - 0

Ⅰ. ①上… Ⅱ. ①杨… Ⅲ. ①城市管理—行政执法—
体制改革—研究报告—上海 Ⅳ. ①D927.510.229.74

中国版本图书馆 CIP 数据核字(2020)第 045714 号

上海城市管理综合执法改革决策咨询报告

编　　著：杨亚琴、徐存福等
责任编辑：董汉玲
封面设计：周清华
出版发行：上海社会科学院出版社
　　　　　上海顺昌路 622 号　邮编 200025
　　　　　电话总机 021 - 63315947　销售热线 021 - 53063735
　　　　　http://www.sassp.cn　E-mail：sassp@sassp.cn
照　　排：南京前锦排版服务有限公司
印　　刷：常熟市大宏印刷有限公司
开　　本：710 毫米×1010 毫米　1/16
印　　张：21.25
插　　页：2
字　　数：218 千字
版　　次：2020 年 4 月第 1 版　　2020 年 4 月第 1 次印刷

ISBN 978 - 7 - 5520 - 3101 - 0/D・570　　定价：115.00 元